USA
DER NORDOSTEN
Zeit für das Beste

W0083840

HIGHLIGHTS | GEHEIMTIPPS | WOHLFÜHLADRESSEN

Indian Summer ist wie eine reife Frau:
sinnlich, leidenschaftlich, warmherzig, eigenwillig.
Sie kommt und geht, wann es ihr beliebt,
man weiß nie, wie lange sie vorhat zu bleiben.

Grace Metalious (1924–1964, Schriftstellerin aus New Hampshire)

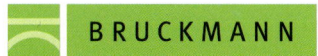

BRUCKMANN

USA

DER NORDOSTEN

Zeit für das Beste

Dirk Rheker
Sabine Rheker-Weigt
Christian Heeb

BRUCKMANN

INHALT

Portland Head Light in Maine ist der älteste Leuchtturm der Ostküste

Romantischer Moment im Brooklyn Park mit Blick auf Lower Manhattan

NYC UND
NEW YORK STATE

MEHR WISSEN

Blick auf Annapolis und die Chesapeake Bay in Maryland

MEHR ERLEBEN

→ Vom Glück, ein
Yankee zu sein   50

→ Ein Wochenende
in Washington   256

→ Der Nordosten
für Kinder und Familien 278

NEW JERSEY UND PENNSYLVANIA

3. 1: Seit Oktober 1886 thront die Freiheitsstatue auf Liberty Island im Hafen von New York
S. 2/3: Farbenrausch des *Indian Summer* am Winnipesaukee Lake in New Hampshire
S. 5 unten: Stillleben mit Rad im Battery Park an der Südspitze Manhattans
Links: Schaurig-schön: Halloween-Kürbisse
Rechts unten: Das Capitol in Washington D.C., Sitz von Senat und Repräsentantenhaus

Nationalstolz im Wind: *Stars and Stripes*
flattern an der Mall in Washington D.C.

REISEINFOS

DAS SOLLTEN SIE SICH NICHT ENTGEHEN LASSEN

❶ Beim Baseballspiel der Red Sox jubeln (S. 34)
Für viele Fans war es wie ein Fluch: Als die New York Yankees im Jahr 1920 Superstar »Babe« Ruth von den Bostoner Red Sox »wegkauften«, begann in Massachusetts eine lange Pechsträhne. Erst 2004 gelang es den »roten Socken«, wieder mal die World Series zu gewinnen. Anfeuern kann man die Mannschaft im stimmungsvollen Fenway Park, 1912 eröffnet und damit das älteste Baseballstadion der Major League.

❷ Radeln auf Cape Cod (S. 43)
Die Halbinsel ist flach, besitzt zahlreiche Fahrradwege und ist damit ein großartiges Terrain für Touren mit dem Rad. Am bekanntesten ist der Cape Cod Rail Trail, ein fast 36 Kilometer langer *Bike Path*. Er folgt einer alten Eisenbahntrasse und führt von Dennis über Eastham nach Wellfleet durch schattige Wälder und Marschland, vorbei an Cranberry-Feldern und mit erholsamen Pausen am weißen Sandstrand.

❸ Auf Hummerfang entlang der Küste (S. 47)
Es muss nicht immer *Moby Dick* sein ... Mindestens ebenso spannend wie ein Whale-Watching-Trip zu den Meeres-

Dusche inklusive: Touristen bei einer Bootstour an den Niagarafällen

Giganten ist eine Lobster-Bootstour, die in den Küstenorten Maines meist direkt am Hafen angeboten wird. Während man dem Kapitän über die Schulter schaut und viel über die begehrten Schalentiere erfährt, hat man nebenbei die schönsten Ausblicke auf malerische Leuchttürme an der Küste und nach der Tour Appetit auf ein Lobster-Sandwich in einem der urigen Restaurants.

4 Klassik unter freiem Himmel erleben (S. 54)

Zwischen Stockbridge und Lenox im westlichen Massachusetts würden sich vermutlich Fuchs und Hase Gute Nacht sagen, fände hier nicht seit 1937 jedes Jahr im Juli und August das weltberühmte Tanglewood Music Festival statt – sozusagen die Sommerresidenz des Boston Symphony Orchestra. Wer das Glück hat, bei einem Picknick unter freiem Himmel eine Sinfonie von Gustav Mahler oder Aaron Copland, lauschige Liederabende oder feine Kammermusik zu hören, wird diesen klangvollen Moment so schnell nicht vergessen.

5 Spektakuläre Laubfärbung (fall foliage) sehen (S. 102)

Wenn der *Indian Summer* traumhaft schön ist, dann in Neuengland und ganz besonders in Vermont! In allen Gelb-, Orange- und Rottönen leuchten die Laubbäume in der Herbstzeit – ein atemberaubendes Konzert der Farben, dem man auch beim Kaffee am Kamin mit Blick nach draußen lauschen kann. Zum Beispiel im Nobel-Hotel Twin Farms in Barnard, einem romantischen Landgut

aus dem 18. Jahrhundert, umgeben von mehr als 120 Hektar Wildblumenwiesen, Wäldern und alten Gärten.

6 Innehalten an der 9/11-Gedenkstätte (S. 127)

Bis zum 11. September 2001 standen hier die Twin Towers. Heute sind ihre »Fußabdrücke« zu sehen, quadratische Wasserbecken, auf deren kupfernen Umrandungen die Namen der fast 3000 Menschen verewigt sind, die bei den Terroranschlägen ums Leben kamen. Hunderte von Eichen wurden auf dem Gelände der nationalen Gedenkstätte 9/11 Memorial gepflanzt – und ein einzelner Birnbaum. Er konnte als *Survivor Tree* aus dem Schutt des Ground Zero gerettet und gesund gepflegt werden. Und blüht nun als Symbol des Weiterlebens.

7 Clubbing in NYC (S. 128)

Waaaahnsinn! Da tanzt man Seite an Seite mit Derzeit-Promis wie Gigi Hadid oder steht neben Scott Disick an der Bar und spürt das Wummern der Beats. Party pur – vorausgesetzt, der Türsteher am Eingang hatte gute Laune. Clubs in Lower Manhattan sind extrem angesagt – auch bei den Schönen und Berühmten der Stadt, die Nacht für Nacht in die Gegend um die Wall Street und den Meat Packing District eilen, um sich zu amüsieren. Und sich zu zeigen.

8 Nass gespritzt werden an den Niagarafällen (S. 176)

Von der US-amerikanischen und der kanadischen Seite hat sich die Bebauung dicht an die Wasserfälle heran-

Clubs in Lower Manhattan sind angesagt – hier amüsiert und zeigt man sich

gerobbt. Dass die derart Umzingelten immer noch ein begeisterndes Naturereignis sind, liegt an ihrer beeindruckenden Größe. Eine Fahrt mit einem der *Maid of the Mist*-Boote in die Nähe der Falls ist ein wirklich spritziges Erlebnis – die kürzeren Wartezeiten gibt es beim Einchecken am US-Anleger.

9 Besuch bei einer Amish-Familie (S. 210)

Zwar ist die Amish-Familie Fisher, deren Haus Besucher seit 50 Jahren durchstöbern dürfen, fiktiv. Aber im kleinen Ort Bird-in-Hand im Lancaster County, mitten in Pennsylvania, erfahren Gäste in diesem kleinen Freilichtmuseum, wie die Anhänger der täuferisch-protestantischen Glaubensgemeinschaft auch ohne Elektrizität und moderne Errungenschaften bis heute in dieser Gegend leben – Einblicke in Vorratskammer und Kleiderschränke inklusive.

10 Im Zentrum der Macht stehen (S. 255)

Hier wird Weltpolitik gemacht: im Kapitol, dem Sitz des US-Kongresses. Ein mächtiges, klassizistisches Bauwerk, mitten im Herzen Washingtons. Mit einer gigantischen Kuppel, die den Petersdom zum Vorbild hatte. Geführte kostenlose Touren leiten durch Säle und Flure, vorbei an prächtigen Gemälden und Statuen. Ein unterirdischer Gang führt in die Library of Congress – architektonisch und mit ihrem Bestand eine der eindrucksvollsten der Welt.

WILLKOMMEN
im Nordosten der USA

Ein heftiger Wind blähte die weißen Segel des Zweimasters, er machte gut Fahrt. Nach Westen ging es in diesem Herbst des Jahres 1620, immer nach Westen. Das wussten die 102 Passagiere an Bord der »Mayflower«. Viel mehr wussten sie nicht. Ganz anders als die Reisenden, die sich heute auf den Weg in den Nordosten der USA machen. Sie bringen Bilder und Vorstellungen von dieser vielseitigen Region mit – und werden selten enttäuscht.

Im Nordosten der USA werden viele touristische Wünsche erfüllt: nach unberührter Natur und nach Panoramen etwa, die den Blick öffnen. Nach Begegnungen mit einer großartigen Tierwelt, in der es noch Lebensräume gibt für Giganten wie Wale, Adler und Bären. Nach Sportmöglichkeiten auf breiten, wilden Flüssen, in den Wellen des Ozeans oder in felsigen Gebirgen. Aber auch Wünsche nach Kultur und Entertainment, Historie und Genuss. In der Region von Maine bis Maryland ist all das möglich.

Hier gibt es Metropolen, die nur so strotzen vor Geschichte(n). Zum Beispiel Bos-

»Blaue Stunde« am Marshall Point Lighthouse in Maine

ton, die Hauptstadt Massachusetts, die immer ein bisschen europäischer geblieben ist als andere Städte der USA. Die, ganz Amerikanerin, doch stets ein Auge auf die Alte Welt gerichtet hat – und dabei gleichzeitig stolz auf ihre Historie mitsamt der »Boston Tea Party« ist. Und die in den letzten Jahren durch kluge städtebauliche Veränderungen, die den Menschen mehr in den Mittelpunkt rückten, für Einwohner und Besucher attraktiver wurde. Oder Washington D.C. Eine prachtvolle Kapitale mit breiten Straßen und Staatsgebäuden, die Macht ausstrahlen und imponieren wollen. Und das auch schaffen. Alle, alle sind hier wichtig, beschäftigt und bedeutend: Politiker, Lobbyisten, Journalisten. Und dem Touristen im Schatten von Kapitol und Lincoln Memorial bleibt nur, höchst beeindruckt zu sein. Und zu staunen. Über Capitol und White House. Über Museen, deren Anzahl nicht an zwei Händen abzuzählen ist. Für die die Zeit immer zu knapp sein wird. Zeit, die der europäische Besucher für eine Tour durchs Weiße Haus nicht einplanen muss – dorthin darf er als Europäer nicht mehr, nicht einmal als zahlender Gast. »America first« – auch da.

Grün über den Ohren: auf der jährlichen St. Patricks-Parade in Manhattan

Kleine Kontinente

Dann natürlich New York. Die Stadt der Städte. Schaffst du es dort, schaffst du

es überall. Manchmal hat der Tourist inmitten der Straßenschluchten allerdings das Gefühl, die Stadt schafft ihn. Ist schlichtweg zu groß, um sie in wenigen Tagen wirklich erfassen zu können. »Gigantisch« ist da das passende Adjektiv. Queens, Brooklyn, Bronx, Manhattan, Staten Island – jeder *Borough* ein urbaner Moloch für sich. Ach was, ein kleiner Kontinent. Mit allen Ethnien dieser Erde. Wer kann das alles kennenlernen, diese Feste, Bräuche und Rezepte aus aller Welt? Wer soll das alles probieren, dieses Überangebot an Leckerem, Gewagtem, Zuckersüßem oder teuflisch Scharfem?

13

Blick vom Indian Head im Franconia Notch State Park auf die White Mountains

Laufe der Jahrhunderte an Schätzen aus aller Welt angesammelt! Kunst in Häusern von Weltrang, wie dem Museum of Modern Art und dem Guggenheim Museum in Manhattan, dem Dia:Beacon am Hudson River, dem Museum of Fine Arts in Boston, der National Gallery of Art in Washington, dem Rodin Museum und dem Museum of Art in Philadelphia. Es gibt fantastische Naturkundemuseen, engagierte Kindermuseen, auch in kleineren Städten, und zahlreiche Einrichtungen, die sich höchstklassig mit indianischen Ureinwohnern oder der Geschichte der Afro-Amerikaner beschäftigen, wie das National Museum of the American Indian und das unlängst eröffnete National Museum of African American History and Culture, beide in Washington. Es gibt kostbare Privatsammlungen reicher Kunstsammler in prachtvollen Villen und Herrenhäusern, die Weltniveau besitzen. Und Galerien und kreative Ateliers mit fantastischer Kunst und schrecklichem Kitsch. Oder andersrum. Auf jeden Fall originell und sehenswert. Wie viele Tage, ach, Wochen müsste man damit verbringen, nur einen Bruchteil von allem zu entdecken!

Qual der Wahl

Just relax – einfach mal durchatmen in der herrlichen Natur der Neuenglandstaaten. Die es zu jeder Jahreszeit wert sind, erkundet zu werden. Denn hier kann man Ski fahren, am Strand liegen, wandern, raften, Golf spielen, radeln – und alles hat seine Saison. In **Maine** erstreckt sich der Acadia National Park, der

Und dann die Kulturfreunde: Können sie auch nur einen Bruchteil der Broadway- und Off-Broadway- und Off-Off-Broadway-Theater besuchen? Exquisite Musentempel wie die Metropolitan Opera. Oder all die Kabaretts und kreativen Kleinkunstbühnen? Wer kann die Nacht zum Tage machen, in all den angesagten Clubs und Bars dieser Stadt, die nie zur Ruhe kommt? Das ist doch in einem einzigen Aufenthalt gar nicht möglich. Da muss man doch wiederkommen.

Ganz und gar unmöglich ist es auch, all die Museen zu besuchen, die der Nordosten bereithält. Was hat sich hier im einzige und viel besuchte Nationalpark Neuenglands. Und eine 8000 Kilometer lange Küstenlinie mit zahlreichen historischen Leuchttürmen. In den Gewässern vor der felsigen Küste ist der Hummer daheim, der jedes Jahr beim »Maine Lobster Festival« in Rockland gefeiert – und in unzähligen feinen Restaurants und rustikalen Lobster Shacks genussvoll verspeist wird. Das kleine **New Hampshire** punktet mit Skiabfahrten in den White Mountains, mit Bären und Elchen in den Great North Woods und der friedvollen Lakes Region mit mehr als 300 sauberen und klaren Seen. Umgeben von drei eindrucksvollen Bergketten, in denen der majestätische Mount Washington thront, mit 1917 Metern der höchste Gipfel im Nordosten der USA.

Weniger über die Höhe als über die Abwesenheit gewisser Dinge freuen sich Shopping-Freunde in diesem Bundesstaat: Es gibt hier keine Mehrwertsteuer, was auf dem Preisschild steht, gilt. Da macht Einkaufen doppelt Spaß. **Vermont** ist übrigens der Lieblings-Bundesstaat der *Leaf-Peeper*, der Laubgucker. Wenn sich in den Herbstmonaten zum Beispiel in den Green Mountains die Mischwälder bunt färben, gibt es für sie kein Halten mehr, und es geht auf vielen Routen mitten hinein in den gigantischen Farbteppich der *fall foliage*. Anders als die anderen Neuengland-Staaten liegt Vermont nicht am Atlantischen Ozean, dafür aber hat es, dank seines Anteils am 180 Kilometer langen Lake Champlain, eine Westküste.

Zierde in Orange: Kürbisse auf der Veranda des Ripton Country Store bei Middlebury in Vermont

So lässt es sich aushalten: Rentner-Quartett am Strand von Menemshaw auf Martha's Vineyard

Mehr Meer hat **Massachusetts** zu bieten. Besonders schön entlang der herrlichen Küste von Cape Cod und den idyllischen Urlaubsinseln Martha's Vineyard und Nantucket, auf denen die Zeit stehen geblieben zu sein scheint. Von Massachusetts' oft malerischen Hafenstädten aus starten Boote zu Walbeobachtungstouren. Wer es bergiger mag, den zieht es in die Berkshires westlich von Boston. Rhode Island, auch liebevoll »Little Rhody« genannt, ist der kleinste Bundesstaat der USA und Heimat mehrerer Superlative: Hier stehen die imposantesten Herrenhäuser in den prachtvollsten Gärten, gibt es einen der großartigsten Spazierwege in Neuengland, den Cliff Walk, und

mit Block Island eine Insel, die schon mit dem Prädikat »einer der zwölf letzten schönen Orte in der westlichen Hemisphäre« ausgezeichnet wurde. Muss sich **Connecticut**, der südlichste Neuengland-Staat, dahinter verstecken? Wohl kaum, bietet es doch den Wine Trail mit mehreren charmanten Weingütern, jede Menge Küste und schon einen Hauch von Großstadtluft im Windschatten von Boston und New York.

Bunte Mischung

Mindestens ebenso abwechslungsreich wie die Verwandten im Norden präsentieren sich die Mittelatlantikstaaten (engl.: *Mid-Atlantic States*), zu denen neben **New York, New Jersey** und **Pennsylvania** auch **Delaware, Maryland** und **Washington, D. C.** gezählt werden. Schon seit der frühen Kolonialzeit war es hier »bunter« als in Neuengland oder in den Südstaaten, wanderten mehr europäische Ethnien ein als dort: Niederländer im 17. Jahrhundert rund um den Hudson River, Schweden am Delaware River, später dann Italiener in New Jersey, Iren in Delaware, Deutsche in Maryland und Pennsylvania. Auch religiöse Minderheiten fanden in den Mittelatlantik-Gebieten eine neue Heimat: In Maryland britische Katholiken, in Pennsylvania Quäker, Mennoniten und Amische, deren strenggläubige Mitglieder noch heute ohne Strom leben und in ihrer Tracht mit Pferdekutschen durch das malerische Lancaster County fahren.

Heute bezaubert das eigentlich dicht besiedelte New Jersey Naturfreunde mit einer langen Küste und dichten Wäldern im Landesinneren und Süden des Bundesstaates. In Marylands idyllisches Farmland und seine Appalachen-Hügel schneidet die Chesapeake Bay, die größte Flussmündung in den USA, einen tiefen Keil. Pennsylvanias Natur wird geprägt von Laubwäldern, dem Mittelgebirge der Appalachen und der Uferlage am Eriesee. Und Delaware, zweitkleinster Bundesstaat der Vereinigten Staaten, besteht weitestgehend aus Atlantikküste, aber auch aus malerischen Flusslandschaften und sanft geschwungenen Hügeln. Landschaften in allen Mid-Atlantic-States, die auf ihre Besucher warten. Und jeder Besuch, in jedem Bundesstaat des Nordostens, gleicht einer Entdeckungsreise. Am bequemsten auf individuellen Autotouren entlang der Highlights durch herrliche Landschaften und charakteristische Orte. Die USA sind ein Land, das es Autofahrern leicht macht. Hier ist alles auf sie und ihr Fahrzeug zugeschnitten – ob herrliche Routen durch die Berge oder nah am Meer.

Windige Irrfahrt

So viele Möglichkeiten – der Besucher von heute hat die Wahl. Ganz anders erging es den Auswanderern, die vor rund

Berauschend: die Shawnee Waterfalls im Ricketts Glen State Park in Pennsylvania

400 Jahren ihr Leben einem hölzernen Schiff anvertrauten – und mit der *Mayflower* in Neuengland unbekanntes Terrain erreichten. Wo sie übrigens gar nicht hinwollten. Nach Virginia sollte es gehen, dort gab es schon eine kleine Kolonie und dort wollten die Puritaner, die als »Pilgrim Fathers« ihren Platz in der frühen Geschichte der Vereinigten Staaten fanden, ein neues Leben beginnen. Fern von der englischen Staatskirche, fern von Unmoral und Gottesferne. Doch aus der Überfahrt wurde eine Irrfahrt. Herbststürme über dem Atlantik trieben das Schiff viel weiter gen Norden als vorgesehen – und als die Pilgerväter

Beste Freunde: im Freilichtmuseum Plimoth Plantation in Massachusetts

mitsamt ihren Familien an Land gingen, war das die sandige Küste von Cape Cod in Massachusetts und Virginia sehr weit entfernt. Kein wirklich gelungener Auftakt. Keine Wahl. Man blieb.

Wertesystem der Puritaner

Heute wissen wir, dass diesem Fehlstart eine Erfolgsgeschichte folgte. Wirtschaftlich, gesellschaftlich und kulturell. Zu der viele Puzzlesteine gehören, wie ein angenehmes, moderates Klima und gute Böden für Ackerbau und Viehzucht. Oder eine Tierwelt, die jagbar und nicht allzu giftig und damit lebensgefährlich war. Auch kluge Köpfe waren so ein Puzzlestein, Menschen, die Wert auf Bildung legten und großartige Universitäten gründeten und Colleges, aus denen Absolventen hervorgingen, die Amerika voranbrachten. Bis ganz nach vorn. An die Weltspitze. »God's own country« eben. Doch den Grundstein für diese Karriere legten die Puritaner mit ihrer Haltung, die die Neue Welt prägen würde: »Es geht immer weiter. Du kannst es, wenn Du wirklich willst. Sei fleißig, dann hast Du Erfolg und der Herr ist Dir gnädig. Hilf Dir selbst, dann hilft Dir Gott. Frag nicht, was Dein Land für Dich tut, sondern was Du für Dein Land tun kannst.« Ach nein, die letzte Aufforderung kam erst einige Jahrhunderte später. Mit John F. Kennedy, dem 35. Präsidenten der Vereinigten Staaten und erstem Katholiken in diesem hohen Amt. Der dort zur Welt kam, wo sich die Pilgerväter niederließen, als sie merkten, dass es sich auch in Neuengland ganz

In Stadtpark in Boston erinnert ein Relief an die Gründung der Massachusetts Bay Colony (1630)

gut leben lässt. Leider vergaßen die Einwanderer und all die nachfolgenden Generationen allzu schnell, dass es die einheimischen Indianer waren, die ihnen dabei halfen, den ersten kalten Winter zu überstehen. In den folgenden Jahrhunderten wurde die indigene Bevölkerung durch von den Europäern eingeschleppte Krankheiten, Streitigkeiten, Kriege und grausige Gemetzel dezimiert und schließlich in Reservate zurückgedrängt. Kein Ruhmesblatt im Buch der Geschichte. Auch nicht die Schicksale der schwarzen Sklaven, die kommen mussten, ohne gefragt worden zu sein. Immerhin: Es waren die Bundesstaaten Vermont, Massachusetts und New Hampshire, die Ende des 18. Jahrhunderts endlich als Erste die Sklaverei per Gesetz abschafften.

Bessere Zukunft

Seit den Zeiten der *Mayflower* riss der Strom der Einwanderer in die Neue Welt nicht ab. Viele Immigranten zogen von der Ostküste weiter Richtung Westen, bis der Pazifik die Reise beendete. Andere blieben. Was sie alle verband? Die Mühen einer Existenzgründung, das Ringen um eine bessere Zukunft für ihre Kinder in einem freien Land, in dem jeder nach seiner Fasson selig werden wollte. Hand aufs Herz und die Fahne gehisst, *the star-spangled banner*, unter der eine kunterbunte Gesellschaft – nach etlichen

Letzte Ruhestätte des Dichters Robert Lee Frost in Old Bennington (Vermont)

Kriegen und Auseinandersetzungen – zu einer stolzen Nation zusammenfand und sich immer wieder findet.

Zwar hat der gute Ruf der Puritaner in jüngerer Zeit gelitten. Heißt es doch, sie hätten Andersdenkende verfolgt oder als Ketzer verbrannt. Sie hätten nicht kochen können und sich auch sonst wenig Freude im Leben gegönnt. Aber das ist eben nur die halbe Wahrheit. Die andere Hälfte besagt, dass sie das Wertesystem der USA prägten wie keine andere Bevölkerungsgruppe. Wohlstand galt als eine moralische Errungenschaft – für die Historiker eine der Grundlagen des amerikanischen Turbokapitalismus. Die Gewissheit, mit harter Arbeit in Amerika alles erreichen zu können, prägt das amerikanische Bewusstsein bis heute. Und nährt und stärkt nach wie vor die Hoffnung der Menschen.

Berühmte Literaten

Seit den Anfangszeiten der neuen Kolonien haben Schriftsteller die Entwicklung der Neuen Welt und ihrer Bewohner begleitet, literarisch festgehalten und interpretiert. Wie James Fenimore Cooper (1789–1851), geboren in New Jersey, der in seinen fünf *Lederstrumpf*-Erzählungen die Besiedlung ehemals unberührter Wildnis im Nordosten der USA schildert. Oder Ralph Waldo Emerson (1803–1832) und Henry David Thoreau (1817–1862) aus Massachusetts, Philosophen und Schriftsteller, die forderten, der Mensch solle in einfacher Weise im Einklang mit der Natur leben. Oder der New Yorker Herman Melville (1819–1891), dessen *Moby Dick* heute zur Weltliteratur zählt. Der Humanist Walt Whitman (1819–1892) aus Long Island gilt als einer der einflussreichsten Lyriker des 19. Jahrhunderts. Harriet Becher-Stowe (1811–1896) aus Connecticut zeigte mit *Onkel Toms Hütte* Flagge gegen die Sklaverei, ihr Nachbar Mark Twain (1835–1910) schaute in seinen Büchern und Essays kritisch hinter die Kulissen der amerikanischen Gesellschaft. Robert Frost (1874–1963) beschrieb in seinen Gedichten die bäuerliche Welt New Hampshires. In Boston wurde Edgar Allan Poe (1809–1849) geboren, der heute als Vater der modernen Dichtung gilt. Viele moderne Autoren waren und sind im Nordosten zu Hause: John Updike (1932–2009), Thornton Wilder (1897–1975), Arthur Miller (1915–2005), John Irving (*1942) und Annie Proulx (*1935). Eng mit der Kulturmetropole New York verbunden sind Schriftsteller wie John Dos Passos (1896–1970), Henry Miller (1891–1980), Isaac Bashevis Singer (1904–1991), J. D. Salinger (1919–2010), Norman Mailer (1923–2007), Paul Auster (*1947) und Jonathan Safran Foer (*1977) – weltberühmte Literaten, inspiriert und geprägt von den Landschaften, Städten und Menschen des Nordostens.

Alle Schattierungen

Man kann sie auf Reisen kennenlernen, die Bewohner des Nordostens. Zum Beispiel die Einwohner von New York City, von denen es immer heißt, sie seien ganz speziell, eben nicht so·wie der Rest des Landes. Sehr flott, sehr frech, immer in Eile und extrem schnell im Kopf. Aber auch mit einer gewissen Härte und

Das Angebot dieses Händlers eines Farmers' Market geht mit der Saison

Auch Filene's Basement Department Store in Boston zeigt Flagge

Kaltschnäuzigkeit, die sich im Großstadtdschungel bewährt. Und die man im ländlich geprägten Pennsylvania nicht braucht, oder im eher dünn besiedelten Maine, wo man den Nachbarn kennt, den Fremden grüßt und den Touristen freundlich anspricht. Und ihm, wenn es nötig ist, sogar Hilfe anbietet. In der Provinz sind aber auch die »Rednecks« zu Hause, die hier Travis oder Billy-Bob heißen und stolz darauf sind, Proletarier zu sein. Selbstbewusst tragen sie auch im Restaurant Baseballmützen, hören bevorzugt Countrymusik und trinken mit ihren Freundinnen Dosenbier auf der Motorhaube ihrer Pick-up-Trucks und glauben allzu leicht an politische Heilsbringer, die ihnen versprechen, »to make America great again«.

Eine gewisse Hochnäsigkeit sagt man den Neuengländern in Massachusetts oder Connecticut nach. Hier weiß man um die Bedeutung der Region für die Geschichte des Landes, gehört vielleicht zu den WASPs, den »White Anglo-Saxon Protestants«, aus deren Kreisen sich lange Zeit die politische Elite rekrutierte. Und zählt zu den Nachfahren jener *Mayflower*-Passagiere, die das Fundament für das Hier und Jetzt legten. Ist stolz darauf und besitzt damit die Dauerkarte für mehr oder weniger geschlossene, exklusive Veranstaltungen, wie zum Beispiel ein Nobel-College oder eine Elite-Universität. Und hat auch noch den einen oder anderen Dollar übrig für ein angenehmes Leben mit Haus, Garten, Golfclub, Auto und Segeljacht. In XL-Größen natürlich.

Unter ihnen hat sich denn auch ein Archetyp des amerikanischen Nordostens entwickelt, der inzwischen weltweit stilbildend geworden ist. Und ein echtes Lebensgefühl ausdrückt: der Preppy. Er stammt aus wohlhabendem Hause, das ihm mit leichter Hand einen großzügigen Lebensstil ermöglicht. Inklusive klassischer Preparatory Schools (daher der Name), Ivy-League-Universitäten, Golf, Tennis, Lacrosse – und Ferien von all diesen Anstrengungen auf Nantucket oder Martha's Vineyard. Sein Kleidungsstil ist lässig und markenbewusst, der Teint sonnengebräunt vom Segeln auf der eigenen Jacht oder von zahlreichen Ausritten. Die Kennedys sind und waren Preppies mit globaler Vorbildfunktion, spätestens seit Fotos von John F. Kennedy und Gattin Jacqueline in lässiger Freizeitkleidung auf dem Teakholz-Segelboot vor Rhode Island um die Welt gingen. Und die das Lebensgefühl des elitären amerikanischen Nordostens überall en vogue machten.

Kein armer Landstrich

Nein, der Nordosten ist kein armer Landstrich. Doch gibt es gravierende Unterschiede zwischen den einzelnen Bundesstaaten, also zwischen eher ärmer und ziemlich reich. Während Delaware, Massachusetts, Connecticut und New Jersey beim Bruttosozialprodukt im US-Vergleich weit vorn rangieren, liegt Pennsylvania auf einem Platz im Mittelfeld und Maine im hinteren Bereich. Wobei der BIP immer einen Durchschnittswert ermittelt, es also auch in den einzelnen Bundesstaaten große Gefälle gibt – von sehr arm bis hin zu obszön reich.

Kulinarische Vielfalt

Glücklicherweise muss man kein Millionär sein, um im Nordosten der USA gut zu essen. Und man weiß hier zu genießen: frischer Hummer, Fisch, Austern und Muscheln aus dem Meer. Wild aus den vielen Wäldern. Cranberries, Kürbisse, Äpfel und wilde Blaubeeren, Ahornsirup, Eiscreme und würzige Käsespezialitäten aus Neuengland. In Yarmouth/Maine wird das »Clam Festival« gefeiert, in Newport/Rhode Island das »Great

Schon um 1900 trug man als Princeton-Student stolz das »P« auf dem Sweater

Einfach *delicious*: gedämpfte Neu-England Muscheln mit geschmorten Tomaten und Toast

Chowder Cook-off«. Austern isst man in Bostons Union Oyster House, und in Connecticut sorgt eine hohe Dichte an Mikro-Brauereien für eine Vielzahl kühler Biersorten. Maryland setzt auf *Farm-to-table*-Restaurants, die Zutaten kommen hier frisch von den zahlreichen Bauernhöfen. In den Küstenorten des Nordostens richtet handwerklich geschicktes Personal in Oyster Bars die widerspenstigen Austern vor den Augen der Gäste an. Die großen Metropolen des Nordostens brüsten sich mit Sterneköchen und Nobelrestaurants, gleichzeitig serviert zum Beispiel in Washington D.C. eine vielfältige und expandierende Food-Truck-Szene kulinarische Köstlichkeiten von Hamburger bis Lobster. Bei dem Angebot muss kein Tourist in die Fast-Food-Falle tappen, aber wer will, kann die Großeltern heutiger Schnellimbisse besuchen: die klassischen Diner, von denen das Erste 1872 in Providence öffnete und die längst wieder Kult sind.

Alles wird man in einem Urlaub nicht probieren können. Auch nicht alles sehen können, was es zu entdecken gilt. Muss auch nicht sein. Dann kehrt man eben wieder zurück. Über den Atlantik ist es ja nicht weit. Mit neuen Bildern im Kopf und neuen Erwartungen. An die »Wiege der Nation«, wie der Nordosten auch genannt wird. Und wird das Kind schon schaukeln. Ach was, genießen! Das herrliche Licht, die Weite, die Größe. Und die Menschen. Ihre Geschichten und Geschichte. Bis bald – *see ya!*

Steckbrief Nordosten der USA

Lage: Die Region grenzt im Norden an Kanada, im Westen an den Mittleren Westen, im Süden an die Südstaaten und im Osten an den Atlantik.

Flagge:

Größe: Nach der Definition des United States Census Bureau umfasst der Nordosten Neuengland mit den Bundesstaaten Maine, New Hampshire, Vermont, Massachusetts, Rhode Island, Connecticut und die Mittelatlantikstaaten (New York, New Jersey, Pennsylvania). Andere Behörden fügen auch Maryland, Delaware und Washington, D.C. hinzu. Die Mason-Dixon-Linie (Ost-West-Richtung auf 39°43'20'' nördlicher Breite), die Mitte des 18. Jahrhunderts die Grenze zwischen den Nord- und Südstaaten der USA festlegte, schließt Maryland und den District of Columbia mitsamt der Stadt Washington aus, da beide südlich dieser Linie liegen. Heute scheint sich die Meinung durchzusetzen, dass beide Bundesstaaten politisch und historisch zum Norden, kulturell eher zum Süden gehören.

Bevölkerung: In den neun Staaten, die unbestritten dem Nordosten zugerechnet werden, leben 56 Millionen Menschen, hinzu kommen sechs Millionen in Maryland, eine Million in Delaware und rund 600 000 Menschen in Washington D.C. Lange Zeit beherrschten die White Anglo-Saxon Protestants (WASP) das politische und gesellschaftliche Leben. Der Begriff grenzt die frühen Kolonisatoren mit ihrem überproportional großen Einfluss ab von Einwanderern anderer europäischer Herkunft oder Konfession. (z. B. Irisch-Amerikaner, Italo-Amerikaner).

Höchste Erhebung: Mount Washington in New Hampshire, 1917 Meter hoch

Klima: Gemäßigt-kontinental. Kühl ist es im Bereich zur Grenze nach Kanada. An den Großen Seen und in Neuengland gibt es im Winter reichlich Schnee, auch Blizzards sind nicht selten. Im Sommer kann es vor allem in Großstädten wie Washington und New York sehr schwül sein. Moderate Temperaturen mit viel Sonne herrschen meist im Herbst.

Längste Flüsse: Allegheny River (523 km), Hudson River (493 km)

Nationalpark: Der Acadia National Park mit 192,1 Quadratkilometern an der Küste Maines ist der einzige Nationalpark.

Religion: Den größten Anteil an Katholiken haben Rhode Island (51,7 %), Massachusetts (48,7 %), New Jersey (40,4 %), Connecticut (40,3 %), New York (39,8 %). Mitgliederstark sind zudem die United Methodist Church, Presbyterian Church, American Baptist Church und die anglikanische Episcopal Church. Im Bundesstaat New York gibt es ca. 660 000 Einwohner jüdischen Glaubens.

Zeitzonen: Im Nordosten der USA gilt die Eastern Standard Time (MEZ −6 Std.).

Geschichte im Überblick

1000 v. Chr. Indianische Ureinwohner werden, aus Alaska kommend, als Jäger, Sammler und Ackerbauern im Osten Nordamerikas sesshaft.

1000 n. Chr. Leif Eriksson segelt mit seinen Wikingern entlang der Atlantikküste, vermutlich bis Massachusetts.

1497 betritt der italienische Seefahrer Giovanni Caboto das nordamerikanische Festland.

1524 Giovanni da Verrazano (1480–1527) erreicht die Mündung des Hudson River und erkundet per Schiff die Küste bis zum heutigen Maine.

1583 Mit St. John's in Neufundland entsteht die älteste britische Kolonie Nordamerikas.

1607 wird mit Jamestown in Virginia die erste dauerhafte englische Siedlung gegründet. Tausende Indianer sterben durch Krankheiten, die Europäer einschleppen, werden Opfer von Auseinandersetzungen mit Siedlern und Soldaten, vertrieben oder umgesiedelt.

1609 Auf dem Gebiet der heutigen Bundesstaaten New Jersey und New York entstehen Siedlungen der niederländischen Kolonie Nieuw Holland.

1620/21 Das legendäre Segelschiff *Mayflower*, vom englischen Plymouth kommend, erreicht mit den puritanischen *Pilgrim Fathers* an Bord die Halbinsel Cape Cod im heutigen Massachusetts.

1626 kauft Peter Minuit, Direktor der niederländischen Westindischen Handelskompanie, Indianern die Insel »Mana-hatta« für 60 Gulden ab.

1636 Gründung der Harvard University in Newetowne, Massachusetts

1689–1763 In den Franzosen- und Indianerkriegen behauptet Großbritannien seine Vormachtstellung gegenüber Frankreich und seinen Kolonien.

1701 Gründung der Yale University in Connecticut

Seit 1760 markiert die von Geometern berechnete Mason-Dixon-Linie die Grenze zwischen den Nord- und Südstaaten.

1773 Die Boston Tea Party wird zum Höhepunkt des Protests der Kolonien gegen das britische Mutterland.

1775–1783 Amerikanischer Unabhängigkeitskrieg

4. Juli 1776 Geburtsstunde der Vereinigten Staaten von Amerika – 13 englische Kolonien der Ostküste unterschreiben die Unabhängigkeitserklärung.

1783 Der »Friede von Paris« sichert den britischen und französischen Kolonien im Norden die Unabhängigkeit zu.

1787 wird die Verfassung der Vereinigten Staaten von Amerika vom Verfassungskonvent in Philadelphia, der damaligen Hauptstadt, verabschiedet.

1789 George Washington ist der erste Präsident der USA.

1800 Washington, D.C. wird ständige Hauptstadt.

1806–1821 entsteht in Baltimore, Maryland, die erste katholische Kathedrale der USA, die 1993 zum Nationalheiligtum erklärt wird.

1835 Mit dem Removal Act und der Vertreibung Tausender Cherokee, Creek, Choctaw und Chicasaw verschwindet die indianische Bevölkerung im Osten der USA nahezu völlig.

1861–1865 Mit dem Ende des Sezessionskrieges, Nord- gegen Südstaaten, endet die Sklaverei.

1877–1900 Die USA erleben eine Blütezeit der Wirtschaft, das *Gilded Age*. Mehr als 26 Millionen Menschen suchen eine neue Heimat in den Vereinigten Staaten.

1917 treten die USA in den Ersten Weltkrieg ein.

1929 Nach dem Zusammenbruch der Börse am »Schwarzen Freitag« erleben die USA eine große wirtschaftliche Depression.

1929 Gründung des Acadia National Park in Maine, einziger Nationalpark der Neuengland-Staaten

1932 finden in Lake Placid (N.Y.) Olympische Winterspiele statt, erneut 1980.

1941 Nach dem Angriff auf Pearl Harbor treten die USA in den Zweiten Weltkrieg ein.

1954 wird die Ivy-League gegründet, eine Hochschulsport-Liga der acht prestigeträchtigsten Elite-Hochschulen im Nordosten der USA.

1961 John F. Kennedy aus Massachusetts wird 35. Präsident der USA.

1960er-Jahre Rassenunruhen erschüttern das Land: am 28. August 1963 führt Martin Luther King jr. den friedlichen Protestmarsch nach Washington an. Mehr als 250 000 Menschen nehmen teil.

11. September 2001 Terroranschläge mit drei Verkehrsflugzeugen auf das World Trade Center in New York City und das Pentagon in Washington. Ein weiteres Flugzeug stürzt in Pennsylvania ab.

2008 Weltweite Wirtschaftskrise mit der Wall Street in New York als Zentrum

2009 zieht mit Barack Obama der erste afro-amerikanische US-Präsident ins Weiße Haus ein.

2016 wird der New Yorker Unternehmer und Republikaner Donald Trump zum 45. Präsidenten der USA gewählt.

2017 umfassen die städtischen Regionen von Boston im Norden bis Washington, D.C. im Süden mehr als 45 Millionen Einwohner und werden als »Boswash« bezeichnet.

NEU-ENGLAND

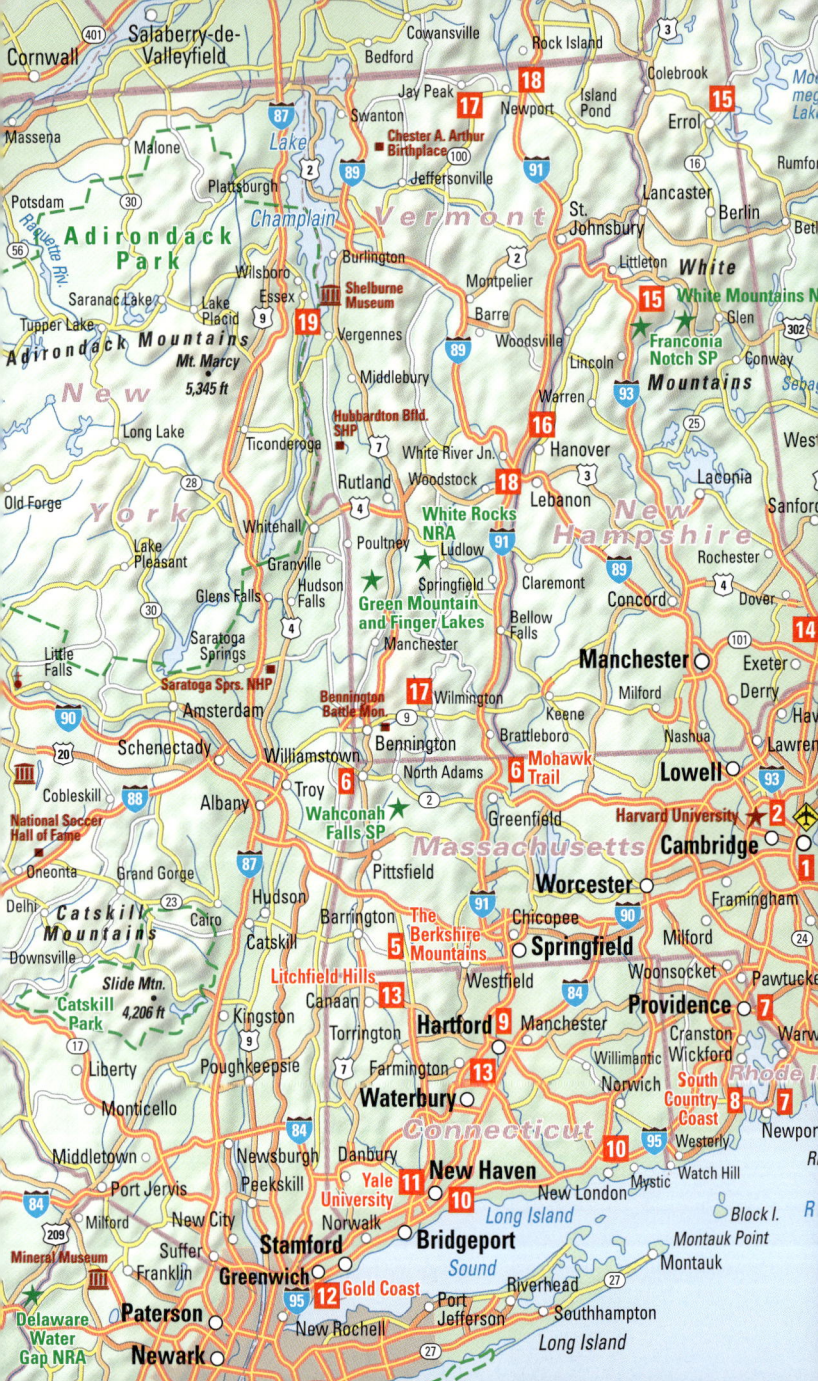

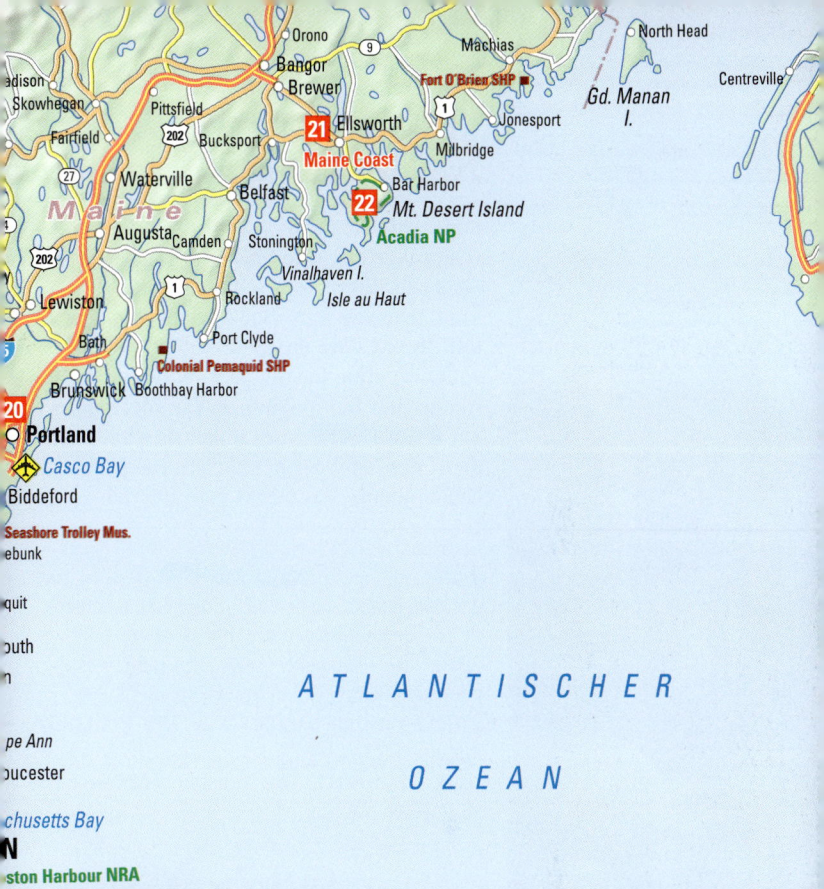

Orono
Bangor
Brewer
Madison
Skowhegan
Fairfield
Pittsfield
Waterville
202
Bucksport
Belfast
27
Augusta
Camden
Stonington
Lewiston
Rockland
Bath
Port Clyde
Brunswick
Boothbay Harbor

Machias
North Head
Fort O'Brien SHP
Gd. Manan I.
Centreville
Ellsworth
Jonesport
Milbridge
21 **Maine Coast**
Bar Harbor
22 **Mt. Desert Island**
Acadia NP
Vinalhaven I.
Isle au Haut
Colonial Pemaquid SHP

Maine

20
○ **Portland**
◇ *Casco Bay*
Biddeford
Seashore Trolley Mus.
ebunk
quit
outh
n
pe Ann
oucester
chusetts Bay
N
ston Harbour NRA
Provincetown
Cape Cod National Seashore
mouth
Cape Cod Bay
6
3 **Cape Cod**
Sagamore
Peninsula
Sandwich
Hyannis
W. Yarmouth
East Falmouth
Nantucket Sound
4 Edgartown
4 Nantucket I.
Martha's Vineyard
Nantucket
Nantucket Shoals
land
d

A T L A N T I S C H E R

O Z E A N

N

0   50 km

1 Boston
Zwischen ehrwürdig und hip

Imposante Gebäude in historisch gewachsenen Vierteln. Und überall ist europäisches Flair zu spüren. Man schlendert durch Stadtteile wie Back Bay oder Beacon Hill und staunt über die malerischen, prachtvollen Bauten. Boston ist kein typisch amerikanischer Beton-Moloch. Die Metropole am Charles River trägt daher durchaus verdient den Titel der heimlichen Hauptstadt Neuenglands. Das merkt man überall.

1773 fand hier die »Boston Tea Party« statt, ein Akt des Widerstandes gegen die britische Kolonialpolitik und gewissermaßen der Urknall der amerikanischen Unabhängigkeitsbewegung. Heute reist man nach Boston, um in Geschichte und Kultur einzutauchen, um Museen wie das John F. Kennedy Museum & Library oder das imposante Boston Museum of Fine Arts zu besuchen. Um hervorragend zu shoppen wie beispielsweise in der Faneuil Hall

S. 28/29: Vom Frankonia Notch State Park reicht der Blick weit über die Wälder und Höhen der White Mountains
Unten: Schaufensterbummel auf Bostons eleganter Newbury Street

GUT ZU WISSEN

ULTIMATIVE ENTTÄUSCHUNG
Das puritanische Boston ist in den letzten Jahren hip geworden. Und so steht man stundenlang an, um etwa im gerade angesagten Restaurant No. 9 Park (9 Park St.) einen Tisch zu bekommen – und wird enttäuscht. Während das Kulinarische geschmacklich noch als »ordentlich« durchgehen mag, ist das Drumherum schlicht eine Zumutung: Zusammengepferchte Sitzarrangements sollen offenbar eine »In«-Atmosphäre signalisieren, dazu ein blasierter Empfangschef und gelangweilte Kellner. Beileibe kein Einzelfall – und wohl der Preis des ultimativen Angesagtseins.

Vollmond über der Stadt und dem Charles River

oder entlang der Newbury Street.
Um den kulinarischen Versuchungen
von *Boston Clam Chowder* bis *Boston
Cream Pie* mit Freude zu erliegen. Um dann
bei allen Erkundungen zu merken: Bostons Straßen und Sehenswürdigkeiten lassen sich wunderbar zu Fuß entdecken. Ganz unamerikanisch.

Die Brahmanen von Boston

Der Blick der Stadt und ihrer Bürger richtet sich
traditionell eher gen Europa denn Richtung Prä-
rie. Legendär sind die »Boston Brahmins«, wie die
vornehmsten Familien der Stadt bezeichnet werden. Sie führen ihre Abstammung auf die puritanischen Gründer der Kolonie Massachusetts zurück und bilden eine Art Adel Neuenglands. Der
Begriff bezeichnet im indischen Kastensystem die
höchste Kaste; der Arzt und Schriftsteller Oliver
Wendell Holmes übertrug ihn 1860 in einem Arti-
kel der Zeitschrift *Atlantic Monthly* auf die neuenglischen »oberen Zehntausend«.

Die »Brahmanen von Boston« zeichnen sich bis
heute durch einen Akzent aus, der mehr an das
britische als an das amerikanische Englisch erinnert. Entsprechend weit ist der Horizont, was sich

Nicht verpassen

NEW ENGLAND AQUARIUM

Die markanten Verwin-
kelungen und glitzernden
Glasscheiben der Fassade des
Aquariums erinnern an bizarr ge-
formte Eisschollen. Gleich nach
Betreten wird man von Seehunden
begrüßt. Der Giant Ocean Tank ist
das Herzstück der maritimen Show-
bühne. Hier schwimmen Haie,
Schildkröten, Stachelrochen und
andere Meerestiere. Im Erdge-
schoss erfährt man alles über Pin-
guine, einen Stock höher erwarten
einen Flora und Fauna des Amazonas. Der Aquarium Shark and
Ray Touch Tank ermöglicht die Be-
rührung von Epaulettenhaien und
Stechrochen. Im Simons IMAX
Theatre zeigen 3D-Filmvorführun-
gen seltene Tiere. Gleichsam als
Außenposten organisiert das NEA
täglich eine Ausfahrt, bei der man
Buckelwale und Delfine sehen kann.

New England Aquarium.
1 Central Wharf, Boston,
MA 02110, Tel. 617 973 5200,
www.neaq.org

BESUCH BEIM GRÜNEN MONSTER

Ein »Must« eines Boston-Besuchs ist der 1912 eröffnete Fenway Park. Im ältesten Baseballstadion der Welt sind die Red Sox zu Hause, die Traditionsmannschaft, der ganz Neuengland zu Füßen liegt. Selbst wenn Tickets schwer zu bekommen sind, sollte man den Fenway Park zumindest während einer Tour (Tel. 617 226 6666) erleben. Das grüne Monster, die 11,3 Meter hohe und 73,2 Meter lange Mauer hinter dem Outfield, war von Anfang an Teil des Stadions und bestand bis 1934 aus Holz. Auf ihr wurde eine manuelle Anzeigetafel angebracht, die bis heute benutzt wird. Der Lone Red Seat (»einsame rote Sitz«) ist ein Sitzplatz hinter dem rechten Outfield und markiert den Punkt, an dem der längste jemals hier geschlagene Home Run landete. Dieser wurde am 9. Juni 1946 von Ted Williams 153 Meter weit in die Zuschauerränge geschmettert.

Fenway Park.
4 Yawkey Way, Boston,
MA 02215, www.redsox.com

auch im Lebensgefühl der Stadt am Atlantik widerspiegelt: viel altes Geld, sehr viel neues Geld, Dutzende Denkfabriken, Zukunftsindustrie, Medizin-Gurus, kosmopolitisches Flair und liberale Bürger, Heimat des berühmten Kennedy-Clans.

Parks statt Baustellen

Allerdings gibt es auch hier die typische Geißel nordamerikanischer Metropolen: das Auto. Wo jedoch einst unvorstellbar hässliche Schnellstraßen auf Stelzen die Innenstadt zerschnitten, wurden in einem einzigartigen Kraftakt die Autobahnen unter die Erde verlegt. Rund 15 Milliarden Dollar verschlang »the Big Dig«, das große Graben, seit 1982. Im Jahr 2004 wurde das Projekt endlich fertiggestellt – die Stadt hat ein neues Gesicht bekommen. Die über Jahre aufgerissenen Wunden sind inzwischen verheilt. Wo einst auf den Stelztrassen der Verkehr rauschte, dann gewaltige Baugruben gähnten, Einwohner und Touristen gleichermaßen verzweifelt in endlosen Staus standen, kleben jetzt große, grüne Pflaster: der Rose-Kennedy-Greenway und weitere Parks.

Das Verschwinden der furchtbaren Schnellstraßen öffnete die Stadt zum Boston Harbor. Auf mehr als drei Millionen Quadratmetern wurden Brachen am Wasser neu belebt, im alten Hafenviertel hielt das moderne Leben Einzug in historische Lagerhäuser aus roten und gelben Ziegeln. Stadtplanerische Visionen – realisiert in einer zukunftsorientierten Metropole, die Bildung und Forschung atmet. Schließlich weisen Boston und das benachbarte Cambridge nicht nur die Harvard-Universität und das Massachusetts Institute of Technology (MIT) auf – nicht weniger als 86 Colleges und Universitäten haben sich in der 600 000-Einwohner-Stadt und ihrer Umgebung angesiedelt.

Auf dem Pfad der Freiheit

Der vier Kilometer lange Freedom Trail verbindet 17 historische Sehenswürdigkeiten.

A Boston Common, der älteste öffentliche Park der Vereinigten Staaten.

B Massachusetts State House, Sitz des Gouverneurs von Massachusetts.

C Park Street Church, 1809 erbaute Kirche.

D Granary Burying Ground. Hier ruht Samuel Adams, Unterzeichner der Unabhängigkeitserklärung.

E King's Chapel, eine heute unitarische Kirche.

F King's Chapel Burying Ground, letzte Ruhestätte prominenter Bürger.

G Statue Benjamin Franklins und Standort der Boston Latin School, erste öffentliche Schule Amerikas.

H Old Corner Bookstore, erbaut 1718.

I Old South Meeting House. Hier wurde die Boston Tea Party geplant.

J Old State House, altes Rathaus von Boston.

K Schauplatz des **Massakers von Boston** direkt am Old State House.

L Faneuil Hall und **Quincy Market**.

M Wohnhaus des Nationalhelden **Paul Revere**.

N Old North Church, 1723 erbaute.Kirche.

O Copp's Hill Burying Ground, Friedhof und Ausgangspunkt der Schlacht von Bunker Hill.

P USS _Constitution_, 1797 vom Stapel gelaufene amerikanische Fregatte.

Q Das **Bunker Hill Monument** erinnert an eine Schlacht im Unabhängigkeitskrieg.

Boston war und ist ein Ort der Kontraste: hier neu erbaute Skyscraper in Downtown, dort historische Reihenhäuschen im Bay Village. Hier das ausgedehnte Grün des Boston Common, dort das studentische Treiben in Fenway. Und ein ethnischer Flickenteppich, der vom italienischen North End über Chinatown und das irische Charlestown bis zum afroamerikanischen Roxbury reicht. Die Innenstadt erlebt derzeit ein Revival, viele Bostonians ziehen aus den Vororten zurück ins Zentrum, in Viertel wie South End oder South Boston. Oder eben in den neuen South Boston Seaport District. Hier lockt ihre Stadt nicht nur mit trendigen Läden, hippen Büros und Designer-Lofts, sondern auch mit viel Kultur. Das Institute of Contemporary Art (ICA) empfängt Besucher in seinem spektakulären Neubau mit oft wechselnden Ausstellungen. Hier angelandet, ist auch das Children's Museum ein Bildungstempel für junge Schlauberger.

Home of the Geldadel

Zu historisch interessanten Punkten führt der Freedom Trail. Wer keine Höhenangst hat, kann sich im 94. Stock des John Hancock Tower einen Überblick verschaffen. Das Boston Tea Party Ship ist ebenso ein Muss wie Beacon Hill, das Viertel, wo der Geldadel wohnt und jedes geparkte Auto diesseits von S-Klasse und Tesla Model X unangenehm auffällt. Und dann ein Bummel entlang der eleganten Newbury Street: Mit ihren Straßencafés und Edelboutiquen ist sie eine angesagte Einkaufsmeile. Der schönste Abschnitt befindet sich zwischen Exeter und Dartmouth Street, wo Kunstgalerien und eine lebendige Straßenszene eine bunte Atmosphäre schaffen. Zu einer Zeitreise gerät der Besuch der John-F.-Kennedy-Library ein paar U-Bahn-Stationen vom Stadtzentrum entfernt. Geplant vom Stararchitekten Ieoh Ming Pei thront das Gebäude wie ein Solitär an der Boston Bay.

Oben: Weiß leuchtet der Turm des Old State House
Unten: Stilecht kostümierter Guide auf dem Kings Chapel Burying Ground, dem ältesten Friedhof der Stadt

Infos und Adressen

SEHENSWÜRDIGKEITEN

Boston Museum of Fine Arts. Exponate aus 7000 Jahren Kulturgeschichte: Asiatische Kunst, Antike, Fotografie, Textilien und Mode. Mo, Di, Sa, So 10–17, Mi–Fr 10–22 Uhr, 465 Huntington Ave., Boston, MA 02115, Tel. 617 542 2255, www.mfa.org

ESSEN UND TRINKEN

Grill 23 & Bar. Seit über 25 Jahren bestes Steakhouse von Boston. 161 Berkeley St., Boston, MA 02116, Tel. 617 542 2255, www.grill23.com

Menton. Überzeugende Interpretation süd-französischer Küche. 354 Congress St., Boston, MA 02210, Tel. 617 737 0099, www.mentonboston.com

O Ya. Zeitgenössische japanische Küche. 9 East St., Boston, MA 02111, Tel. 617 654 9900, www.o-ya.restaurant

Union Oyster House. Ältestes Restaurants der Stadt, seit 1826 serviert es seinen Gästen Hummer, Fisch und Meeresfrüchte vom Feins-ten. 41 Union St., Boston, MA 02108, Tel. 617 227 2750, www.unionoysterhouse.com

ÜBERNACHTEN

Boston Harbor Hotel. An der historischen Rowes Wharf Harbor gelegen, mit Luxus und atemberaubendem Ausblick. 70 Rowes Wharf, Boston, MA 02110, Tel. 617 439 7000, www.bhh.com

Boston Hotel Buckminster. 116 Zimmer und Suiten in einem charmanten histo-rischen Bau. 645 Beacon St., Boston, MA 02215, Tel. 617 236 7050, www.bostonhotelbuckminster.com

Boston Marriott Long Wharf. Direkt am Ha-fen, nur einen Block vom Faneuil Hall Market-place und Quincy Market entfernt. 296 State St., Boston, MA 02109, Tel. 617 227 0800, www.marriott.com

Fairmont Copley Plaza. 1912 eröffnet, luxu-riös mit elegantem Interieur. 138 St. James Ave., Boston, MA 02116, Tel. 617 267 5300, www.fairmont.com/copley-plaza-boston

Diese beiden am Rowes Wharf Pavilion, Jacht und Harbor Hotel, profitieren von exklusiver Klientel

2 Cambridge und Harvard

Intelligenz-Bestie mit Charakter

Ein Vorort von Boston, nüchtern betrachtet. Aber Cambridge mit seinen knapp 100 000 Einwohnern, am Nordufer des Charles River gelegen, ist mehr als eine gewöhnliche Stadt mittlerer Größe. Sie ist ein akademischer Titan. Denn mit der 1636 gegründeten Harvard University und dem Massachusetts Institute of Technology (MIT) beherbergt Cambridge heute zwei der herausragenden akademischen Lehranstalten der USA.

Benannt wurde Cambridge nach der gleichnamigen Stadt in England mit ihrer altehrwürdigen Universität. Und (Geistes-)Adel verpflichtet: Auch wenn man oft gedruckte Verweise auf die »Boston/Cambridge Area« sieht, pocht man in Cambridge doch selbstbewusst auf die Bewahrung einer eigenen Identität. Dies ist angemessen, wirken einige Teile der Stadt durchaus urbaner als manche Viertel des übermächtigen Boston auf der anderen Seite des Charles River. Und schließlich und vor allem besitzt man hier mit der Harvard University und dem MIT zwei akademische Einrichtungen allererersten (Welt-)Ranges.

Bunt gemischt und entspannt

Die Bevölkerungsstruktur ist bunt, in Cambridge lebt der renommierte Harvard-Professor neben dem jüngst angekommenen Einwanderer, der Informatik-Nerd neben dem kellnernden zukünftigen Schriftsteller. Schauspieler Matt Damon

Mitte: Buntes Treiben vor dem Quincy Market am Harvard Square
Unten: Die Skulptur eines Alchimisten bewacht das Massachusetts Institute of Technology (MIT)

Indianische Häuptlinge im Peabody-Museum

Einfach gut !

wurde hier geboren, ebenso der Mathematiker und Nobelpreisträger Lloyd S. Shapley, der Musikproduzent Herbert Berliner und Bhumibol Adulyadej, der spätere König von Thailand. Diese Vielfalt trägt seit jeher zu einer entspannten, liberalen Atmosphäre bei – und zum Spitznamen »The People's Republic of Cambridge«.

Unbestritten ist der hohe Bildungsgrad der Bevölkerung. Mehr als die Hälfte der erwachsenen Einwohner hat einen College-Abschluss, ein Viertel aller Bewohner sind Studenten. Da Studiosi aber nicht nur büffeln, gibt es auch jede Menge hippe Coffeeshops, ethnische Restaurants, coole Jazzkneipen und alternativ-bunte Bioläden.

Stadt der Kreuzungen

Das studentische Leben inmitten der Cafés, Geschäfte und Buchläden findet zumeist auf den »Squares« statt, den Kreuzungen der Hauptverkehrsadern. Cambridge gilt als »The City of Squares«, sie bestimmen die städtische Topografie. Jeder dieser Squares hat seine eigene Prägung und funktioniert als eine Art Nachbarschaftszentrum.

PEABODY MUSEUM OF ARCHAEOLOGY AND ETHNOLOGY

Woher kommen wir? Wohin gehen wir? Ewige Fragen der Menschheit. Zumindest auf erste gibt wohl kaum ein anderer Ort auf der Welt detailliertere Antworten als dieses der Harvard University angeschlossene archäologische und ethnologische Museum der Spitzenklasse. Es wurde 1866 gegründet und nach dem Investmentbanker George Peabody (1795–1869) bonannt, dem größten Philanthropen seiner Zeit, der dem Museum die für damalige Verhältnisse außerordentliche Summe von 150 000 Dollar stiftete. Betrachten und staunen: Die Wunderkammer ist bekannt für ihre anthropologische Sammlung.

Peabody Museum of Archaeology and Ethnology.
11 Divinity Ave., Cambridge, MA 02138, Tel. 617 496 1027, www.peabody.harvard.edu

Oben: Blick auf die wuchtige Longfellow Bridge
Mitte: Straßenschild vor einem typischen Ziegelsteingebäude des Campus
Unten: Studenten im Old Yard der Universität

Am Kendall Square etwa, nahe der Longfellow Bridge am nordöstlichen Ende des MIT-Campus, hat sich eine blühende biotechnologische Industrie etabliert, vorangetrieben von ambitionierten MIT-Studenten. Central Square, die Kreuzung von Massachusetts Avenue, Prospect Street und Western Avenue, liegt in einem Gebiet, das noch in den 1990er-Jahren als heruntergekommen galt, in den letzten Jahren aber »stadtfein« gemacht wurde. Hier befindet sich auch der Lafayette Square. Der Harvard Square, gebildet von Massachusetts Avenue, Brattle Street und JFK Street, ist der Sitz der Harvard-Universität, der ältesten Hochschule in den Vereinigten Staaten. Auch diese einst eher schäbige Kreuzung ist erst in den letzten Jahren eleganter geworden – mit vielen interessanten Geschäften und der höchsten Dichte an Buchläden im ganzen Land.

Der Campus

Gegründet wurde die Harvard University 1636 als erstes College Amerikas, um vielversprechende junge Männer zu Kirchenführern, Staatsmännern und Geschäftsleuten auszubilden; Frauen erhielten erst im Jahr 1879 Zugang zur Harvard-Bildung. Der 154 Hektar große Campus umfasst etwa 500 Gebäude, darunter mehr als 100 Bibliotheken, neun Museen und Dutzende von Laboratorien. Zwischen malerisch von Efeu umrankten Backsteinbauten stößt man auf die Widener Library mit mächtigen korinthischen Säulen, die Holden Chapel, die Massachusetts Hall von 1720 und die University Hall. Auch auf dem Campus des MIT gleich jenseits der Harvard Bridge wartet bemerkenswerte Architektur auf Betrachter. Neben neoklassizistischen Bauwerken beeindrucken hier moderne Gebäude nach Entwürfen von weltweit anerkannten Architekten wie Ieoh Ming Pei, Eero Saarinen, Alvar Aalto und Frank Gehry.

Infos und Adressen

ESSEN UND TRINKEN

Craigie on Main. Saisonale, rustikale Küche mit französischen Anklängen *à la grand-mère*. 853 Main St., Cambridge, MA 02139, Tel. 617 497 5511, www.craigieonmain.com

East Coast Grill. Szenetreff mit Grill-spezialitäten. 1271 Cambridge St., Cambridge, MA 02139, Tel. 617 714 4662, www.eastcoastgrill.net

Harvard Faculty Club. Geheimtipp auf dem Campusgelände und nicht nur für Clubmit-glieder: Frühstück, Lunch oder Dinner in ge-diegenem, akademischen Ambiente. Reser-vieren! 20 Quincy St., Cambridge, MA 02138, Tel. 617 495 5758, www.hfc.harvard.edu

Oleana. Gerichte des Mittleren Ostens, ser-viert bei schönem Wetter auch auf einer zau-berhaften Gartenterrasse. 134 Hampshire St., Cambridge, MA 02139, Tel. 617 661 0505, www.oleanarestaurant.com

The Table at Season to Taste. Restaurant mit nur 20 Plätzen und täglich wechselndem Vier-Gänge-Menü. 2447 Massachusetts Ave., Cambridge, MA 02140, Tel. 617 871 9468, www.cambridgetable.com

ÜBERNACHTEN

Hotel Veritas. Komfortables Boutiquehotel nahe der Harvard Universität. 1 Remington St., Cambridge, MA 02138, Tel. 617 520 5000, www.thehotelveritas.com

Kimpton Marlowe Hotel. Am Charles River gelegenes, elegantes Haus mit allen Annehm-lichkeiten. 25 Edwin H. Land Blvd., Cam-bridge, MA 02141, Tel. 617 868 8000, www.hotelmarlowe.com

Prospect Place. Viktorianisches B & B im Herzen der Stadt. 112 Prospect St., Cambridge, MA 02139, Tel. 617 864 7500, www.prospectpl.com

The Charles Hotel. Hier darf sich der Gast auf elegante Zimmer und ein preisgekröntes Restaurant freuen. 1 Bennett St., Cambridge, MA 02138, Tel. 617 864 1200, www.charleshotel.com

Nicht verpassen! Wandmalereien am Nightclub The Middle East an der Massachusetts Avenue

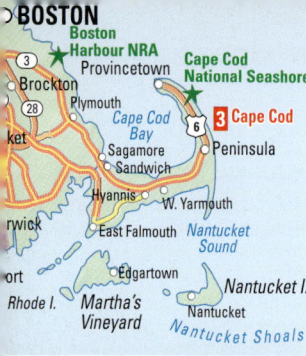

3 Autotour Cape Cod
Türschwelle am Meer

Lange Traumstrände: Mehr als 60 Kilometer ziehen sie sich am Fuß der Dünen des Cape Cod National Seashore den Atlantik entlang. John F. Kennedy selbst war es, der das Naturschutzgebiet eingerichtet hat. Cape Cod ist Amerikas Urlaubs-Wunderland: romantische Hotels, Kunstgalerien und edle Geschäfte in einigen der ältesten Dörfer der »Neuen Welt«. Und Provincetown, eine unkonventionelle Enklave von Künstlern und Exzentrikern.

Wie ein riesiger Angelhaken krümmt sich die Halbinsel in den Atlantik hinein: 120 Kilometer lang, mit fast 500 Kilometern Küstenlinie. Der Wind duftet nach Salz und Kiefernwäldern und nach dem feuchten Marschland an der Cape Cod Bay, Brutplatz für Abertausende von Küstenvögeln. Im *Indian Summer* liefern sich die Blätter der Bäume ein prächtiges Farbduell mit den dunkelroten Cranberrys, dem wichtigsten landwirtschaftlichen Erzeugnis der Region.

Um nach Cape Cod zu gelangen, muss man zunächst auf der Rte. 6 über die

Ⓐ Sagamore Bridge – ein stählerner Koloss mit dem Charme einer frühindustriellen Eisenbahnbrücke. Der 1933 erbaute, 188 Meter lange Überweg über den Cape Cod Canal ist für viele Besucher das Tor zum Sommerglück und das Stehen vor und auf der Brücke fast schon ein lieb gewonnenes Ritual.

Ⓑ Sandwich. Wer hier ankommt, spürt in der 1737 gegründeten Gemeinde sofort die ganz besondere Atmosphäre von Cape Cod. Das Dorf bezaubert mit den typischen weißen Holzhäuschen, mit Enten-

Mitte: Dünen an der Chatham Bay im Morgenlicht
Unten: Donald Eskes führt das Landfall Restaurant in Wood Hole direkt am Atlantik

Autotour Cape Cod

teich und Mühle. Ein paar Meilen weiter führt ein Abzweig zum

🄲 **Sandy Neck Beach**, einem der idyllischsten Strände Cape Cods. In der malerischen Marschlandschaft entlang der Barnstable Bay sind zahllose Vogelarten beheimatet. Zurück auf der Rte. 6 geht es weiter nach

🄳 **Barnstable.** Wunderschöne Walfänger- und Kapitänshäuser stehen an der Hauptstraße; im prunkvollen U.S. Custom House ist das Coast Guard Heritage Museum untergebracht. Viele berühmte Bostonians, wie die US-Präsidenten Ulysses S. Grant und Grover Cleveland, fanden in dem 1639 gegründeten Ort ihre Sommerfrische.

🄴 **Yarmouth Port.** Besuchen sollte man hier die prächtige Kapitänsvilla Captain Bangs Hallet House Museum an der Strawberry Lane. Weiter auf der Rte. 6A gelangt man bald nach

🄵 **Brewster.** Hier befindet sich das Cape Cod Museum of Natural History. Auf zwei Ebenen werden Flora und Fauna der Region gezeigt. Gleich hinter Brewster liegt der Nickerson State Park mit Salzwiesen und Sanddünen.

🄶 **Orleans.** Entstanden 1693 durch eine Ansiedlung der Pilgerväter aus der Plymouth Colony, heute »Verkehrsknotenpunkt« auf Cape Cod. Lange drehte sich hier alles um Fisch, Walfang und Landwirtschaft. Später brachte die Eisenbahn den Tourismus in den Ort. Die Fahrt geht weiter Richtung Süden auf der Rte. 28 nach

🄷 **Chatham.** Ein hübscher Ort mit edlen Boutiquen, Restaurants und dem historischen Chatham Light. Wieder zurück führt die Fahrt über Orleans die Rte. 6A entlang Richtung Norden durch die

Nicht verpassen

RADELN AUF DER HALBINSEL

Cape Cod mit dem Auto zu erkunden, ist eine großartige Sache. Mit dem Fahrrad macht es aber auch Spaß. Die Halbinsel besitzt eine flache Topografie, durchzogen von zahlreichen Radwegen. Am bekanntesten und besonders beliebt ist der Cape Cod Rail Trail (CCRT), der sich 35 Kilometer lang von Süden nach Norden über die Halbinsel erstreckt. Er folgt einer alten Eisenbahntrasse und führt von South Dennis über Eastham, dem »Tor« zum Cape Cod National Seashore, bis ins hübsche Örtchen Wellfleet. Es geht durch schattige Wälder und durchs Marschland, vorbei an Cranberry-Feldern, zahlreichen Teichen und, mit kleinen Abstechern, an herrliche Sandstrände. Auf der gesamten Strecke gibt es Parkplätze für »Quereinsteiger«. Vom CCRT biegt der 13 Kilometer lange Old Colony Trail nach Osten ab, der ebenfalls einer alten Bahnlinie folgt, und Radfahrer von Harwich bis nach Chatham führt.

www.capecodbikeguide.com/railtrail.asp

schöne Küsten- und Dünenlandschaft nach Eastham und zum

❶ **Salt Pond Visitor Center.** Hier beginnt das Schutzgebiet des 1961 gegründeten Cape Cod National Shore. Gleich hinter dem Besucherzentrum startet der Nauset Marsh Trail (1,6 km). Weiter nördlich führt der Marconi Trail (2 km) zu den Resten der Marconi Station. 1903 gelang hier die Vermittlung des ersten drahtlosen Transatlantik-Gesprächs: US-Präsident Theodore Roosevelt parlierte mit Eduard VII. von England.

❷ **Wellfleet.** Der ruhige Ort ist berühmt für seine Austern, seine Galerien und den größten Flohmarkt der Halbinsel. Die Wälder, Salzwiesen und Strände des Wellfleet Bay Wildlife Sanctuary locken eine Vielzahl von Wildtieren, vor allem Sing- und Watvögel an.

❸ **Truro.** Größte Attraktion des kleinen Ortes ist das Highland Light, ältester und höchster Leuchtturm auf Cape Cod. Sein ursprünglicher Standort befand sich 140 Meter weiter östlich. Wegen fortschreitender Erosion der Küstenlinie wurde der gesamte Gebäudekomplex im Juli 1996 innerhalb von 18 Tagen landeinwärts verschoben. Endstation der Fahrt auf der Rte. 6 ist Provincetown.

❹ **Provincetown.** Schon Schriftsteller wie Norman Mailer oder Tennessee Williams wussten die weltoffene Atmosphäre der freigeistigen Künstlerkolonie zu schätzen. Die exzentrische Stadt avancierte obendrein zum Treffpunkt für Homosexuelle aus der ganzen Welt. Waschechte Cape Codder, die mit »Salz in den Haaren, Sand zwischen den Zehen und Heringsblut in den Adern« zur Welt kommen, gibt es dagegen kaum noch. Das 76 Meter hohe Pilgrim Monument erinnert an die Ankunft der ersten englischen Siedler.

Oben: Dramatische Inszenierung der Natur: ein Sonnenuntergang am Meer
Unten: Beschauliche Straßenszene in Provincetown

Infos und Adressen

SEHENSWERTES

Cape Cod Museum of Natural History.
Mi–So 11–15 Uhr, 869 Main St./Rte. 6A,
Brewster, MA 02631, www.ccmnh.org

Captain Bangs Hallet House Museum. Kapitänsvilla mit Mobiliar und maritimen Exponaten. Mitte Juni–Anfang Okt. Fr–So, 11 Strawberry Ln., Yarmouth Port, MA 02675, www.hsoy.org

Woods Hole Science Aquarium. 1885 gegründetes Meeresaquarium. Di–Sa 11–16 Uhr, 166 Water St., Woods Hole, MA 02543, Tel. 508 495 2001, www.aquarium.nefsc.noaa.gov

ESSEN UND TRINKEN

Chillingsworth. Eines der besten Restaurants der Halbinsel. 2449 Main St., Brewster,

MA 02631, Tel. 508 896 3640,
www.chillingsworth.com

Del Mar Bar and Bistro. Köstlichkeiten wie Kabeljau mit Basilikum-Pinienkern-Pesto im Art-déco-Ambiente. 907 Main St., Chatham, MA 02633, Tel. 508 945 9988, www.delmar bistro.com

ÜBERNACHTEN

A Little Inn on Pleasant Bay. Romantisches B&B mit üppigem Frühstücksbuffet. 654 S. Orleans Rd., Orleans, MA 02662, Tel. 508 255 0780, www.alittleinnonpleasantbay.com

Brass Key. Hübsche Cottages mit schönem Innenhof. 67 Bradford St., Provincetown, MA 02657, Tel. 508 487 9005, www.brasskey.com

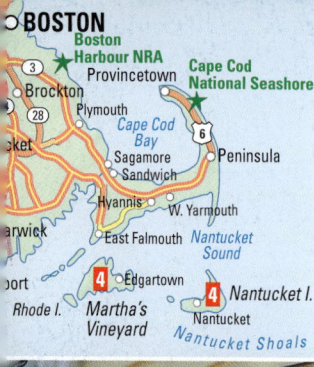

4 Nantucket und Martha's Vineyard
Inseln der Seligen

Nantucket und Martha's Vineyard sind nicht einfach nur Inseln, so wie Sylt für viele Deutsche auch nicht einfach nur ein nordfriesischer Sandhaufen im Meer ist. Die noblen Eilande vor Massachusetts sind Ferienkulisse vieler wohlhabender und einflussreicher Familien der US-Ostküste. Die Zurschaustellung von Reichtum ist jedoch streng verpönt. Statt Porsche tun es hier auch das Fahrrad oder der gute alte Jeep Grand Wagoneer.

Strahlend weiß gestrichene Häuser oder grau verwitterte Schindeln, Lattenzaun, Rosenbüsche und amerikanische Flagge im Vorgarten. Durch kleine Gassen radeln blond gefärbte Beauties. Hier werden Austern und Champagner lässig an Deck im Hafen verzehrt. Man hat Urlaub. Und da Geld ausgeben in der Sommerfrische doppelt Spaß macht, gibt es auf Nantucket und Martha's Vineyard

Nostalgisch und einladend: Schild an einem Kunstgewerbeladen

GUT ZU WISSEN

ZU SCHÖN, UM WAHR ZU SEIN

Wer auf Nantucket ein Holzhaus streichen will, hat die Wahl zwischen zwölf vorgegebenen Farben, darunter »Nantucket Grau« und »Quäker Grau«. Alles Neue muss sich ins Bestehende fügen. Das mag für Puristen ein Elysium sein, hinterlässt bei »normalen« Besuchern aber irgendwann das schale Gefühl, dass die amerikanische Wirklichkeit hier vor der geschmackvollen Tür bleibt. In der Tat: Das Inselchen ist heute als einer der teuersten Orte in den Vereinigten Staaten nur noch für wenige erschwinglich.

Beschauliche Stimmung im Nantucket Harbor

reichlich Gelegenheit dazu: teure Kunst in zahlreichen Galerien, Strandoutfits bei Tory Burch (*die* Generalausstatterin der Ostküstenfrau) oder bei Vineyard Vines.

Weit entfernte Insel

Auf Nantucket urlauben vor allem Reiche und Berühmte, die eher Ruhe als Rampenlicht suchen – Menschen mit altem Geld, deren Gesichter kaum jemand kennt, oder Menschen mit hohem Bekanntheitsgrad, die aber, getarnt durch Baseballkappe, Sonnenbrille und die amerikanische Urlaubsuniform aus Shorts und T-Shirt, nicht erkannt werden wollen. So will es wenigstens die örtliche Selbstwahrnehmung. Schließlich wollen sich die 10 000 Insulaner von der noch glamouröseren Nachbarinsel Martha's Vineyard abheben. Ganz ohne Glanz geht es auch hier nicht. Immerhin findet auf Nantucket – was in der Indianersprache »weit entfernte Insel« bedeutet – jedes Jahr ein Filmfestival statt, dann macht auch Hollywoods Prominenz halt. Geprotze in Form auffälliger Limousinen? Zwar ist die 22 Kilometer lange und fünf Kilometer breite Insel nicht autofrei, aber sie bietet einfach keinen Platz für Fahrzeuge von Urlaubern und Ausflüglern.

Nicht verpassen

BESUCH BEI MOBY DICK

Keiner kann die Begegnung garantieren. Doch wenn sie sich zeigen, sind die gewaltigen Finn- und Buckelwale ein atemberaubendes Erlebnis. Grund für das große Walvorkommen an der Ostküste ist die Stellwagen Bank, 35 km östlich von Boston: ein riesiges Unterwasser-Plateau, das zu den artenreichsten maritimen Lebensräumen der Welt zählt. Heute finden zwischen Cape Ann und Cap Cod gut 80 % aller Whale-Watching-Touren Neuenglands statt. Die Saison beginnt im April und endet im Oktober, Hauptzeit ist Juli und August. Der Anbieter Shearwater Excursions auf Nantucket etwa legt zwischen Ende Juni und Mitte September jeweils morgens um 8 Uhr ab, Rückkehr gegen 14 Uhr.

Shearwater Excursions. Slip 1011 Straight Wharf, Nantucket, MA 02584, Tel. 508 228 7037, www.shearwaterexcursions.com

Dafür blühen auf Nantucket Rosen und Hortensien in jedem Vorgarten. Hier und da ragt ein Leuchtturm aus der Landschaft aus Wiesen und Moor. Bäume, Preiselbeersträucher und Blaubeerbüsche sind in die Idylle getupft, hinter den Dünen erstrecken sich endlose Strände. Außer Walfängern und Fischern lebten einst Quäker auf der Insel. Man ließ sie ebenso in Ruhe wie später die Rockefellers oder Kennedys. Nantucket Town besitzt mehr als 800 historische Gebäude – manche stammen aus den Gründertagen des späten 17. Jahrhunderts oder aus der Zeit im 18. Jahrhundert, als Nantucket mit einer Flotte von 100 Booten die Welthauptstadt des Walfangs war und Herman Melville, Autor von *Moby Dick*, hier 1841 auf einem Walfänger anheuerte. Von der Hoch-Zeit Nantuckets als Walfangort erzählt heute neben den schmucken Kapitänsvillen das Whaling Museum, das auch ein riesiges Walskelett zu seinen Exponaten zählt.

Wo Präsidenten entspannen

Auch Martha's Vineyard scheint wie aus der Zeit gefallen: Hier gibt es keinen Fast-Food-Shop, keine Ladenketten. Das Eiland zieht Prominente an, auch US-Präsidenten verbringen hier gern ihren Urlaub. Jeder Ort hat seinen eigenen Charakter: Edgartown im Süden ist mondän, mit Bars und teuren Restaurants. Oak Bluffs wirkt daneben fast zu hübsch, um wahr zu sein. In engen Gassen geht man zwischen kleinen bunten viktorianischen Holzhäusern spazieren. Chappaquiddick ist ein liebevoll konserviertes Naturschutzgebiet, über das ein gemeinnütziger Verein wacht. Am Ende dieses Ausflugs ragt ein Leuchtturm auf. Wenn man seine Stufen erklimmt und von oben die Augen über den Ozean und das Grün weit unten schweifen lässt, wird mit einem Mal klar, warum Martha's Vineyard den Besucher so sehr entzückt: Hier ist die Welt noch heil, ganz ohne einen Riss.

Oben: Hier hat man noch Zeit für einen Plausch
Mitte: Die kupferne Wetterfahne erinnert an die Walfang-Tradition von Nantucket
Unten: Lauschige Veranda auf Martha's Vineyard

Infos und Adressen

SEHENSWÜRDIGKEITEN

Whaling Museum. Alles über Wale mit Multi-media Show und Observation Deck mit Blick über den Hafen. 1. Feb.–2. April 10–16, 2. April–31. Dez. 10–17 Uhr, 13 Broad St., Nantucket, MA 02554, Tel. 508 228 1894, www.nha.org/sites

ESSEN UND TRINKEN

Beach Plum Inn & Restaurant. Eines der besten Restaurants der Insel. Köstlicher Hummer, knusprige Ente. Beach Plum Lane, Chilmark, MA 02535, Tel. 508 645 9454, www.beachpluminn.com

Sandbar at Jetties Beach Bar & Restaurant. *Clambakes*, Sandwiches und Cocktails am Strand mit herrlichem Blick auf den Nantucket Sound. 4 Bathing Beach Rd., Nantucket, MA 02554, Tel. 508 228 2279, www.jettiessandbar.com

Summer House Restaurant. Bei fangfrischen Austern sich ein wenig fühlen wie in F. Scott Fitzgeralds berühmtem Roman *Der große Gatsby*. 7 Ocean Ave., Siasconset, MA 02564, Tel. 508 257 4577, www.thesummerhouse.com

The SeaGrille. Ein Gedicht ist die Meeresfrüchtesuppe, köstlich der Gelbflossenthunfisch. 45 Sparks Ave., Nantucket, MA 02554, Tel. 508 325 5700, www.theseagrille.com

ÜBERNACHTEN

Crocker House Inn. B&B mit malerischer Veranda, Zimmer mit Hafen- und Gartenblick. 12 Crocker Ave., Vineyard Haven, MA 02568, Tel. 508 693 1151, www.crockerhouseinn.com

Pisces at the Harborview. Zwölf um einen Garten gruppierte Neuengland-Häuser, alle mit Blick auf Hafen und Bucht. 24 Washington St., Nantucket, MA 02554, Tel. 508 228 4423, www.harborviewnantucket.com

The White Elephant. Maritime Eleganz plus kuschelige Atmosphäre am Hafen. 50 Easton St., Nantucket, MA 02554, Tel. 508 228 2500, www.whiteelephanthotel.com

Hummer in allen Variationen – auf den Inseln kommt er ganz frisch auf den Teller

VOM GLÜCK,

ein Yankee zu sein

Dort, wo 1620 mit der Landung der »Mayflower« und ihrer Pilgerväter die Neue Welt begann, leben heute jene, die sich als die wahren
Yankees betrachten. Und noch immer die traditionellen Werte Neuenglands hochhalten: Fleiß, praktische Veranlagung, Bescheidenheit
und die Begabung, aus allem das Beste zu machen. Für einen Yankee
entspringt aus derlei Tugenden am Ende wahres Glück.

In seinem Roman *Ein Yankee am Hofe
des König Artus* setzte ihm Mark Twain
schon im Jahr 1889 ein literarisches
Denkmal: diesem pragmatischen, erfin-
derischen, von allen bösen Geistern verlassenen Urtyp des Neuengländers. Die
Geschichte handelt von Hank Morgan,
der sich – nach einem Schlag auf den
Kopf – am Hof des König Artus wieder-
findet. Der mittelalterliche Herrscher
und seine Untertanen leben in einer Welt
von Aberglauben, öffentlichen Hinrich-
tungen, Sklavenhandel, Standesunter-
schieden, technischer Rückständigkeit,
Analphabetismus und Epidemien. Hank
Morgan hingegen repräsentiert den fort-
schrittlichen, republikanischen Amerikaner, der den historischen Ballast der
europäischen Monarchien abgeschüttelt
hat. Den modernen »Yankee« eben.

Dabei hatte dieser Ausdruck nicht immer
einen positiven Klang. Als »Yankee« wurden ursprünglich die Bewohner Neuenglands verspottet. Der Begriff leitet sich
möglicherweise vom Spitznamen der

Yankee-Baseballstar Richard »Goose« Gossage

niederländischen Einwanderer ab, die
verächtlich »Jan Kees« genannt wurden.
Es könnte sich aber auch um eine Ame-
rikanisierung des Wortes »Engländer« in
der Sprache der Wyandot-Indianer han-
deln, deren Aussprache des übernom-
menen französischen Wortes *L'Anglais*
ähnlich klingt: »Y'n-gee«. Während des
Sezessionskrieges (1861–1865) verhöhn-
ten die Südstaatenbewohner die Truppen der verfeindeten Nordstaaten abfäl-
lig als »Yankees«. Diese reagierten darauf,
indem sie den *Yankee Doodle* zu ihrem
Schlachtlied und zu ihrer inoffiziellen
Nationalhymne machten.

Technik-Nation

Eines steht fest: Dort, wo 1620 mit der
Landung der *Mayflower* und ihrer Pilgerväter die Neue Welt begann, leben heute
noch jene, die die traditionellen Werte
Neuenglands hochhalten und deren
Yankeestolz in unterschiedlichen Nuan-
cen existiert. Zum Beispiel bei den Connecticut Yankees, einst Kaufleute und
wettergegerbte Walfänger. Oder bei den
Maine Yankees, denen man nachsagt,

dass sie kein Wort zu viel riskieren. Oder bei den Massachusetts Yankees, bei denen die Abstammung von der »richtigen« Familie angeblich noch immer die Türen öffnet. Oder bei den New Hampshire Yankees, denen nachgesagt wird, besonders pfiffige Tüftler zu sein und deren Staatsmotto »Live free or die« den unbändigen Freiheitsdrang ausdrückt.

Stolz darauf, ein Yankee zu sein? Na klar! Die erfolgreichsten Erfindungen, die meisten Veröffentlichungen, die besten Universitäten – im Nordosten der USA galten Innovationen schon immer als Volkssport. Wie sonst konnten die USA von einer hinterwäldlerischen Kolonie aufsteigen zur weltweit führenden Technik-Nation? Die legendäre *yankee ingenuity* befeuerte den amerikanischen Erfindergeist, der zu Innovationen führte

Im Oldtimer auf den Spuren der Vergangenheit

wie Aufzug und Atombombe, Sofortbildkamera und Blitzableiter, Heimcomputer und Colt.

Es scheint, als lägen Pioniergeist und Unternehmertum dem Yankee im Blut. Und als wollten die Nachfahren der Puritaner sich und der Welt mit ihrer protestantischen Arbeitsethik beweisen, dass sie sichtbar von Gott gesegnet sind. Mit dem »Old Deluder Satan Law« und der Einführung der Schulpflicht schufen sie 1647 immerhin so etwas wie die Vorform einer Wissensgesellschaft mit der Absicht, sich so gegen Verdrehungen der Heiligen Schrift durch den Teufel, den »alten Betrüger«, zu schützen.

Vielleicht liegt das Geheimnis des Yankee-Erfolgs in dem Zwang, mit einfachsten Mitteln die größten Schwierigkeiten zu überwinden. Das zumindest war der Modus Operandi der Pioniere in den frühen Kolonialtagen – sie hatten keine andere Wahl und keine Zeit für Schwärmereien. Nicht der Denker und Dichter, sondern der Erfinder wurde hier stets als Vorbild gefeiert: »Seine Werke künden von der Bevorzugung des Nützlichen vor dem nur Ausgedachten, und tatsächlich zeigt sich in diesem das wirklich Schöne und Erhabene«, schwärmte der Schriftsteller Thomas Ewbank (1792–1870). Und: »Ein Dampfschiff ist ein größeres Epos als die *Ilias*.«

Sagenhafter Aufstieg

Ohne Neuenglands Bildungsindustrie und ohne die hier angestoßene Industri-

Idylle am Fluss: Dorf in den Neuengland-Staaten, das wie ein Stück heile Welt anmutet

alisierung Amerikas wäre der sagenhafte Aufstieg der USA nie möglich gewesen. Es waren Connecticut und Massachusetts, wo Postkutschen und Revolver gebaut wurden, mit denen der Wilde Westen erschlossen wurde. Es war in Hartford, wo die ersten Autos entstanden, die Amerika mobil machen sollten. Es waren Textilfabriken in New Hampshire und Rhode Island, die das Garn spannen, mit dem die Nation eingekleidet wurde. Und es waren Atom-U-Boote aus Connecticut, die im Kalten Krieg das militärische Gleichgewicht mit den Sowjets hielten.

Das Energiezentrum von einst steht heute mit der Ansiedlung von Zukunftsindustrien wie Biotech, Informatik und Robotik sowie der üppigen Ausstattung mit Venture Capital bereits mitten im dritten Jahrtausend. Und wo vor Jahr-

hunderten Wasserkraft die Sägemühlen angetrieben hat, wird – trotz aller traditionellen Bescheidenheit – heute durchaus gern gezeigt, was man hat. Wunderschöne Villen, prachtvolle Anwesen – in Neuengland leben viele Menschen mit enorm viel Geld. Man wohnt in kleinen, schmucken Orten und tut alles dafür, dass es so bleibt. Größe muss nicht sein: Augusta, Hauptstadt von Maine, hat so viele Einwohner wie Holzminden oder Kufstein. Man genießt seine traumhaften weißen Sandstrände, urige Leuchttürme, verträumte Fischerdörfer, zerklüftete Klippen, den spektakulären *Indian Summer*, historische Küstenstädte, weiße Kirchtürme, grünes Farmland, überdachte Brücken und gemütliche Hafenrestaurants, wo die typischen Spezialitäten Neuenglands, Hummer und *Clam Chowder*, serviert werden – wer wollte da kein Yankee sein?

5 The Berkshires
Ganz schön kulturbeflissen

Der Höhenzug der Berkshire Mountains erstreckt sich in Nord-Süd-Richtung westlich des Pioneer Valley, das vom Connecticut River durchflossen wird, und östlich der Taconic Mountains, die entlang der Grenze zum Bundesstaat New York verlaufen. Im Norden bilden die Green Mountains in Vermont ihre Fortsetzung. Eine Region mit kulturellen Attraktionen, reicher Musikgeschichte und herrlichen Erholungsmöglichkeiten.

Diese an schimmernden Seen und üppigen Wäldern reiche Hügellandschaft hat schon immer Künstler angezogen, die hier Inspiration, Verjüngung oder Seelenbalsam suchten. Henry W. Longfellow, Herman Melville, Ralph Waldo Emerson oder Norman Rockwell zogen sich hierher zurück. Sie bescherten der Gegend später anspruchsvolle Ausstellungen, Konzerte, Theateraufführungen und Lesungen in Museen, Theatern und im Sommer auch auf Freilichtbühnen, die Werke und Landschaft gleichermaßen in Szene setzen.

Landsitze, Villen, Musentempel

Mit mehr als 100 kulturellen Sehenswürdigkeiten sind die Berkshires heute zu jeder Jahreszeit ein perfektes Reiseziel. Unbedingt auf die Besuchsliste gehören das Hancock Shaker Village, ein historisches Freilichtmuseum in Pittsfield, sowie The Mount Estate and Gardens, ein prachtvoller Landsitz, und Ventfort Hall, eine schlossähnliche Villa mit Gilded-Age-Museum, beide in Lenox. Unvergleichlich ist es, in lauen Sommernächten in Tanglewood dem Boston Symphony Orchestra

Mitte: Herbst in den Berkshires
Unten: »Petri Heil« beim Fliegenfischen in einem der vielen Flüsse

zu lauschen, internationalen Ensembles beim Tanzfestival Jacob's Pillow Dance in Becket zuzuschauen oder während des Williamstown Theatre Festival exzellente Schauspielkunst zu bewundern. Ebenfalls sehenswert: das Williams College Museum of Art in Williamstown sowie das Massachusetts Museum of Contemporary Art (MASS MoCA) in North Adams. Nicht verpassen sollte man einen Besuch im liebevoll renovierten Colonial Theatre in Pittsfield.

Wanderwege und Wildwasser

Viele Wanderwege führen Naturfreunde durch den romantischen Höhenzug, allen voran der legendäre Appalachian Trail. Hier lockt eine Vielzahl an Parks, wie etwa der Kent Falls State Park in Kent, der Berkshire Botanical Garden in Stockbridge und das Herbert Arboretum in Pittsfield. Außerdem befindet sich in dieser Grenzregion der größte Wasserfall von Massachusetts, die Bash Bish Falls im gleichnamigen State Park in den Taconic Mountains. Man kann zum Mount Greylock, dem Monument Mountain oder entlang des Mohawk Trails wandern, durch die Wälder reiten oder im Kajak oder Kanu die Flüsse und Seen befahren. Abenteuerlustige werden vom Whitewater Rafting auf dem Deerfield River oder den Ziplines im Catamount Adventure Park begeistert sein.

Nach all den Erlebnissen Appetit bekommen? Die fruchtbaren Böden der Berkshires bieten optimalen Grund für Obst- und Weinanbau. So kommt man an jeder Straßengabelung an einem Schild vorbei, das zur Weinprobe oder zum Pflücken von Äpfeln oder Pfirsichen einlädt. Oder zum deftigen *New England Boiled Dinner*, dem Schmortopf-Gericht aus Siedlertagen mit Rindfleisch und Gemüse.

SEHENSWÜRDIGKEITEN

Norman Rockwell Museum. Werke des »beliebtesten Künstlers Amerikas« und anderer Illustratoren. Nov.–April 10–16, Mai–Okt. 10–17 Uhr, 9 Glendale Rd., Stockbridge, MA 01262, www.nrm.org

Chesterwood. Im Atelier von Daniel C. French (1850–1931) steht sein Gipsmodell der Lincoln-Statue, die in Washington D.C. zu sehen ist. 3 Williamsville Rd., Stockbridge, MA 01262, Tel. 413 298 3579, www.chesterwood.org

ESSEN UND TRINKEN

District Kitchen & Bar. Uriges Ambiente und Hausmannskost mit Bio-Anspruch. 40 West St., Pittsfield, MA 01201, Tel. 413 442 0303, www.district.kitchen

No. Six Depot Roastery & Cafe. Kaffeerösterei, Café, Kunstgalerie und Bühne. 6 Depot St., West Stockbridge, MA 01266, Tel. 413 232 0205, www.sixdepot.com

ÜBERNACHTEN

Hampton Terrace Inn. B & B in historischer Villa mit Kaminen und Pool. 91 Walker St., Lenox, MA 01240, Tel. 413 637 1773, www.hamptonterrace.com

The LakeHouse Inn. Luxus am Wasser mitten in den Berkshires. 615 Laurel St., Lee, MA 01238, Tel. 413 243 6290, www.lakehouseinnlee.com

The Windflower Inn. Eines der ältesten Gasthäuser hierzulande. 684 South Egremont Rd., Great Barrington, MA 01230, Tel. 413 528 2720, www.windflowerinn.com

6 Autotour Mohawk Trail
In den Fußstapfen der Irokesen

Der Mohawk Trail im nordwestlichen Massachusetts folgt einem alten indianischen Handelspfad. Die Strecke zwischen Greenfield und Williamstown ist die erste offiziell ausgewiesene Panoramastraße Neuenglands mit herrlichem Blick auf die umliegenden Berge. Doch die Berkshire Hills locken nicht nur mit romantischer Hügellandschaft, Seen, Wäldern und Flusstälern, sondern auch mit beschaulichen Ortschaften und malerischen Obstgärten.

Bereits vor der Erfindung des Automobils gehörte der Mohawk Trail zu den beliebtesten Reiserouten an der Ostküste. Einst verlief hier ein alter indianischer Handelspfad, auf dem auch die ersten Siedler nach Westen vordrangen. Namensgeber des Weges ist der Stamm der Mohawk-Irokesen, der auch »Hüter des östlichen Tores« genannt wurde, weil alle anderen der fünf Irokesen-Stämme weiter westlich siedelten. Die Bronzestatue *Hail to the Sunrise* in Charlemonts Mohawk Park zeigt einen Stammesangehörigen, der den Sonnenaufgang begrüßt und erinnert an die Ursprünge des Trails (www.mohawktrail.com).

Panoramastraße

Seit Oktober 1914 ist die Strecke asphaltiert und als erste »Scenic Route« der USA ausgewiesen. Heute ist der rund 100 Kilometer lange Mohawk Trail ein Teilstück der Massachusetts Route 2, des beliebten Highways, der in Boston beginnt und sich quer durch den Bundesstaat pittoresk nach Westen schlängelt.

»Hail to the Sunrise« – Gruß eines Irokesen an die aufgehende Sonne

Oben: Es grünt so grün …:
The Bridge of Flowers in Shelburne Falls
Mitte: Rote Dächer in Charlemont
Unten: Der Herbst ist eine herrliche Zeit zum Wandern

Neuengland

🅐 **Northfield Mountain.** Vom Gipfel hat man einen herrlichen Blick über den Flickenteppich aus Mais- und Tabakfeldern, Eichen- und Ahornwäldern und kleinen Orten wie Deerfield und Greenfield, durch den sich malerisch der Connecticut River schlängelt. Lohnenswert: Eine beschauliche Fahrt mit dem Quinnetukut II Riverboat. Ein paar Meilen weiter bei

🅑 **Turners Falls** hilft die Fischtreppe flussaufwärts wandernden Lachsen, Neunaugen und Alosa, ihre Laichplätze zu erreichen. Früher waren an der Endstation der hiesigen Railroad Company einige Industriebetriebe angesiedelt – in seinem Hauptwerk *Kapital* kritisierte Karl Marx eine dortige Besteckmanufaktur als Musterbeispiel von Ausbeuterei. Weiter geht es Richtung

🅒 **Shelburne Falls,** wohin sich der Mohawk Trail entlang des Deerfield River windet. Der hübsche Ort mit seinen Häusern aus dem 19. Jahrhundert und seiner begrünten Bridge of Flowers besitzt viele kleine Geschäfte und Galerien. Einen Besuch lohnt unbedingt die zauberhafte Töpferei von Molly Cantor.

🅓 **Charlemont.** »Es gibt keinen lieblicheren Ort auf dieser Welt«, schwärmte der Dichter Archibald MacLeish (1892–1982). Hübsche Häuser und die weiße Federated Church bilden in der Tat ein Bilderbuch-Neuengland. Wer hingegen ein wenig Abenteuer und Nervenkitzel sucht, wird mit Ziplining, White Water Rafting, Kajakfahren und Klettern beglückt. In Schlangenlinien windet sich der Weg durch sattgrüne Berge, vorbei an Flussläufen und Wasserfällen Richtung

🅔 **Mohawk Trail State Forest.** Hier kann man wandern – etwa entlang des Mattatuck Trail – und sich im Cold River erfrischen. Im Mohawk-

Autotour Mohawk Trail

Teich finden Angler mehrere Forellenarten. Während des *Indian Summer* ist die bunte Laubfärbung spektakulär, später im Jahr bietet der Park beste Wintersportmöglichkeiten. Und mit viel Glück sieht man Schwarzbären am Deerfield River nach Fischen jagen. Der Highway 2 schlängelt sich hinauf zum

❻ Whitcomb Summit (662 m), wo das »Elk on the trail monument« an die Gefallenen des Ersten Weltkriegs erinnert. Hinter jeder Kurve kauert ein kleines Blockhüttenhotel unter Bäumen, dann wieder duckt sich ein Rastplatz mit rustikalen Picknicktischen in den Wald. Bald erreicht man

❼ Hairpin Turn, die berüchtigte Haarnadelkurve. Früher hielten hier die Ausflügler, um sich Wasser für die überhitzten Motoren ihrer Autos zu besorgen. Heute ist ein Stopp am Restaurant Golden Eagle wegen des sagenhaften Ausblicks ein Muss. Von North Adams – unbedingt das renommierte Massachusetts Museum of Contemporary Art besuchen – führt ein Abstecher Richtung Süden zur

❽ Mount Greylock State Reservation. Mount Greylock ist mit 1064 Metern die höchste natürliche Erhebung des Bundesstaates. Von hier reicht der Blick bis zu 220 Kilometer weit über Massachusetts, New York, Connecticut, Vermont und New Hampshire. Zu den Wanderwegen rund um den Berg gehört auch ein Teilstück des Appalachian Trail. Zurück auf der Rte. 2 endet die Fahrt schließlich in

❾ Williamstown, an der Mündung des Green River in den Hoosic River. Im 18. Jahrhundert bestimmten Landwirtschaft, Säge- und Getreidemühlen den Ort. Mit der Eisenbahn kamen dann Touristen, und viele Hotels eröffneten.

Infos und Adressen

SEHENSWÜRDIGKEITEN

Museum of Contemporary Art. Zeitgenössische Kunst, u. a. von Sol LeWitt und Robert Rauschenberg. Jan.–Mai Mi–Mo 11–17, Juni–Dez. So–Mi 10–18, Do–Sa 10–19 Uhr, 1040 Mass MoCa Way, North Adams, MA 01247, Tel. 413 662 2111, www.massmoca.org

ESSEN UND TRINKEN

Gala Steakhouse & Bistro. Aparter Mix aus klassisch und modern. 222 Adams Rd., Williamstown, MA 01267, Tel. 413 458 9590, www.galarestaurant.com

Gypsy Apple Bistro. Kleines Restaurant mit französisch angehauchter Küche. 65 Bridge St., Shelburne Falls, MA 01370, Tel. 413 625 6345, www.gypsy applebistro.com

Hearty Eats. Farmfrische Zutaten und überwiegend vegetarisch-vegane Gerichte. 24 Bridge St., Shelburne Falls, MA 01370, Tel. 413 625 6460, www.heartyeats.org

ÜBERNACHTEN

Brandt House. Hübsches B & B mit großem Garten. 29 Highland Ave., Greenfield, MA 01301, Tel. 413 774 3329, www.brandthouse.com

The Porches Inn at Mass MoCA. Im Retrostil eingerichtet, gegenüber dem Museum. 231 River St., North Adams, MA 01247, Tel. 413 664 0400, www.porches.com

Whitcomb Summit Retreat. Gepflegtes Hotel mit schönem Bergblick. 229 Mohawk Trail, Florida, MA 01247, Tel. 413 664 0007, www.whitcombsummitretreat.net

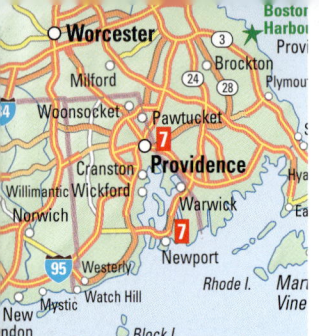

7 Providence und Newport
Herrschaftszeiten an der Küste

Der Spitzname »Ocean State« verrät es bereits: Rhode Island ist dem Meer ganz nah. Die ersten Siedler ließen sich an der Narragansett Bay nieder und hinterließen »Little Rhody«, dem kleinsten Bundesstaat der USA, die landesweit größte Konzentration an historischen Stätten. Besuchermagneten sind die Hauptstadt Providence und das Segler-Mekka Newport.

Providence besitzt lebendige Stadtviertel, hervorragende Hotels und eine abwechslungsreiche Kunstszene. Besonders während des alljährlichen WaterFire Festival im Sommer lohnt ein Besuch. Dann werden bei Sonnenuntergang auf den drei Flüssen der Innenstadt Leuchtfeuer entzündet, die Straßen und Brücken in ein stimmungsvolles Licht tauchen. Auch für Gaumenfreuden ist Providence ein Reiseziel: die Institution des amerikanischen »Diners« mit seinen typischen Burgern, Pancakes und Apple Pies wurde im Jahr 1872 hier geboren. Auch bei Liebhabern der gehobenen Küche genießt Providence inzwischen einen ausgezeichneten Ruf. Besonders der Stadtteil Federal Hill mit italienischem Flair und vielen Restaurants, Bäckereien und Märkten lockt Genießer und Gourmets an.

Bei einem Rundgang kann man die Metropole am besten kennenlernen. Die Tour »Providence Walks: The East Side« führt zu 17 historischen Sehenswürdigkeiten; zum Rhode Island State House, einem der größten Regierungsgebäude

Mitte: Blick auf das imposante Rhode Island State House
Unten: In Providence ist man tolerant und meinungsfreudig – und frau auch

Ruhmeshalle von Steffi, Roger und Co.

der USA, ebenso wie zur First Baptist Church, Heimat der ältesten Baptistengemeinde des Landes. Sehenswert sind die herrschaftlichen Villen entlang der Benefit Street sowie das Rhode Island School of Design Museum mit einer der wichtigsten Kunstsammlungen der Vereinigten Staaten.

In Providence herrscht ein kosmopolitisches und tolerantes Geistesklima; seit jeher ist die 1636 gegründete Stadt Fluchtpunkt von Freidenkern gewesen. Seinem Ruf als pulsierende »Renaissance-Stadt« wird Providence mit unzähligen Colleges und Universitäten gerecht, darunter die berühmte Brown University und die Johnson & Wales University mit der weltgrößten Kochschule, dem College of Culinary Arts.

Opulenter Luxus

Das 45 Minuten entfernte Segelzentrum Newport ist Heimat des America's Cup, der renommiertesten Trophäe im Segelsport. Die mondäne Stadt begeistert mit ihrem Shopping-, Gastronomie- und Sportangebot sowie Konzerten und Kunstfestivals. Fast alles dreht sich hier um Luxus, Wohlstand, Renommee. Im Hafenbecken von Newport

Nicht verpassen

WALHALLA DES WEISSEN SPORTS

Die International Tennis Hall of Fame ist im Newport Casino, einem exklusiven Clubhaus von 1880, untergebracht. Auf dem Tennisgelände wurden schon von 1881 bis 1914 die US National Lawn Tennis Championships, die Vorläufer der heutigen US-Open, gespielt. Noch immer werden auf den 13 Grasplätzen professionelle Turniere ausgetragen. Das Museum zeigt derweil die Geschichte des Weißen Sports, während in der Hall of Fame die bedeutendsten Spieler gewürdigt werden. Fünf Deutschen wurde bisher diese Ehre zuteil: Gottfried von Cramm (posthum aufgenommen 1977), Boris Becker (2003), Steffi Graf (2004), Hans Nüsslein (posthum aufgenommen 2006) und Hilde Sperling (posthum aufgenommen 2013).

International Tennis Hall of Fame, 194 Bellevue Ave., Newport, RI 02840, Tel. 401 849 3990, www.tennisfame.com

dümpeln die opulenten Statussymbole der High Society zu Dutzenden vor sich hin. Und schon JFK und Gattin Jackie wussten die malerische Kulisse als fotogenen Hintergrund zu nutzen.

Steinerne Zeugnisse einer Blütezeit

Während des Gilded Age im ausgehenden 19. Jahrhundert erbauten viele steinreiche New Yorker Familien wie die Rockefellers und Vanderbilts Sommer-»Cottages« an der felsigen Küste von Newport. Hier stehen die prächtigsten Villen Neuenglands: Das Marble House der Vanderbilts, die Elms Mansion des Kohlemagnaten Edward J. Berwind oder das John Browne House Museum sind einzigartige Anwesen. Doch keines der Cottages kann es mit The Breakers aufnehmen; Cornelius Vanderbilt II. (1843–1899) ließ sich im Jahr 1895 diesen pompösen Sommersitz mit 70 Zimmern errichten. Große Teile des Baumaterials und die Inneneinrichtung wurden aus Frankreich und Italien importiert. Ob das kolossale Werk im italienischen Renaissancestil nun stilistisch gelungen ist – Geschmackssache.

Entlang der Klippen

Bei einem Spaziergang auf dem legendären Cliff Walk entlang der rauen Atlantikküste und mit schönem Blick auf die prächtigen Herrenhäuser kann man sich selbst ein Bild machen. Unbestritten bleibt derweil die Schönheit der Natur: Die Narragansett Bay gilt als ein Kronjuwel Rhode Islands. Dass der Atlantik dem kleinen Bundesstaat fast 800 Kilometer Küste schenkt, liegt am unregelmäßigen Uferverlauf: Die Küstenlandschaft ist wild zerfurcht, Landzungen ragen weit ins Meer hinaus, und Strände wechseln sich ab mit zerklüfteten Felsufern.

Oben: Auf dem Cliff Walk zwischen wildem Meer und prächtigen Mansions
Mitte: Marble House war das Feriendomizil der Vanderbilt-Familie
Unten: Speisesaal in Edward J. Berwinds Anwesen The Elm

Infos und Adressen

SEHENSWÜRDIGKEITEN

John Brown House Museum. Die 1788
erbaute Villa erzählt von Sklaverei, Revo-
lution, Handel mit China – kurzum die
Geschichte Rhode Islands. April–Nov. Di–
Fr 13–16 Uhr, 52 Power St., Providence,
RI 02906, Tel. 401 273 7507,
www.rihs.org/museums/john-brown-house

ESSEN UND TRINKEN

22 Bowen's Wine Bar & Grille. Steak &
Seafood im historischen Teil des Hafens.
22 Bowens Wharf, Newport, RI 02840,
Tel. 401 841 8884, www.22bowens.com

Persimmon. Hier stehen mit Chef Champe
Speidel kompromissloses Können und Enthu-
siasmus in einer Person am Herd. 99 Hope St.,
Providence, RI 02906, Tel. 401 432 7422,
www.persimmonbristol.com

Restaurant Bouchard. Eines der besten
Restaurants Newports, in Hafennähe.

505 Thames St., Newport, RI 02840, Tel.
401 846 0123, www.bouchardnewport.com

The White Horse Tavern. 1673 gegründetes
Restaurant. Es gibt Fisch, Muscheln, Hummer.
26 Marlborough St., Newport, RI 02840, Tel.
401 849 3600, www.whitehorsenewport.com

ÜBERNACHTEN

Castle Hill Inn and Resort. 33 geschmackvoll eingerichtete Zimmer mit Meerblick.
590 Ocean Ave., Newport, RI 02840,
Tel. 401 849 3800, www.castlehillinn.com

Christopher Dodge House. Authentisches
B & B in dreistöckiger Ziegelbau-Villa.
11 W. Park St., Providence, RI 02908,
Tel. 401 351 6111, www.providence-hotel.com

Grace Vanderbilt. Das historische Boutiquehotel atmet Komfort und Geschichte.
41 Mary St., Newport, RI 02840, Tel. 401 846
6200, www.gracehotels.com/vanderbilt

Seit 1875 thront Castle Hill Inn auf einer Klippe über dem Atlantik – Meerblick garantiert

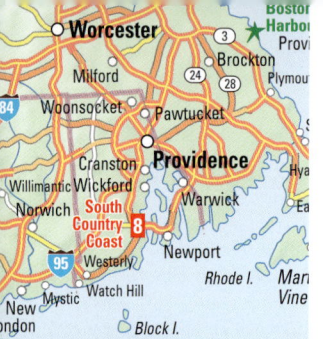

8 Autotour South Country Coast
Ab in die gute Stube

Der Küstenabschnitt im Süden von Rhode Islands ist nicht nur ideal für einen Strandurlaub. Die Region am Atlantik ist auch bei Vogelfreunden beliebt, und die Gewässer vor der Küste sind ideal zur Walbeobachtung. Hier dürfen sich Wildtiere ein wenig sicherer fühlen als anderswo: Insgesamt stehen an der South Country Coast mehr als 20 Strände und fast 30 küstennahe Areale unter besonderem Schutz.

Ein Großteil der knapp 650 Kilometer langen Traumstrände des Bundesstaates Rhode Island ist nach wie vor unberührt und dient seltenen Zugvogel- und Wildtierarten als Rückzugsort. Auch die Menschen genießen die Natur im South Country – ob beim Wandern, Radfahren, Angeln, Campen, Segeln, Surfen oder Reiten.

Die Tour führt zur Narragansett Bay, Rhode Islands »guter Stube«. Sie beginnt im kleinen Ort Westerley an der Grenze zu Connecticut und führt über die Rte. 1.

Ⓐ **Watch Hill** ist ein charmantes Ferienörtchen, in dem viktorianische Villen ebenso von der noblen Vergangenheit als Sommerfrische reicher Familien des 19. Jahrhunderts zeugen wie das vielfach preisgekrönte Ocean House aus dem Jahr 1886 – ein Luxusresort mit weißem Privatsandstrand. Im Ort selbst dreht das zauberhafte Flying Horses Carousel seit 1879 unermüdlich seine Runden. Lohnenswert und beschaulich ist ein Spaziergang vom Ende der Fort Road zum Napatree Point mit herrlichem Panoramablick.

Mitte: Villen von Misquamicut an der Scenic Route 1 im Abendlicht
Unten: Fertig zum Auslaufen – Fischerboote im Hafen von Galilee

Ⓑ Misquamicut State Beach. Eingerahmt vom Winnapaug Pond und dem Atlantik lädt der malerische Strand, einer der beliebtesten Rhode Islands, mit kristallklarem Wasser zum Schwimmen ein. Auf der Weiterfahrt passiert man den kleinen Ort Weekapaug mit seinen schmucken Schindelhäusern.

Ⓒ Burlingame State Park. Mit seinem gleichnamigen Campground ist er vor allem bei Outdoor-Fans beliebt. Im idyllisch gelegenen Süßwassersee Watchaug Pond wird Boot gefahren, geschwommen und gepaddelt. Am Südufer des Sees liegt das von der Audubon Society betriebene Kimball Wildlife Sanctuary, das besonders Ornithologen zu schätzen wissen. Ein Abstecher führt zum

Ⓓ Ninigret National Wildlife Refuge. Zwischen Salzwassermarschen, Wäldern und Süßwassertümpeln treffen sich tagsüber passionierte Vogelkundler, während nachts Hobby-Astronomen den Sternenhimmel im Frosty Drew Observatory & Sky Theatre absuchen.

Oben: Lang erstreckt sich Rhode Islands feinsandiger Watch Hill Beach am Block Island Sound
Unten: Ein junger Weißwedelhirsch im Trustom Pond National Wildlife Refuge

Oben: Seit mehr als 100 Jahren weist das Point Judith Lighthouse Schiffen den Weg
Unten: Das Städtchen Wickford bezaubert mit einer attraktiven Innenstadt und einem malerischen Hafen

Ⓔ Trustom Pond National Wildlife Refuge.
Ein Besuch in diesem Naturpark lohnt sich schon wegen der mehr als 300 Vogelarten, die hier beheimatet sind.

Ⓕ Galilee. Wer Wale beobachten möchte, ist hier richtig. Kapitän und Besatzung der *Frances Fleet* etwa wissen genau, wo die Giganten zu sehen sind. Der Ort selbst ist einer der größten Fischereihäfen an der US-Ostküste – entsprechend frisch ist das Angebot in den hiesigen Restaurants. Sehenswert: der Leuchtturm am Point Judith, 1816 erbaut und heute Station der US-Coastguard. Von Galilees Hafen geht eine Fähre nach Block Island, eine idyllische Insel mit 80 Meter hohen Klippen, den Mohegan Bluffs.

Ⓖ Narragansett Pier, schon seit Ende des 19. Jahrhunderts als noble Sommerfrische bekannt, ist heute ein beliebter Surfspot. Nach einem Feuer im Jahr 1900 blieben vom einstigen Casino nur zwei wuchtige Tortürme an der Strandpromenade stehen, die heute das Wahrzeichen der Stadt sind.

Ⓗ Saunderstown ist der Geburtsort des Porträtmalers Gilbert Stuart (1755–1828). Sein wohl berühmtestes Bild, ein Porträt George Washingtons, ziert seit mehr als 100 Jahren die Ein-Dollar-Note der USA. Urlauber können das restaurierte Geburtshaus sowie die benachbarte Schnupftabakmühle besichtigen.

Ⓘ Wickford besitzt eine hübsche Einkaufsstraße, zahlreiche historische Häuser an der Pleasant Street und eine malerische Hafenkulisse. Lohnenswert ist eine Kajaktour durch die Bucht entlang verschiedener Marinas, von Leuchttürmen und Inselchen. Schriftsteller John Updike (1932–2009) wählte den Ort als Schauplatz für seinen Bestseller *Die Hexen von Eastwick*.

Infos und Adressen

SEHENSWÜRDIGKEITEN

Geburtshaus und Museum Gilbert Stuart.
Ende April–Anf. Okt. Do–Mo 10–15 Uhr,
815 Gilbert Stuart Rd., Saunderstown,
RI 02874, Tel. 401 294 3001,
www.gilbertstuartmuseum.org

ESSEN UND TRINKEN

Aunt Carrie's. Unbestrittener Klassiker des
Traditionsrestaurants: der *Indian Pudding*.
1240 Ocean Rd., Point Judith, RI 02882,
Tel. 401 783 7930, www.auntcarriesri.com

Coast Guard House. Das 1940 als Hafen-
kneipe eröffnete Fischrestaurant ist auch
heute ein beliebter Treff. 40 Ocean Rd.,
Narragansett Pier, RI 02882, Tel. 401 789 0700,
www.thecoastguardhouse.com

ÜBERNACHTEN

Admiral Dewey Inn. Charmantes B & B mit
großer Terrasse. 668 Matunuck Beach Rd.,
Wakefield, RI 02879, Tel. 401 783 2090,
www.admiraldeweyinn.com

Ocean House. Wie eine mächtige Sandburg
thront das 1868 errichtete Luxushotel am
weißen Privatstrand. 1 Bluff Ave., Westerly,
RI 02891, Tel. 401 584 7000,
www.oceanhouseri.com

Spring House Hotel. Block Islands ältestes
Hotel liegt oberhalb des Hafens. 52 Spring St.,
Block Island, RI 02807, Tel. 401 466 5844,
www.springhouseblockisland.com

AKTIVITÄTEN

Frances Fleet. Whale Watching und Angel-
ausflüge. 33 State St., Narragansett, RI 02882,
Tel. 401 783 4988, www.francesfleet.com

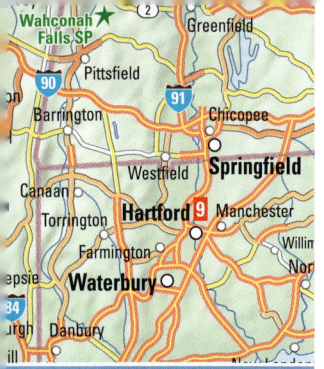

9 Hartford
Tom Sawyers Geburtsstadt

Irgendwie europäisch. Wo sonst in Amerika findet man eine Stadt mit fast 400 Jahren ununterbrochener Geschichte? Hartford bietet Kultur in zahllosen Museen und dazu historische Gebäude, die in ihrer Vielzahl jedem Vergleich mit einer europäischen Stadt vergleichbarer Größe standhalten können. Mark Twain hat hier gelebt – und der Colt wurde hier erfunden. Und all dies nur einen Steinwurf von New York entfernt.

Die Hauptstadt des Bundesstaates Connecticut hat eine lange Geschichte. Bereits 1623 kamen die ersten Siedler aus Nieuw Nederland, später folgte eine kleine Garnison Soldaten mit ein paar Kanonen, die gegen die Indianer gerichtet wurden. 1636 trafen die ersten englischen Siedler mit einem Treck aus Newtown ein und ließen sich nördlich der holländischen Ansiedlung nieder. Die Nachbarschaft scheint funktioniert zu haben – später wuchsen beide Siedlungen zur heutigen Stadt zusammen.

Bereits im 19. Jahrhundert entwickelte sich Hartford zu Amerikas Versicherungsmetropole, nachdem die Hartford Fire Insurance nach dem New Yorker Großbrand von 1831 als Einzige auszahlen konnte. Das Geschäft mit den Versicherungen boomte, sodass die Hartforder in den 1870er-Jahren das höchste Pro-Kopf-Einkommen der USA aufwiesen. Heute haben mehr als drei Dutzend Versicherungen ihren Sitz in Hartford. Neben ihnen sind inzwischen aber auch bedeutende Industriefirmen, allen voran der Triebwerkshersteller Pratt & Whitney und die Colt Factory, hier angesiedelt.

Mitte: Zum Gedenken an die Gefallenen des Sezessionskrieges: Soldiers and Sailors Memorial Arch im Bushnell Park
Unten: Blick in die Bibliothek des Mark-Twain-Hauses
Rechte Seite: Ein echter Blickfang: Kunst in der Stadt

Trutziger Triumphbogen

Sehenswert ist das Old State House an der Maine Street, das älteste Parlamentsgebäude der USA, von Charles Bulfinch im Federal Style entworfen und heute ein Museum. Am Südrand des Bushnell Park liegt das State Capitol mit seiner glänzenden Goldkuppel, ein klassizistischer Prachtbau aus dem Jahr 1878. Der 20 Hektar große Bushnell Park ist die erste öffentliche Grünanlage der USA und besitzt einen imposanten Triumphbogen zur Erinnerung an den Civil War – und ein wunderschönes Karussell von 1914. Filmfans können auf dem Cedar Hill Cemetery an der Fairfield Avenue das Grab der mehrfach oscargekrönten Schauspielerin Katharine Hepburn (1907–2003) besuchen, die in Hartford geboren und bestattet wurde.

Das Mark Twain House wurde 1874 an der Farmington Avenue in Nook Farm am Rand des damaligen Hartford errichtet. 17 Jahre lebte der Schriftsteller (1835–1910) hier, der bedeutende Werke wie *Tom Sawyer und Huckleberry Finn* verfasste. Gleich nebenan steht das Wohnhaus von Harriet Beecher Stowe (1811–1896), Autorin des Romans *Onkel Toms Hütte*. Das Buch wurde ein Klassiker, der teils humorvoll, teils anklagend die Lebensbedingungen der farbigen Sklaven in den USA im 19. Jahrhundert schildert. Das Wadsworth Atheneum an der Main Street ist das älteste der Öffentlichkeit zugängliche Museum der USA mit mehr als 50 000 Kunstwerken. Zu seinen bedeutendsten Ausstellungsstücken gehören Monets *Strand von Trouville*, Matisses *Frau mit Federhut*, van Goghs *Selbstbildnis*, Caravaggios *Verzückung des heiligen Franziskus* und Holman Hunts *The Lady of Shalott*. Außerdem findet man Gemälde von Picasso, Dalí und Rauschenberg, europäisches Porzellan des 17./18. Jahrhunderts sowie Trachten und Mobiliar aus Connecticut und Massachusetts.

Infos und Adressen

SEHENSWÜRDIGKEITEN

Mark Twain House. Tgl. 9.30–17.30 Uhr, 351 Farmington Ave., Hartford, CT 06105, Tel. 860 247 0998, www.marktwainhouse.org

Wadsworth Atheneum. Mi–Fr 11–17, Sa, So 10–17 Uhr, 600 Main St., Hartford, CT 06103, Tel. 860 278 2670, www.thewadsworth.org

ESSEN UND TRINKEN

Carbone's. Familienbetrieb in dritter Generation mit bewährten italienischen Rezepten in modernen Varianten. 588 Franklin Ave., Hartford, CT 06114, Tel. 860 296 9646, www.carbonesct.com

Max Downtown. Mehrfach von Gastro-Kritikern ausgezeichnetes Restaurant. Angenehme Atmosphäre und inspirierte Speisekarte. 185 Asylum St., Hartford, CT 06103, Tel. 860 522 2530, www.maxrestaurantgroup.com

ÜBERNACHTEN

The Goodwin. Moderner, stilvoller Komfort, der sich hinter einer historischen Terracotta-Fassade verbirgt. 1 Haynes St., Hartford, CT 06103, Tel. 860 246 1881, www.goodwinhartford.com

10 New Haven, New London, Mystic
Von Meuterern und Walfängern

Es heißt, Neuengländer hätten einen Schuss Salzwasser im Blut. Vor allem diejenigen, die in der Nähe der Küsten Connecticuts leben. Von Häfen wie New Haven, New London oder Mystic aus setzten sie einst ihre Segel und zogen aufs offene Meer hinaus zum Walfang oder um Handel mit der restlichen Welt zu betreiben. Der Küstenabschnitt wurde vom Leben am Ozean geprägt und führt das maritime Erbe fort.

Vor Ankunft der Europäer lebten die Quinnipiac-Indianer rund um die New Haven Bay. 1614 war der holländische Pelzhändler und Seefahrer Adriaen Block der erste Mensch des alten Kontinents, der diesen Landstrich erkundete. Im April 1636 dann landeten 500 britische Puritaner an, die ihre neue Heimat vom indianischen Quinnipiac ins englische Newhaven umbenannten.

Im 19. Jahrhundert war New Haven ein bedeutender Industriestandort. Im 20. Jahrhundert, nach Abwanderung der Waffen- und Uhrenindustrie, gelang es dank eines Sanierungsprogramms, die Innenstadt wieder attraktiv zu machen. Heute prägen die Yale-Universität, bedeutende Museen und großzügige Alleen das Stadtbild. Doch auch urbane Verwahrlosung und Gettoisierung sind hier zu Hause: New Haven gilt in bestimmten Quartieren als eine der gefährlichsten Städte der USA. Wer genau hinschaut, sieht, dass hier Zukunft und Perspektivlosigkeit Tür an Tür wohnen.

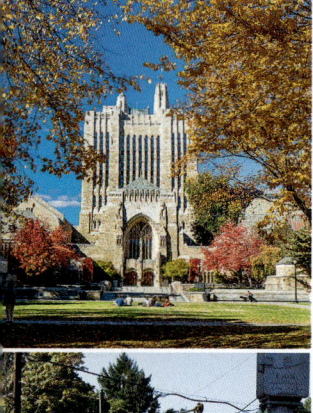

Mitte: Genius loci – auf dem Campus der Yale-Universität
Unten: Eine der vielen schmucken Straßenbahnen im Shore Line Trolley Museum

Pittoresk: Leuchtturm am New Haven Beach

Freispruch als Meilenstein

Geheimtipp

Wer touristische Ziele sucht, sollte die sich in hübschen Querstreifen präsentierende New Haven City Hall im Herzen der Stadt nicht verpassen. 1860 wurden das Rathaus und Gerichtsgebäude der Stadt im neogotischen Stil errichtet. In der Nähe erinnert eine Bronzestatue an den Aufstand von 53 Gefangenen auf dem Sklavenschiff *La Amistad* im Jahr 1839 und den Prozess gegen seine Anführer in New Haven. Am Ende stand ein Freispruch, hatten die Aufständischen doch, so das Urteil, aus Notwehr gehandelt. Ein Meilenstein auf dem Weg zur Abschaffung der Sklaverei.

Unweit der Stadt befindet sich mit dem Shore Line Trolley Museum in East Haven das größte Straßenbahnmuseum der USA. Viele der mehr als 100 Waggons sind noch für Besucher im Einsatz – besonders beliebt bei Jung und Alt ist die dreistündige Gruselfahrt »Haunted Isle«.

Weiter ostwärts an der Küste trifft man in Guilford auf das älteste Steingebäude Neuenglands. Das Haus des puritanischen Pastors Henry Whitfield wurde 1639 erbaut, 1899 als erstes Museum

SEEFAHRT ZUM LEUCHTFEUER

Zahlreiche Leuchttürme weisen den Seeleuten vor der Küste Connecticuts den Weg. Während das denkmalgeschützte Five Mile Point Lighthouse am Hafeneingang von New Haven quasi im Stadtgebiet liegt, tun andere – nicht weniger schmucke Exemplare – weit draußen vor der Küste ihren Dienst. Zu ihnen führt die zweistündige »Classic Lighthouse Cruise Itinerary« auf einem modernen Katamaran, auf der die Teilnehmer auch mit Fakten und Anekdoten zu den jeweiligen Leuchttürmen versorgt werden. Zu sehen sind u. a. das New London Ledge Lighthouse, in dem ein Geist hausen soll, das Orient Point Lighthouse und das trutzige Race Rock Lighthouse. Jedes für sich ein lohnendes Fotomotiv.

Classic Lighthouse Cruise Itinerary. Cross Sound Ferry, 2 Ferry St., New London, CT 06320, Tel. 631 323 2525, www.longislandferry.com

des Staates Connecticut eröffnet und erzählt heute vom Leben der ersten Siedler in den Kolonien. Nordöstlich von Guilford faszinieren Exkursionen der »The Essex Steam, Train & Riverboat« die Freunde alter Züge. Ob elegantes Diner im Pullman-Waggon oder eine Kombination aus Dampflok- und Raddampferfahrt auf dem Connecticut-River – alle Reisen starten und enden im Bahnhof von Essex.

Reichtum durch Walfang

Dank seiner Tiefwasserhäfen dient New London als wichtiger Fischerei- und Handelshafen. Die Whale Oil Row verdeutlicht mit ihren stattlichen Herrenhäusern des frühen 19. Jahrhunderts den großen Reichtum, den der Walfang brachte. Die hiesige Coast Guard Acadamy eröffnete 1876: Noch heute wird das 60 Jahre alte Segelschiff *Eagle* zur Ausbildung der Kadetten genutzt. Kunstfreunde genießen einen Besuch des Lyman Allyn Art Museum mit seiner Sammlung amerikanischer Kunst des 19. und 20. Jahrhunderts. Glücksritter sollten nördlich von New London das Reservat der Mohegan-Indianer in Uncasville besuchen: Dort betreibt der Stamm ein florierendes Spielcasino.

Zauberhaftes Küsten-städtchen Mystic

Touristischer Höhepunkt in diesem Küstenabschnitt ist zweifellos der hübsche Ort Mystic, 1654 gegründet und bekannt vor allem für den Mystic Seaport, ein riesiges Freilichtmuseum direkt am Hafen. Wichtigstes Ausstellungsstück ist der hölzerne Walfänger *Charles W. Morgan*. Mehr als 60 originale Gebäude bilden den Seaport, in dem Handwerker die Arbeitsabläufe eines Seefahrerstädtchens des 19. Jahrhunderts zeigen.

Oben: Prächtige Herrenhäuser an der Whale Oil Row in New London
Mitte: Offiziere und Kadetten an Bord der *Eagle*
Unten: Walfänger und Leuchtturm im Freilichtmuseum von Mystic Seaport

Infos und Adressen

SEHENSWÜRDIGKEITEN

Lyman Allyn Art Museum. Di–Sa 10–17, So 13–17 Uhr, 625 Williams St., New London, CT 06320, Tel. 860 443 2245, www.lymanallyn.org

Mystic Seaport. The Museum of America and The Sea. Do–Sa 10–16 Uhr, 75 Greenmanville Ave., Mystic, CT 06355, Tel. 860 572 0711, www.mysticseaport.org

ESSEN UND TRINKEN

Abbott's Lobster in the Rough. Köstlicher Hummer wird hier fangfrisch an einfachen Holztischen serviert. 117 Pearl St., Groton, CT 06340, Tel. 860 536 7719, www.abbottslobster.com

Oyster Club. Was die Küche Feines zaubert, sieht der Gast auf seinem Teller. Woher die Zutaten kommen, findet er bereits beim Blick auf die Homepage. 13 Water St., Mystic, CT 06355, Tel. 860 415 9266, www.oysterclubct.com

Union League Cafe. Stolz ist man im Beaux-Arts-Ambiente auf modern interpretierte französische Küche. 1032 Chapel St. A, New Haven, CT 06510, Tel. 203 562 4299, www.unionleaguecafe.com

ÜBERNACHTEN

Mermaid Inn of Mystic. Eine heimische Künstlerin hat jedes Zimmer des viktorianischen B & B fantasievoll gestaltet. 2 Broadway Ave., Mystic, CT 06355, Tel. 860 536 6223, www.mermaidinnofmystic.com

Mohegan Sun. Wer vom Entertainment und Glücksspiel müde geworden ist, findet hier Unterkünfte: vom Doppelzimmer bis zur Premium Suite mit Butler. 1 Mohegan Sun Blvd., Uncasville, CT 06382, Tel. 888 226 7711, www.mohegansun.com

Steamboat Inn. Romantisches Hotel am Wasser im historischen Zentrum. 73 Steamboat Wharf, Mystic, CT 06355, Tel. 860 536 8300, www.steamboatinnmystic.com

Fangfrischer Lobster wird hier ohne Schnickschnack direkt am Wasser aufgetischt

11 Yale University
Dem Genius Loci auf der Spur

Was der europäischen Fußballwelt die Champions League, ist der amerikanischen Uni-Landschaft die Ivy League: Hochschulen, die dazu gehören, gelten als die Besten der Besten. Brown, Columbia, Cornell, Dartmouth, Harvard, Princeton, UPenn. Und natürlich die Yale University in New Haven. Letztere bietet Tradition, erstklassige Forschung und Lehre, die besten Partys und sichere Jobaussichten – für horrende Studiengebühren.

Die Yale University in New Haven ist nach der Harvard University in Cambridge (Massachusetts) und dem College of William and Mary in Williamsburg (Virginia) die drittälteste Hochschule der Vereinigten Staaten. Mit einer klaren Mission: Hier sollen Führungspersonen ausgebildet werden. Die ursprünglich »Collegiate School« genannte Lehranstalt wurde 1718, nach einer generösen Spende des britischen Geschäftsmannes Elihu Yale, in Yale College umbenannt. Im 19. Jahrhundert wurde es um eine Reihe weiterführender Institutionen erweitert, darunter Medical School (1810), Law School (1843) und School of Fine Arts (1869) oder in der Neuzeit der School of Management (1976), um nur einige herauszugreifen.

Berühmte Verbindungen

49 Nobelpreisträger haben bis heute in Yale studiert, an der Universität gelehrt oder gearbeitet. Zu den Absolventen zählen auch diverse ausländische Staatsoberhäupter, darunter der ehemalige deutsche Bundespräsident Karl Carstens und der italienische Premierminister Mario Monti. Und

Statue von Theodore Dwight Woolseys, dem 10. Präsidenten der Yale Universität
Rechte Seite: Abschlussfeier in der Yale University

Yale University

mehrere US-Präsidenten, so William Taft, Gerald R. Ford, George H. Bush senior und George W. Bush jun. sowie Bill Clinton (und Ehefrau Hillary). Viele von ihnen waren selbstverständlich Mitglied einer der berühmten Studentenverbindungen, den legendären Skull & Bones, Scroll and Key, Wolf's Head, Book and Snake oder Berzelius.

Am besten schlendert man während des Semesters über den schmucken Campus mit seinen neogotischen Backsteingebäuden unter alten Bäumen und genießt die ehrwürdige – und hier und da durchaus auch ein wenig snobistisch daherkommende – akademische Aura. Ein geführter Rundgang leitet durch die Bibliothek, die eher einer Kathedrale gleicht, dann entlang des ältesten noch vorhandenen Bauwerks, der 1752 erbauten Connecticut Hall. Im Harkness Tower befindet sich eines der größten Glockenspiele der Welt. Das Gebäude für Kunst und Architektur wurde vom Architekten Paul Rudolph errichtet. Der Entwurf der Yale Cooperative Corporation stammt von Eero Saarinen, der auch in Yale studierte.

Wertvolle Bücher

Die Universität besitzt mehrere eigene Kunstsammlungen sowie ein naturgeschichtliches Museum und das Yale Center of British Art. In den Bibliotheken lagern mehr als neun Millionen Bände, darunter zahlreiche wertvolle Erstausgaben und Manuskripte.

Nur einmal im Jahr ist Schluss mit der akademischen Gravitas. Dann, wenn im Bowl-Stadion das Football-Spiel der Yale Bulldogs gegen die Rivalen der Harvard University ausgetragen wird. Und die 75 000 Zuschauer frenetisch versuchen, ihr Team zum Sieg zu brüllen – mit Anfeuerungsrufen, die in keiner Doktorarbeit Platz hätten…

Infos und Adressen

SEHENSWÜRDIGKEITEN
Guided Tours. Das Visitor Center bietet Gratisführungen durch Studenten an. 149 Elm St., New Haven, CT 06511, Tel. 203 432 2300, www.visitorcenter.yale.edu/tours

ESSEN UND TRINKEN
Charley's Place. In der Nähe der School of Management (SOM) gibt es Lunch mit Gerichten rund um die Business-Welt. 165 Whitney Ave., New Haven, CT 06511, www.hospitality.yale.edu

Slivka Dining. Beliebt und gut besucht: Koscheres Lunch und Dinner (Mo–Fr), am Wochenende Shabbat-Gerichte. 80 Wall St., New Haven, CT 06511, Tel. 203 432 9419, www.slifkacenter.org

ÜBERNACHTEN
Omni New Haven Hotel at Yale. Neu England-Charme kombiniert mit modernem Komfort in der Nähe der Museen. 155 Temple St., New Haven, CT 06510, Tel. 203 772 6664, www.omninewhaven.com

The Study at Yale. Modernes Hotel im Herzen des Campus. 1157 Chapel St., New Haven, CT 06511, Tel. 203 503 3900, www.thestudyatyale.com

12 Greenwich und Gold Coast
Klischee hinter Hecken

Von außen gesehen ist das Fairfield County im südlichen Connecticut wie geschaffen, um neidische Blicke anzuziehen. Der Landstrich weist das höchste Pro-Kopf-Einkommen Amerikas auf. Und heißt nicht umsonst »Goldküste«. In Greenwich vor den Toren New Yorks residieren die meisten Hedgefonds-Milliardäre und andere Wall-Street-Granden – ein Leben zwischen weißen Villen, luxuriösen Jachten und noblen Country Clubs.

Wie praktisch: Die hiesigen Finanzjongleure – und vor allem deren Gattinnen – brauchen nicht eigens nach New York zu pilgern, in die Fifth Avenue oder die Madison Avenue, um ihr Vermögen standesgemäß zu verjubeln. Was die Nobel-Shoppingmeilen der Millionenmetropole zu bieten haben, damit kann die Greenwich Avenue, 50 Zugminuten von der Grand Central Station Manhattans entfernt, auch aufwarten – im feinen Kleinformat. Tiffany's, Saks Fifth Avenue, Hermès: Wie Perlen fädeln sich die Luxusmarken den Hang hinauf, an dessen Ende eine weiße Kirchturmspitze das Postkartenidyll eines typischen Neuengland-Städtchens überragt. Statt Ampeln regeln in der Einkaufsstraße noch Polizisten den Verkehr. Und die blondierten Ladys in Reitstiefeln, die sich an der West Elm Street zum Lunch treffen, könnten dem neuesten Modekatalog eines Ralph Lauren entsprungen sein.

Country-Club-Idyll mit Tradition: Schon Ende des 19. Jahrhunderts kamen vermögende New Yorker auf die Idee, ihre Sommermonate in diesem Küs-

Mitte: Die Geschäfte an der Greenwich Avenue bieten ihrer anspruchsvollen Kundschaft eine Fülle von Luxusmarken
Unten: Strandhütte am Long Island Sound

Glashaus: luftig, licht – dank gläserner Wände

tenort zu verbringen, der gerade so weit entfernt lag, dass man den städtischen Moloch hinter sich lassen und das Gefühl haben konnte, wirklich fort beziehungsweise in Neuengland zu sein. Nur eine knappe Stunde mit dem Automobil entfernt, genossen die Erben der Rockefellers oder des Bankiers J. P. Morgan (1837–1913) hier ungestört jene Behaglichkeiten, die ein Küstenstrich zu bieten hat: Segeln, Sonne, Stille. Und schon 1920 galt Greenwich als reichste Gemeinde der Welt.

Britischer Landadel

Die Alters- und Ruhesitze der Geldaristokraten übten starke Reize auf das Nachahmungsbedürfnis der New Yorker Finanzelite aus. Ihr folgten Anwälte, PR-Leute, Steuerberater. In Orten wie Darien, Westport oder New Canaan kultivieren die »WASPs«, die aussterbende Kaste jener weißen angelsächsischen Protestanten, den Lebensstil der Upper Class des britischen Empire. Inklusive Range Rover, privater Reitstunden und Charity-Bällen. In den verschlungenen Buchten des Long Island Sound, geschützt vor neugierigen Augen, ließen sich neben Finanzhaien inzwischen auch Hollywoodstars, Popdiven und Sportgrößen im Dut-

Geheimtipp

WER IM GLAS-HAUS SITZT …
Bei seiner Entstehung 1949 war das »transparente Haus«, designt von Architekt Philip Johnson zusammen mit Richard Foster, einfach nur revolutionär: Das Wohngebäude in New Canaan besteht aus einem einzigen Raum mit 10 m Breite und 17 m Länge. Alle vier Außenwände sind transparent und werden von einer Stütze in der Mitte unterbrochen. Der dunkelrote Schornstein besteht aus dem gleichen Material wie der Fußboden. In dem gemauerten Kern befindet sich das kleine Badezimmer. Mitte der 1980er-Jahre verfügte Johnson, dass nach seinem Tod das Areal mit allen Bauten dem National Trust zufallen sollte. 2005 starb Johnson mit 97 Jahren, 2007 wurde der Ort, an dem er seit 1949 gewohnt hatte, für Besucher eröffnet.

Glass House. 199 Elm St., New Canaan, CT 06840, Tel. 203 594 9884, www.theglasshouse.com

zend nieder: Glenn Close, Diana Ross, Regisseur Ron Howard oder Mel Gibson. Ivan Lendl schwingt hier mittlerweile mehr den Golf- als den Tennisschläger. Derweil ringen Milliardäre wie Steven A. Cohen, Edward Lampert und Paul Tudor Jones nicht nur an der Wall Street um Geld und Macht. Im Versuch, sich gegenseitig zu übertrumpfen, haben sie sich in Greenwich Herrschaftssitze errichten lassen wie seinerzeit die Vanderbilts und Astors in Newport/Rhode Island. Greenwich kann sich rühmen, eines der teuersten Einfamilienhäuser der USA verkauft zu haben: die Coppers Beach Farm, eine Villa am Strand für 190 Millionen Dollar.

Schöne heile Welt

Wer hier etwas auf sich hält, fährt ein Auto deutscher Provenienz. Für exquisite Geschmäcker bietet Carriage House Motor Cars an der Railroad Avenue eine ganze Flotte an Bentleys, Rolls-Royces, Lamborghinis, Ferraris und Maseratis. Im Hafen ankern derweil schneeweiße Jachten der XXL-Kategorie. Heile Krösus-Welt. Und wer doch mal Sehnsucht nach der großen Stadt verspürt, begibt sich zum Greenwich Point Park, wo man am Horizont die Silhouette Manhattans erblickt. So nah – und doch so fern…

Oben: Frisch aus dem Meer – hier angelt man nach *Bluefish*
Unten: Im Business District der Stadt zeigen Uhren nobler Luxusmarken die Zeit an

Infos und Adressen

SEHENSWÜRDIGKEITEN

Bruce Museum. Kunst- und Naturmuseum mit eigener Sammlung und wechselnden Ausstellungen. Di–So 10–17 Uhr, 1 Museum Dr., Greenwich, CT 06830, Tel. 203 869 0376, www.brucemuseum.org

ESSEN UND TRINKEN

Aux Delices. Hier treffen sich die Damen von Welt zum Lunch oder ordern Feines für daheim. 3 West Elm St., Greenwich, CT 06830, Tel. 203 622 6644, www.auxdelicesfoods.com

Char. Antike Hölzer bestimmen die Einrichtung, frische Zutaten der Saison die internationale Speisekarte. 2 S. Water St., Greenwich, CT 06830, Tel. 203 900 1100, www.charct.com

Homestead Inn. In einem repräsentativen Anwesen überzeugt der gebürtige Schwarzwälder Thomas Henkelmann Gäste von seiner hoch dekorierten französischen Küche. 420 Field Point Rd., Greenwich, CT 06830, Tel. 203 869 7500, www.homesteadinn.com

The Whelk. Alles, was das Meer hergibt. Unübertroffen fangfrisch. 575 Riverside Ave., Westport, CT 06880, Tel. 203 557 0902, www.thewelkwestport.com

ÜBERNACHTEN

Delamar Greenwich Harbor Hotel. Direkt am Hafen mit einem Privat-Pier für Gäste, die per Boot anreisen. 500 Steamboat Rd., Greenwich, CT 06830, Tel. 203 661 9800, www.delamargreenwich.com

Roger Sherman Inn. Stilvolles Hotel aus dem 18. Jahrhundert. 195 Oenoke Ridge, New Canaan, CT 06840, Tel. 203 966 4541, www.rogershermaninn.com

The Inn At Longshore. 1890 gebaut, lange Zeit Unterkunft der Reichen und Berühmten: der Rockefellers, der Roosevelts, von F. Scott und Zelda Fitzgerald, Frank Sinatra und Marilyn Monroe. 260 Compo Rd. South, Westport, CT 06880, Tel. 203 701 7150, www.innatlongshore.com

Ein schöner Sommertag neigt sich in Old Greenwich seinem Ende zu

13 Autotour Litchfield Hills

Zur rechten Zeit am rechten Ort

Charmantes Neuenglandgefühl mit einem Hauch von Großstadtfeeling: Die Litchfield Hills mit ihren ruhigen Dörfern und bodenständigen Bewohnern gelten als Inbegriff neuenglischer Lebensart. Hat man die urbanen Ballungsgebiete hinter sich gelassen, fällt auf, wie blitzblank und aufgeräumt die nordwestliche Ecke des Bundesstaates Connecticut mit ihren weißen Kirchen, den kleinen Läden und bunten Holzhäuschen wirkt.

Im Sommer scheint die halbe Upper East Side von Manhattan nach Osten zu ziehen, an die Strände der Hamptons auf Long Island. Die andere Hälfte, vielleicht noch ein wenig wohlhabender als ihre reichen Freunde, fährt in die pittoresken Hügel und Täler der Litchfield Hills in Upstate Connecticut, nach Kent, West Cornwall oder Washington Depot, wo man über ein ansehnliches Wochenenddomizil verfügt.

Blank geputzte Dörfer mit obligatorischem weißem Kirchturm, murmelnde Bäche und überdachte Holzbrücken, zauberhafte *Farm-to-table*-Restaurants und lauschige Coffee Shops – Neuengland-Idylle. Und dann erst der *Indian Summer*!

Mitte: Beinahe magisch, wie sich die entflammte Herbstpracht im Wasser spiegelt
Unten: Litchfields Innenstadt lädt zum Bummeln und Stöbern ein

🔴 **Farmington**, der Ausgangspunkt der Tour ist ein historisches Fleckchen, bereits seit 1640 besiedelt. Im Hill-Stead Museum, einem Gebäude im Colonial-Revival-Stil, gibt es Werke des Impressionismus, Bronzeskulpturen sowie japanische Holz-

Massachusetts Tolland

0   10 km
N

Canaan

Salisbury   East Canaan   Norfolk   Hartland   **Peoples State Forest**

Lakeville

Barkhamsted Reservoir

South Norfolk   Winsted   Granby   Windsor Locks

West Cornwall   **H**   Winchester Center   Pleasant Valley

Sharon   Cornwall   New Hartford   Simsbury   Windsor

Goshen   **Nepaug State Forest**   Bloomfield

Cornwall Bridge   Torrington   Collinsville   Avon

Kent Falls State Park   **G**   Harwinton   Hartford

Flanders   Warren   Litchfield   **C**   Burlington   Unionville

Kent   Bantam   **B** **Topsmead State Forest**   Farmington

F   Woodville   **D** **White Memorial Sanctuary**   Wethersfield

Marble Dale   Mount Tom State Park   **E**   Morris   Bristol   Newington

Gaylordsville   New Milford   Thomaston   Terryville   Plainville   New Britain

Washington Depot   Watertown   Kensington   East Berlin

Sherman   Oakville   Wolcott   Southington

New York   *Connecticut*

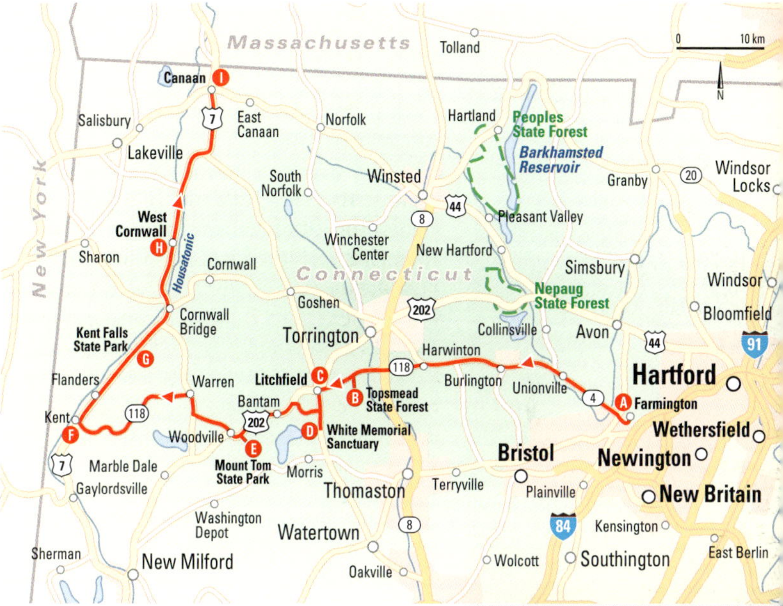

schnitte zu sehen. Nach einer Pause im Tea-Room des Museums geht es über die Rte. 4 und Rte. 118 weiter zum

B Topsmead State Forest. Das Gelände in der Nähe des Naugatuck River gehörte einst zur Sommerresidenz von Miss Edith Morton Chase (1891–1972), steinreiche Unternehmerstochter mit einem Faible für das englische Landleben. Ihr Farmhaus im Tudorstil kann heute bei Führungen besichtigt werden. Weiter über die Rte. 118 erreicht man

C Litchfield. »Die einzige Straße in Amerika, die schöner ist als die North Street in Litchfield ist die South Street in Litchfield«, schwärmte einst der Dichter Sinclair Lewis. Zauberhaft auch das Village Green, das dazwischen liegt. Harriet Beecher-Stowe wurde 1811 in Litchfield geboren, Autorin des berühmten Romans *Onkel Toms Hütte.*

Mutter mit Kind beim Wandern im White Memorial Sanctuary

Oben: Das Städtchen Winsted schmiegt sich an den Highland Lake
Mitte: Kaskaden im Kent Falls State Park
Unten: Wie eine Filmkulisse mutet die überdachte Brücke bei West Cornwall an

Neuengland

Von Litchfield aus geht es nach einem kleinen Abstecher auf der Rte. 63 Richtung Süden.

D **White Memorial Sanctuary,** das mit 4000 Hektar größte Naturschutzgebiet Connecticuts. 60 Kilometer Wanderwege durchziehen das herrliche Gebiet, in dem auch Mountainbike- oder Reittouren und Skilanglauf im Winter möglich sind. Wieder auf der Rte. 202 geht die Fahrt weiter zum

E **Mount Tom State Park.** Vom Aussichtsturm auf dem 393 Meter hohen Mount Tom kann man den Mount Everett in Massachusetts, die Catskills im Bundesstaat New York und den Long Island Sound sehen! Weiter über Rte. 202 und Rte. 341 nach

F **Kent,** eine pittoreske Gemeinde am Housatonic River. Die Bulls Bridge ist eine der drei aus dem 19. Jahrhundert verbliebenen überdachten Holzbrücken in Connecticut. Entlang der Rte. 7 führt die Fahrt zum

G **Kent Falls State Park.** Hauptattraktion sind die gleichnamigen Wasserfälle und Kaskaden, die über einen halben Kilometer 76 Meter tief fallen. Besucher finden beste Voraussetzungen zum Wandern und Fischen.

H **West Cornwall.** Highlight des Ortes ist die 1864 erbaute West Cornwall Covered Bridge über den Housatonic River.

I **Canaan** an der Grenze zu Massachusetts markiert das Ende der Tour. Im Sommer findet am Music Mountain im nahen Falls Village ein hochkarätiges Kammermusikfestival statt. Ansonsten lohnt ein Besuch des imposanten viktorianischen Bahnhofs Union Station. Zum Abschluss lockt die Blackberry River Baking Co. an der Main Street mit duftenden Muffins, Eclairs und French Macarons.

Infos und Adressen

ESSEN UND TRINKEN

Arethusa al Tavolo. Kleines, ambitioniertes Restaurant mit eigener Farm. Ein Traum: die hausgemachte Arethusa-Farm-Eiskrem. Reservieren! 823 Bantam Rd., Bantam, CT 06750, Tel. 860 567 0043, www.arethusaaltavolo.com

The Dining Room at the White Hart Inn. Ob Shrimps aus dem Wok oder Nantucket Kabeljau auf Spinat – Annie Waytes Kochkunst ist jede Anreise wert. 15 Undermountain Rd., Salisbury, CT 06068, Tel. 860 435 0030, www.whitehartinn.com

The Mayflower Grille. Romantisches Restaurant mit schöner Bibliothek für den Drink nach dem Essen. 118 Woodbury Rd., Washington, CT 06793, Tel. 860 868 9466, www.mayflowerinn.com

West Street Grill. Moderne amerikanische Küche, elegant und fantasievoll umgesetzt. 43 West St., Litchfield, CT 06759, Tel. 860 567 3885, www.weststreetgrill.com

ÜBERNACHTEN

The Evergreen Inn. Neu eröffnetes B & B in einem Gebäude des 19. Jahrhunderts – großartiger Ort zum Entspannen oder Ausgangspunkt für Touren in die Umgebung. 782 N. Main St., Southbury, CT 06488, Tel. 203 586 1876, www.evergreeninnsouthbury.com

The Inn at Kent Falls. Preisgekrönte Romantik-Herberge, die den Charme des 18. Jahrhunderts plus den Komfort unserer Zeit bietet. 107 Kent Cornwall Rd., Kent, CT 06757, Tel. 860 927 3197, www.theinnatkentfalls.com

Winvian Farm. Jedes der 18 luxuriösen Cottages dieses außergewöhnlichen B & B ist einem Thema gewidmet: das Stone Cottage besteht aus massiven Steinblöcken, das Maritime Cottage sieht aus wie ein Leuchtturm, und im Helicopter Cottage steht ein veritabler U. S.-Coast Guard-Hubschrauber. 155 Alain White Rd., Morris, CT 06763, Tel. 860 567 9600, www.winvian.com

Köstlichkeit aus dem West Street Grill: Shrimps mit weißen Riesenbohnen, Tomaten und Kräutern

14 Portsmouth
Beauty am historischen Hafen

Von 1679 bis 1774 war Portsmouth die Hauptstadt der Kolonie New Hampshire. Heute präsentiert sich die ehemalige Siedlung am Hafen als lebendiges Museum. Besucher können das vier Hektar große Gelände bei einer Führung oder auf eigene Faust besichtigen. Neben Historie hat die Stadt auch kulinarisch viel zu bieten. Die Restaurants am Old Harbour und entlang der Congress Street sind über die Stadtgrenzen hinaus berühmt.

Im Überschwang der Gefühle hat ein amerikanischer Reisejournalist das historische Portsmouth einst als »eine der schönsten Städte Amerikas« bezeichnet. Wenn hier vielleicht auch ein wenig die Begeisterung mit dem Schreiber durchgegangen sein mag: Mit seinen malerischen Häusern des 18. und 19. Jahrhunderts bietet der lebhafte Ort tatsächlich Neuengland-Flair wie aus dem Bilderbuch. Nur einen Spaziergang vom Stadtzentrum entfernt liegt das Strawbery Banke Museum mit 43 restaurierten Gebäuden und Gärten, die sich alle an ihrem ursprünglichen Standort befinden.

Überbleibsel englischer Kolonialherrschaft

Die meisten Häuser sind im Stil der jeweiligen Zeit eingerichtet, manche besitzen sogar noch das Original-Interieur. Besucher werden von ehrenamtlichen Mitarbeitern in historischen Trachten begrüßt. Obwohl ein Café vorhanden ist, sollte man sich mittags gleich nebenan in Geno's Chowder & Sandwich Shop eine köstliche *Lobster Chowder* gönnen.

Mitte: Kraftprotz – roter Schlepper vor Backstein-Kulisse
Unten: Kleine Verschnaufpause für Mensch und Hund im Zentrum der Stadt

Portsmouth

Ebenfalls sehenswert ist das Moffatt-Ladd House (154 Market St.) von 1763. Sein Erbauer John Moffatt wohnte hier mit Tochter Catherine und deren Mann William Whipple, einem Unterzeichner der Unabhängigkeitserklärung. Nicht weit entfernt von der Wentworth-Coolidge Mansion, dem Sitz des ersten Gouverneurs von New Hampshire, ragt das Portsmouth Harbor Lighthouse auf, einer der letzten Leuchttürme, die noch unter englischer Kolonialherrschaft gebaut wurden.

Die Bewohner von Portsmouth mussten sich in den ersten Jahren an einige Namensänderungen ihres Heimatortes gewöhnen: Der Ort wurde 1630 unter dem Namen Piscataqua gegründet und kurz darauf in Strawbery Banke umbenannt. 1653 erhielt die Siedlung unter ihrem neuen Namen Portsmouth dann das Stadtrecht. Die Marinebasis der Stadt war 1905 Schauplatz des von Theodore Roosevelt ausgehandelten »Vertrags von Portsmouth« zwischen Russland und Japan.

Historische Grandezza

Über der Insel von New Castle thront das Wentworth Hotel & Spa, eines der vier historischen Grandhotels in New Hampshire, und bietet einen grandiosen Panoramablick über den Atlantik. Etwa zehn Kilometer vor der Küste, im Mündungsgebiet des Piscataqua River, liegen die neun Isles of Shoals, eine Inselgruppe mit einer wechselvollen Vergangenheit sowohl als Piratennest als auch Künstlerkolonie, zu der von Portsmouth aus Bootsausflüge starten.

Wem nach all den Impressionen der Sinn nach einem frisch gezapften, lokal gebrauten Bier steht, wird in Portsmouth bei der Redhook Brewery bestens bedient (35 Corporate Dr.). Oder in der kleineren Portsmouth Brewery in der Market Street.

Infos und Adressen

SEHENSWÜRDIGKEITEN
Strawbery Banke Museum. Mai–Okt. tgl. 10–17, Nov. Fr–So 10–14 Uhr, 14 Hancock St., Portsmouth, NH 03801, Tel. 603 433 1100, www.strawberybanke.org

ESSEN UND TRINKEN
The Library Restaurant. Speisen in denkmalgeschütztem Ambiente. 401 State St., Portsmouth, NH 03801, Tel. 603 431 5202, www.libraryrestaurant.com

Wellington Room. Klassische Kochkunst mit französischem Flair, 67 Bow St., Portsmouth, NH 03801, Tel. 603 431 2989, www.thewellingtonroom.com

ÜBERNACHTEN
The Hotel Portsmouth. Ein großes Hotel mit dem Charme eines B & B. 40 Court St., Portsmouth, NH 03801, Tel. 603 433 1200, www.thehotelportsmouth.com

Wentworth by the Sea. Grandhotel mit allen Annehmlichkeiten. 588 Wentworth Rd., New Castle, NH 03854, Tel. 603 422 7322, www.wentworth.com

Freundliches Ortsschild – nicht ohne Lokalstolz

15 Autotour
White Mountains
Das »Dach Neuenglands«

Die White Mountains sind nicht einmal 2000 Meter hoch, doch dafür umso unwegsamer. Die letzten unentdeckten Täler und Pässe wurden erst im 19. Jahrhundert erkundet. Und noch immer gehen hier Menschen verloren; keiner weiß das besser als Horror-Autor Stephen King, der nebenan in Maine wohnt. Der Mount Washington, mit 1917 Metern höchster Gipfel, gehört wegen seiner Wetterstürze zu den gefährlichsten Bergen der Welt.

Als erster Weißer stieß der irische Fährmann Darby Field im Jahr 1642 in das Gebiet der White Mountains vor – und bestieg dabei auch gleich ihre höchste Erhebung, den Mount Washington. Der gesamte Gebirgszug erstreckt sich über ein Viertel des Bundesstaates New Hampshire und besitzt ein spürbar unwirtlicheres Klima als die westlich gelegenen Green Mountains. Gerade dies macht den fast 320 000 Hektar großen White Mountain National Forest (www.fs.usda.gov) in der kalten Jahreszeit unwiderstehlich für Skilangläufer und Abfahrer. Und im *Indian Summer* für Herbstlaub-Gucker und Wanderer. Ausgangspunkt der Tour ist der Franconia Notch State Park.

Mitte: So weit das Auge reicht – Blick über die Berge der White Mountains
Unten: Mit der Mount Washington Cog Railway, einer Zahnradbahn von 1869, geht es fünf Kilometer lang mit flotten 4,5 km/h auf den Gipfel

Ⓐ Franconia Notch State Park. Das 2700 Hektar große Naturschutzgebiet erreicht man vom Ort Franconia aus über die Rte. 18. Zu seinen Hauptattraktionen gehören neben einer Seilbahn auf den Gipfel des Cannon Mountain in knapp 1300 Metern Höhe auch der malerische Profile Lake, an dem nur Fliegenfischen erlaubt ist.

Autotour White Mountains

B Flume Gorge. Die enge Felsschlucht, die 300 Meter am Fuß des Mount Liberty entlangführt, wurde 1808 von der 93-jährigen »Aunt« Jess Guernsey entdeckt, die während eines Angelausflugs zufällig hier vorbeikam. Besucher erkunden die Schlucht heute auf einem Wanderweg mit stabilen Holzstegen und vielen Treppenstufen. Im Skiort Lincoln biegt der Weg Richtung Osten auf die Rte. 112 ab, den berühmten

C Kancamagus Highway. Mehr als 30 Kilometer führt er nach North Conway mitten durch die White Mountains, im Herbst durch glühend farbene Wälder, im Frühsommer bezaubern sie mit unzähligen Grüntönen. Vom Tal des Swift River steigt der Panorama-Highway zum 872 Meter hohen Kancamagus-Pass an. Mitte des 17. Jahrhunderts waren die White Mountains das Jagdgebiet mehrerer Indianerstämme, angeführt vom charismatischen Häuptling Passaconaway (»Bärenkind«); die Panoramaroute ist nach seinem Enkel benannt. Unbedingt einen Halt einlegen sollte man an den Sabbaday Falls, kaskadenartige und überaus fotogene Wasserfälle.

D Conway. New Hampshire hat mehr als 50 überdachte Brücken, eine der schönsten ist zweifellos die hölzerne Saco River Bridge in Conway. Die Fachwerkbrücke stammt aus dem Jahr 1890 und ist 70 Meter lang.

E North Conway. Schon früh zog es Künstler in die White Mountains, unter ihnen der Schriftsteller und Philosoph Henry David Thoreau, der 1853 ein Haus in North Conway kaufte. Heute ist der Ort weniger Bergdorf als Konsumparadies: Rund 200 Outlets bieten ihre Ware an, darunter Marken wie Calvin Klein oder Timberland. Größte Attraktion ist freilich die Conway Scenic Railroad, eine Eisenbahn aus dem frühen 19. Jahrhundert, die

Oben: Bunt sind schon die Wälder – und der Kancamagus-Highway führt mitten hindurch
Unten: Rustikale Holzstege helfen bei der Erkundung des rutschigen Flume Gorge

auf Tagestouren ihre Passagiere in historischen Waggons vom schmucken Bahnhof aus in romantische Täler fährt.

F Echo Lake State Park. Der See bietet im Sommer Badefreuden, eine Wanderung ermöglicht fotogene Blicke auf den White Horse Ledge-Berggipfel, der sich malerisch im Wasser spiegelt.

G Jackson. Das pittoreske Dorf ist bekannt für seine schönen Bed & Breakfasts und nahen Skipisten. Ein paar Meilen weiter nördlich beginnt die berühmt-berüchtigte

H Mount Washington Auto Road. Die meisten Besucher erreichen den 1917 Meter hohen Gipfel mit dem Pkw über diese fahrerisch anspruchsvolle Strecke, oder sie nehmen die Zahnradbahn. Im Sommer ist das Gedränge am Gipfel groß. Bei Sonnenschein vergisst man leicht, wo man sich befindet: in einer der gefährlichsten Wetterzonen Nordamerikas. Über 100 Orkane toben sich jedes Jahr hier oben aus. Mit 372 Stundenkilometern wurde auf dem Mount Washington die höchste je gemessene Windgeschwindigkeit außerhalb von Hurrikanen registriert. Deshalb schnell weiter Richtung

I Gorham. Auf der Fahrt kann man mit etwas Glück Elche sehen. Der hiesige Androscoggin River ist mit verschiedenen Fischarten ein beliebtes Ziel für passionierte Petrijünger. Vorbei geht die Fahrt an den State Parks Moose Brook, Milan Hill und Androscoggin.

J Errol bildet das Tor zu den nahe gelegenen Seen, von denen der Umbagog Lake noch zu New Hampshire gehört. Hier bietet die Natur herrliche Möglichkeiten für Freizeitaktivitäten wie Bootfahren, Schwimmen und Angeln.

Oben: Eilige durchqueren die Bergwelt auf dem Highway 93
Mitte: Das Kürbiskopf-Duo mit Skiern entspannt zu Halloween im Örtchen Glen
Unten: Dieser Shop in North Conway ist schon seit 73 Jahren in Familienbesitz

Infos und Adressen

SEHENSWÜRDIGKEITEN

Franconia Notch State Park. 260 Tramway Dr., Franconia/Lincoln, NH 03580, Tel. 603 823 8800, www.nhstateparks.org

ESSEN UND TRINKEN

Delaney's Hole in the Wall. Urige, freundliche Atmosphäre und viel Ski-Deko an den Wänden. Es gibt eine umfangreiche Sushi-Speisekarte und köstliche Desserts. 2966 White Mountain Hwy., North Conway, NH 03860, Tel. 603 356 7776, www.delaneys.com

Le Rendez Vous Bakery. Knusprige Croissants und Baguettes, selbst gemachte Schokolade von weiß bis dunkel – Marc Ounis und Verlaine Daeron aus Paris servieren in ihrem Café Köstlichkeiten nach französischen Rezepten. 121 Main St., Colebrook, NH 03576, Tel. 603 237 5150, www.lerendezvousbakerynh.com

Sugar Hill Inn. Eleganter Dining Room in einem alten Farmhaus aus dem 18. Jahrhundert. Serviert werden Vier-Gänge-Menüs »prix fixe«; der Kaffee nach dem Essen kann am Kamin genossen werden. 116 Rte. 117, Franconia, NH 03586, Tel. 603 823 5621, www.sugarhillinn.com

Tim-Bir Alley. Seit Jahrzehnten beliebt bei den Gästen dank kreativer, aber nicht abgehobener Kreationen wie Lachs mit Spinat-Brie-Pecan-Pesto. 7 Main St., Littleton, NH 03561, Tel. 603 444 6142

ÜBERNACHTEN

Adair Country Inn & Restaurant. Romantisches Haus, das ein reicher Vater seiner Tochter 1927 zur Hochzeit schenkte. Heute genießen Gäste den diskreten Komfort. 80 Guider Ln., Bethlehem, NH 03574, Tel. 603 444 2600, www.adairinn.com

Covered Bridge House. Gemütliches B & B am Saco River in der Nähe der faszinierenden Bartlett Covered Bridge, der man unbedingt einen Besuch abstatten sollte. 404 Rte. 302, Glen, NH 03838, Tel. 603 383 9109, www.coveredbridgehouse.com

Omni Mount Washington Resort. Präsidenten, Poeten und Promis haben hier schon ihre Häupter zur Ruhe gebettet und den Luxus der 200 Gästezimmer genossen. Zu den Annehmlichkeiten zählen vorzügliche Restaurants, ein Golfkurs, Skicenter, ein Spa und neun Zip-Lines. 310 Mount Washington Hotel Rd., Bretton Woods, NH 03575, Tel. 603 278 1000, www.omnihotels.com

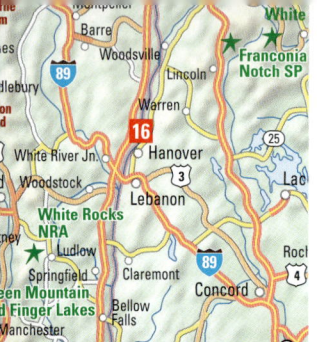

16 Hanover und Dartmouth College
Ganz schön elitär

Als Heimat des renommierten Dartmouth College ist das beschauliche Städtchen Hanover in New Hampshire Zentrum eines lebendigen akademischen und kulturellen Lebens. Das Angebot reicht von ambitionierten Theatern und gemütlichen Jazzclubs über Galerien und Antiquitätenläden bis zu flippigen Boutiquen, Buchläden und Geschäften mit lokalem Kunsthandwerk. Sehenswert ist auch das renommierte Hood Museum of Art.

Hanover liegt malerisch am Connecticut River, der an dieser Stelle die natürliche Grenze zum Bundesstaat Vermont bildet. Bekannt ist der Ort vor allem als Standort des Dartmouth College, das hier 1769 gegründet wurde und sich ursprünglich der »Bildung der Jugend der indianischen Stämme, der englischen Jugend und Anderen« widmete. Bis zum 20. Jahrhundert fristete Dartmouth als Hochschule ein eher stiefmütterliches Dasein. Heute besuchen mehr als 6000 Studierende die heiligen akademischen Hallen, machen Dartmouth damit zur kleinsten, aber feinsten Hochschule der legendären »Ivy League« – und die Eliteuniversität zugleich zum größten Arbeitgeber der Gemeinde.

Hanover selbst erhielt im Jahr 1761 vom königlichen Gouverneur New Hampshires das Stadtrecht, nachdem Kolonisten aus Connecticut eine entsprechende Petition eingereicht hatten. Über die Herkunft des Namens – ursprünglich »Hannover« geschrieben – herrscht Uneinigkeit. Einer Ansicht nach wurde Hanover nach einer Gemeinde in Connecticut benannt, einer anderen folgend

Mitte: Die Church of Christ des Dartmouth College
Unten: Glückliche Gesichter bei der Abschlussfeier der High School in Hanover

Zentrum des Wissens: die historische Bibliothek

Nicht verpassen

wurde dieser Name zu Ehren des damals regierenden Königs Georg III. gewählt, der dem Haus Hannover angehörte.

Akademisches Flair

Bei einem Bummel entlang der Allen Street und der Main Street, vorbei an altehrwürdigen Backsteingebäuden, spürt man ganz deutlich das akademische und zuweilen auch elitäre Flair des Städtchens. Das Hood Museum of Art in Hood Downtown in der Main Street präsentiert als seine hochkarätigen Highlights vor allem indoamerikanische- und afrikanische Kunst sowie das Wandgemälde von José Clemente Orozco – einem der wichtigsten Vertreter des Muralismus –, ein Epos der Amerikanischen Zivilisation.

Schon seit 1911 gilt der dreitägige Dartmouth Winter Carnival im frühen Februar als wichtiger Termin in Hanovers Veranstaltungskalender. Auf dem Programm stehen Skirennen, ein Schneeskulpturen-Wettbewerb und zahlreiche Musikveranstaltungen. Wem in wärmeren Jahreszeiten der Sinn nach Sport- und Naturerlebnissen steht, der erlebt Kanu- und Kajakfahrten auf einem Abschnitt des 665 Kilometer langen Connecticut

FROMMES SCHÜTTELN

In Canterbury gründete Mother Anne Lee, 1736 im englischen Manchester geboren und nach Amerika ausgewandert, 1792 die siebte ihrer 18 Gemeinden. Ihre Anhänger lebten fromm, fleißig, zölibatär und gottesfürchtig als geschickte Handwerker, Bauern und Händler. Ihr ritualisierter Tanz, den Männer und Frauen im Gottesdienst gleichermaßen zelebrierten, gab der Glaubensgemeinschaft den Namen »Shaking Quakers«. 300 Menschen lebten im Canterbury Shaker Village Mitte des 19. Jahrhunderts in mehr als 100 Gebäuden; 1964 wurde das Dorf von einer immer kleiner werdenden Gemeinde in ein Freilichtmuseum umgewandelt. Heute kann man hier die Alltagswelt der Shaker erkunden und im Museumsshop Handwerkskunst einkaufen.

Canterbury Shaking Village. 288 Shaker Rd., Canterbury, NH 03224, Tel. 603 783 9511, www.shakers.org

River und seinen Nebenflüssen; die Ausrüstung gibt es im Ledyard Canoe Club. Wer es noch uriger mag, der stiefelt von Hanover aus auf dem Appalachian National Scenic Trail in die Wildnis.

Auf dem Fernwanderweg

Der »AT«, wie Kenner ihn nennen, ist ein 3500 Kilometer langer Fernwanderweg von Georgia bis Maine, der durch die Appalachen und genau durch das Herz der Stadt führt. Wer ihn ganz »ablaufen« will, ist, je nach Kondition, vier bis sechs Monate unterwegs und darf sich »Thru-Hiker« nennen. Es geht aber auch in Etappen: Auf einer Tageswanderung kann man von Hanover aus bequem den malerischen Trail-Abschnitt Velvet Rocks erreichen. Übrigens: Der populäre englisch-amerikanische Reiseschriftsteller Bill Bryson, der dem Appalachian Trail in seinem Buch *A Walk in the Woods* (die deutsche Ausgabe erschien unter dem Titel *Picknick mit Bären*), ein literarisches Denkmal gesetzt hat, nannte Hanover lange Zeit sein Zuhause, bevor es ihn endgültig nach Europa zog – von Neuengland nach *Good old England*.

Oben: Training für die nächste Ivy-League-Regatta – Rudermannschaft der Universität auf dem Connecticut River
Unten: Eine verdiente Pause vom Lernen auf dem Dartmouth College Green

Infos und Adressen

SEHENSWÜRDIGKEITEN

Hood Museum of Art. Ausstellungen indoamerikanischer und afrikanischer Kunst. April–Nov. Di–Fr 13–16 Uhr, Hood Downtown, 53 Main St., Hanover, NH 03755, Tel. 603 646 2808, www.hoodmuseum.dartmouth.edu

ESSEN UND TRINKEN

Brazilian Grill. *Churrasco a Rodizio* – verschiedene Stücke von Rind, Schwein, Lamm und Huhn langsam über Holz gegart. Ein Paradies für Fleischfans, nichts für Vegetarier. 464 State Rd., Dartmouth, MA 02747, Tel. 774 202 4220, www.braziliangrill-dartmouth.com

Little Moss. Freundliches Lokal mit großer Terrasse und heimischer Kost. 6 Bridge St., Dartmouth, MA 02748, Tel. 508 994 1162, www.littlemoss.com

Lou's Restaurant & Bakery. Lokal mit eigener Bäckerei. Üppiges Frühstück, *Weekly Specials*, Snacks. 30 S. Main St., Hanover, MA 03755, Tel. 603 643 3321, www.lousrestaurant.com

Molly's Restaurant & Bar. Urige College-Bar mit deftigen Gerichten für Leib und Seele. Zahllose Relikte des studentischen Lebens, heimisches Kunsthandwerk und lokale Sportfotos machen das Lokal zum inoffiziellen historicchen Museum Hanovers. 43 S. Main St., Hanover, NH 03755, Tel. 603 643 2570, www.mollysrestaurant.com

PINE. *Farm-to-table* – frisch und lokal – lautet die Philosophie des Hauses. Auf den Tellern überzeugt eine ausgezeichnete Neuengland-Küche. 2 E. Wheelock St., Hanover, NH 03755, Tel. 603 646 8000, www.pineathanoverinn.com

ÜBERNACHTEN

Hanover Inn Dartmouth. Historisches Hotel auf dem Universitätsgelände mit 108 Zimmern, typischem Neuengland-Flair und dem größten Ballsaal weit und breit. Dazu ein Restaurant, das das kulinarische Erbe der Region pflegt. 2 E. Wheelock St., Hanover, NH 03755, Tel. 603 643 4300, www.hanoverinn.com

Shaker Farm Bed and Breakfast. Geschmackvolle, mit Antiquitäten ausgestattete Zimmer in einem Shaker-House aus dem Jahr 1794 unweit des Mascoma Lake. 597 NH Rte. 4A, Enfield, NH 03748, Tel. 603 632 7664, www.shakerfarm.com

José Orozcos Wandgemälde im Hood Museum

17 Autotour Green Mountain Highway
Grüne Berge, schrullige Käuze

Beinahe wie eine Wirbelsäule ziehen sich die Green Mountains über 255 Kilometer in Nord-Süd-Richtung durch Vermont. Eher sanft geschwungen als schroff weisen die »Greens« fünf Bergspitzen mit einer Höhe von mehr als 1200 Metern auf, der höchste von ihnen ist der Mount Mansfield. Unberührte Landschaften, alpine Moore, Hartholzwälder und rauschende Bäche: All das findet man in den grünen Bergen.

Die 138 Meilen lange Bundesstraße 100 führt durch ein historisch und kulturell reiches Land mit herrlicher Natur. Der Name Vermont stammt übrigens aus dem Französischen und leitet sich von *Les verts monts* – »die grünen Berge« – ab. Winzige Dörfer kleben an den Hängen, Kühe grasen friedlich auf blühenden Weiden. Also, auf geht's entlang der Rte. 100 ab Wilmington.

Ⓐ Wilmington. Das schmucke Städtchen wurde 1751 gegründet. Wer gut zu Fuß ist, kann nördlich im Molly Stark State Park auf den Mount Olga klettern und wird mit einem herrlichen Panoramablick belohnt.

Ⓑ Townshend State Park. In diesem State Park südlich des West River warten schöne Picknickplätze und Wanderwege, u. a. auf den Gipfel des Bald Mountain, von dem aus man einen malerischen Blick auf das West River Valley hat.

Ⓒ Jamaica State Park. Auf der Fläche des heutigen Parks befanden sich früher einige kleine Farmen und ein Sägewerk; die Trasse der West River Rail-

Mitte: Unterwegs durch viel Natur mit Blick auf die Green Mountains
Unten: Trittsicherheit ist beim Hiking in den Bergen wichtig – für Hund und Herrchen gleichermaßen

Herbstsortiment im Vermont Country Store

Einfach gut!

road führte durch dieses Gebiet, ehe sie durch den Jahrhundert-Hurrikan 1927 zerstört wurde. Das Salmon Hole im State Park gehört zu den bekannten Angelrevieren in Vermont. Weiter entlang der Rte. 100 erreicht man

⊙ Weston. Der Ort mit seiner alten Wassermühle und dem hübschen Weston Playhouse liegt in einem Tal am West River. Vor allem aber am berühmten Vermont Country Store halten täglich Busladungen von Touristen an: Von Milchprodukten und Wein über Seife und Dünger bis hin zu Spielzeug und Fischereilizenzen ist in diesem nostalgischen Tante-Emma-Laden alles zu haben.

❺ Ludlow. Erste Siedler ließen sich hier ab 1784 entlang des Black River nieder. Auf der Ostseite des Ludlow Mountain liegt das Okemo Skiressort mit 140 Loipen und Abfahrten. Auf Sommergäste warten eine Golfanlage und eine Fülle von Jagd- und Fischmöglichkeiten in der Umgebung.

❻ Plymouth. Im Gebiet des Sprengels entspringen mehrere Flüsse, so der Black River und der Ottauquechee River. An der nördlichen Stadtgrenze erhebt sich der Mount Tom, an dessen Fuß 1818

AUS REGIONALEM ANBAU

Der widerspenstige Geist Vermonts steht bis heute in der Tradition von Ethan Allen, Urvater aller freidenkerischen Heißsporne aus dieser Ecke der USA. Mit den »Green Mountain Boys« gründete er eine Miliz, die die Engländer im Unabhängigkeitskrieg das Fürchten lehrte. In den 1920er- und 1930er-Jahren waren es dann von New York genervte Intellektuelle, die sich in Vermont einfanden. Der bekannteste war der Autor Sinclair Lewis, der mit seiner Frau, der Journalistin Dorothy Thompson, ein Haus kaufte. Eine zweite Welle gab es um 1970, als viele Hippies hier Farmen, Kommunen und kleine, selbst verwaltete Betriebe gründeten. Sie züchteten Schafe und bauten Bio-Gemüse an. Heute gilt ein Vermont-Label auf Lebensmitteln als Gütesiegel – zu genießen in einem der vielen *Farm-to-table*-Restaurants, die hier ihren Ursprung haben.

eine Tropfsteinhöhle entdeckt wurde. Im Stadtteil Plymouth Notch liegt die Farm der Familie Coolidge, Geburtsort und Grabstätte des 30. Präsidenten der Vereinigten Staaten, Calvin Coolidge (1872–1933).

Ⓖ Killington. Das Killington Ski Resort ist das größte Skigebiet im Osten der Vereinigten Staaten und war im November 2016 mit einem Slalom- sowie einem Riesenslalom-Wettbewerb zum ersten Mal Austragungsort des Alpinen Skiweltcups. Weiter geht es zum

Ⓗ Gifford Woods State Park. Der Park besitzt einige der letzten verbliebenen Hartholz-Auen Vermonts mit riesigen Rotbuchen, Gelbbirken, Weißeschen, Zuckerahorn und Hemlocktannen.

Ⓘ White River Valley/Stockbridge. Hier geht die Fahrt durchs Tal entlang des Bloodroot Mountain (1061 m), Mount Carmel (1027 m) und Round Mountain (1019 m). Beigetragen zum alternativen Leben und Denken im White River Valley haben die vielen Hippies, die sich in den frühen 1970er-Jahren hier niederließen.

Ⓙ Middlebury Gap. Als *Gaps* werden die Ost-West Pässe genannt, die über die Green Mountains führen. Vom Middlebury Gap gelangt man über die Rte. 125 (Robert Frost Memorial Drive) vorbei an den malerischen Texas Falls Richtung nach Ripton und Middlesbury. Vom 665 Meter hoch gelegenen Scheitelpunkt eröffnen sich herrliche Blicke auf das Lake Champlain Valley und den See.

Ⓚ Lincoln Gap. Auf Vermonts dramatischster Passstraße überwindet man auf sechs Kilometern 473 Höhenmeter. Vorbei geht es am Lincoln Peak (1212 m) und dem Mount Abraham (1224 m); im Sommer trainieren hier viele Radsportler.

Malerisch in Weston gelegen: das Old Mill Museum

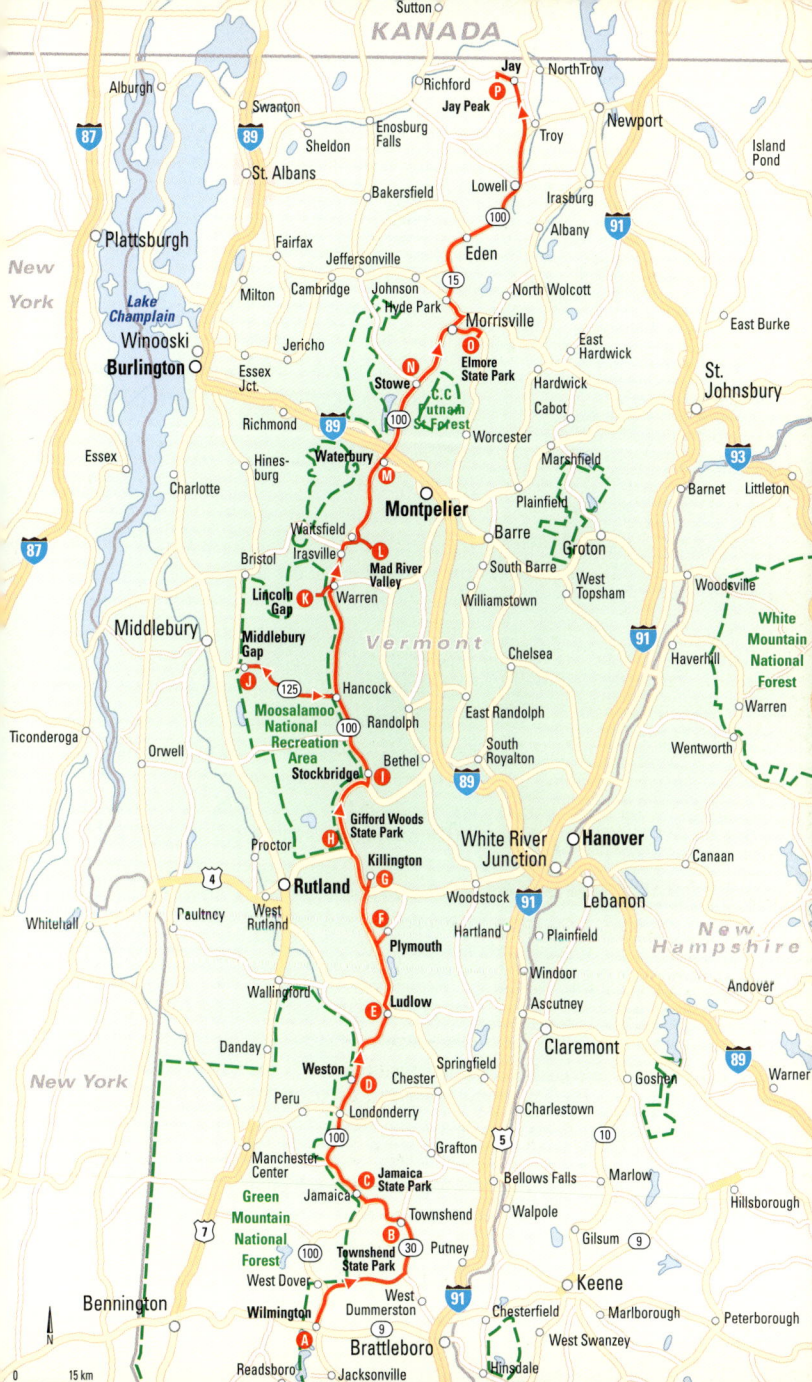

Oben: Buntbemalter Icecream-Truck auf dem Firmengelände von Ben & Jerry's in Waterbury
Mitte: Stowes Gondelbahn bringt Naturfreunde in die Berge
Unten: Das ehemalige Wohnhaus der Trapp-Familie, heute ein beliebtes Ferienresort

Neuengland

🔵 Mad River Valley. 45 Pisten bieten rund um Sugarbush sportliche Herausforderungen, einige der steilsten befinden sich an den Hängen der Granitriesen Lincoln Peak und Mount Ellen.

Ⓜ Waterbury. Tausende von Touristen kommen jedes Jahr in diesen eher unscheinbaren Ort: Hier befindet sich der Hauptsitz des Eiscreme-Produzenten Ben & Jerry's. Bei einer Fabrikbesichtigung schleckt man sich durch Dutzende leckerer Sorten.

Ⓝ Stowe. Neben den mehr als 160 Ski-Abfahrten der Umgebung machen drei Golfplätze und mehrere Luxushotels das besondere Flair dieses Ortes aus. Hier befindet sich auch die Trapp Family Lodge, Familiensitz der singenden Trapp-Familie, die 1938 in die USA emigrierte. Ihre Lebensgeschichte wurde mehrfach verfilmt, u. a. 1965 im Musikfilm *The Sound of Music*. Von Stowe aus führen mehrere Wanderwege zum Gipfel des Mount Mansfield; an klaren Tagen reicht der Blick bis zu den Adirondack Mountains im Staat New York und bis nach Kanada.

Ⓞ Elmore State Park. Von Anfang September bis Mitte November verwandeln sich die Wälder Vermonts mit ihrem Farbenspiel in eine märchenhafte Naturkulisse. Besonders eindrucksvoll ist der Lake Elmore, in dem sich die Laubpracht spiegelt.

Ⓟ Jay Peak. Kurz vor der kanadischen Grenze liegt dieses Skigebiet, das als eines der besten Neuenglands gilt. Neun Liftanlagen erschließen eine Fläche von 156 Hektar, die sich zwischen 553 Meter (Talstation) und 1209 Meter (am Gipfel) erstrecken. Die »grünen Berge« sind im Winter ein richtiges Schneeloch mit besten Bedingungen. Neben den Abfahrtspisten gibt es auch viele Möglichkeiten im freien Gelände, zum Beispiel Skifahren in den Wäldern.

Infos und Adressen

ESSEN UND TRINKEN

Coleman Brook Tavern. Küchenchef Jason Tostrup ist Mitbegründer der *Farm-to-table*-Bewegung Neuenglands. 111 Jackson Gore Rd., Ludlow, VT 05149, Tel. 802 228 1435, www.okemo.com

Hen of the Wood. Rustikales Restaurant in einer alten Getreidemühle. Bei gutem Wetter nach einem Tisch in der Nähe der Wasserfälle fragen. 92 Stowe St., Waterbury, VT 05676, Tel. 802 244 7300, www.henofthewood.com

Michael's on the hill. Europäische Küche kombiniert mit *Farm-to-table*-Bodenständigkeit. Herrlicher Blick ins Tal. 4182 Stowe-Waterbury Rd., Stowe, VT 05677, Tel. 802 244 7476, www.michaelsonthehill.com

The Common Man. *New American Cuisine*, serviert bei Kerzenlicht in einer ehemaligen Scheune aus dem 19. Jahrhundert. 3209 German Flats Rd., Warren, VT 05674, Tel. 802 583 2800, www.commonmanrestaurant.com

The Inn at Weathersfield. Was keine Erntezeit hat, das befindet sich nicht auf der Speisekarte. Für Interessierte gibt's Kochkurse. 1342 Rte. 106, Perkinsville, VT 05151, Tel. 802 263 9217, www.weathersfieldinn.com

ÜBERNACHTEN

Birch Ridge Inn. Beliebtes, naturnahes B & B mit Restaurant, Whirlpools und Kaminen. 37 Butler Rd., Killington, VT 05751, Tel. 802 422 4293, www.birchridge.com

Green Mountain Inn. Hier fühlen sich seit 1833 Gäste wohl – im Haupthaus mit antiker Möblierung, im Anbau mit luxuriösen Zimmern. 18 Main St., Stowe, VT 05672, Tel. 802 253 7301, www.greenmountaininn.com

Jay Peak Resort. Hier gibt es Zimmer, Suiten, Condos und Cottages für jeden Bedarf und jedes Budget. Familien schätzen den Indoor-Wasserpark und die Kinderbetreuung. 4850 Rte. 242, Montgomery, VT 05859, Tel. 802 988 2611, www.jaypeakresort.com

Sandwiches, Feuerholz, Anglerbedarf, Käse, Ahornsirup – das Angebot ist schier unendlich

INDIAN SUMMER –
Im Rausch der Farben

Eine milde Herbstsonne über dem Echo Lake im Norden Vermonts bringt das Laub zum Glühen

Trauer, dass der Sommer vorbei ist? Nicht in Neuengland! Dann nämlich beginnt hier ein schillerndes Schauspiel der Natur. Frostnächte und warme Tage sind die Voraussetzungen. Kalte Polarluft, von warmen Luftmassen am Weiterkommen gehindert, heizt sich langsam auf, die Wolken verschwinden, mit jedem Tag steigen die Temperaturen – ein perfekter »Indian Summer« mit tiefblauem Himmel und herrlich-bunter »foliage«.

Das erste Rot zeigen die fünfzackigen Blätter des Roten Ahorns. Es folgen gelbe Haselnuss und Zuckerahorn und, ab Oktober reicht das Farbspektrum von den Roteichen über goldgelbe Buchen, Ulmen und Eschen bis hin zu den fast weißen Birkenblättern. Das Zusammenspiel von großen Temperaturschwankungen, viel Sonne und teils starken Winden lassen das Blätterkleid der Bäume noch gelber, noch goldener, noch roter und noch feuriger als anderswo brillieren. Dann ist in Neuengland die beste Zeit für die *leaf peeper* angebrochen – die Laubgucker.

Was überall sonst in der Welt *Indian Summer* heißt, wird hier inzwischen aus Gründen der Political Correctness *foliage* genannt – buntes Blattwerk. Woher der Begriff *Indian Summer* stammt, ist übrigens bis heute unklar. Eine Theorie behauptet, die Indianer in Neuengland hielten von September bis November ihre Hauptjagdsaison ab, weil die warme Sonne die Tiere zu dieser Zeit aus ihrem Unterschlupf locke und sie zu leichter Beute mache. Ein indianischer Mythos besagt hingegen, dass das Blut getöteter Bären über den Boden in die Blätter gelangt und sie rot färbt.

Richtung Süden

Im südlichen Kanada und Maine beginnt der *Indian Summer* bereits in der letzten Septemberwoche. In der Regel verfärben sich nach den ersten kalten Tagen die Blätter in nördlichen Hohenlagen zuerst. Das Farbspektakel schreitet dann beständig südwärts voran, ehe es im späten Oktober im Süden Neuenglands seinen Höhepunkt erreicht.

Jeder Staat zeigt sein eigenes Farbspektrum, abhängig von der Zusammensetzung der Vegetation in den Laubwäldern. Vor allem der Zuckerahorn, dessen Blätter sich von Grün über Gelb, Orange, Scharlachrot bis Braun verfärben, leuchtet in einzigartiger Intensität. Deshalb wird auch behauptet, die fotogenste Färbung fände man in Vermont. Der Green Mountain National Forest erstrahlt in der »Foliage-Hochzeit« in schier unglaublicher Pracht, vor allem vom Mount Mansfield ist der Blick atemberaubend. Im Baxter State Park und in der Gegend um den Moosehead Lake in Maine kann man ebenfalls in einen Farbenrausch geraten. Auch die White Mountains in New Hampshire zeigen sich dann in einem grandiosen Blätterkleid. Die Berkshires im äußersten Westen Massachusetts zählen zu den Hochburgen der herbstlichen Farborgie. Und während sich im Bundesstaat Rhode Island vor allem die Region um die Kleinstadt Kingston für eine *Indian-Summer*-Reise eignet, zieht in Connecticut der Topsmead State Park bei Litchfield die Touristen an.

Die Zahl der Besucher, die zum *Indian Summer* nach Neuengland kommen, wächst von Jahr zu Jahr. Kein Wunder, dass auch andere Bundesstaaten vom einträglichen Herbsttourismus profitieren wollen. Mittlerweile werben sogar Michigan, Georgia und Arizona mit einem *Indian Summer*. In Neuengland schütteln sie darüber nur milde lächelnd den Kopf.

INFORMATIONEN
fs.usda.gov
www.baxterstatepark.org
www.foliagenetwork.com

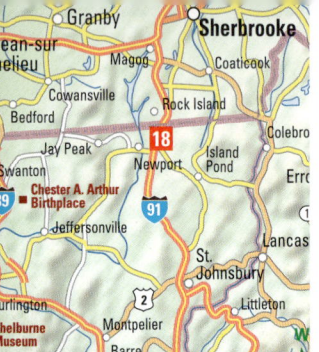

18 Autotour Vermont's Quiet Corner
Eine Provinz-Schönheit

Vermont und der »Indian Summer« – fast schon ein poetisches Versprechen. Woodstock, Strafford oder Brookfield im Nordosten des Staates sind Orte, die zur Zeit der Laubfärbung Touristen in Scharen anziehen. Es lohnt sich vor allem zu dieser Jahreszeit, diesen Landstrich möglichst auf kleinen Straßen abseits des großen Verkehrs zu erkunden und dabei eigene Highlights zu entdecken.

Vermont ist anders. Autofahrer merken das schon beim Überqueren der Staatsgrenze: Hier sind die Straßenränder nicht mit Reklame zugepflastert – Werbetafeln sind in Vermont verboten. Vorteilhaft ist dies nicht nur im Herbst, wenn Vermonts Wälder zur Zeit der *peak foliage* (»Laubfärbung«) auch für neuenglische Verhältnisse in besonders intensiven Rot- und Orangetönen leuchten.

Man tut Vermont nicht Unrecht, wenn man es als Provinz beschreibt. Weil das Ländliche hier stets auch idyllisch ist: mit Bergen und grünen Wiesen, die sich über das Auf und Ab der Landschaft ziehen. Hier kann man wunderbar wandern, Rad fahren oder auch per Kanu die Flüsse und Seen erkunden. Vielleicht nirgendwo besser als im abgelegenen, nordöstlichen Teil des Bundesstaates, der Quiet Corner. Also nichts wie los, erster Halt ist das Städtchen Woodstock.

Mitte: Gute Nachbarschaft – die überdachte Middle Bridge in Woodstock steht direkt neben einem Wohnhaus
Unten: Vermonts Provinz ist reich an Motiven für Maler und Fotografen

🅐 **Woodstock.** Der Ort mit seinen rund 3200 Einwohnern bezaubert in seinem geschäftigen Stadtkern mit Puppenstuben-Charme. (Gleich vorweg: Nein, der Ort ist nicht jenes Flower-Power-Musik-

Autotour Vermont's Quiet Corner

Matsch-Festival-Woodstock, dieses liegt im Bundesstaat New York.) Etwas außerhalb von Woodstock erinnert Billings Farm & Museum an Vermonts bäuerliches Erbe. Direkt nebenan kann man den herrlichen Marsh-Billings-Rockefeller National Historical Park mitsamt Herrenhaus, Gartenanlagen und 400 Jahre alten Hemlocktannen erkunden. Wer noch Zeit hat, verkostet in der Sugarbush Farm den hausgemachten Käse und den Ahornsirup.

Ⓑ Quechee Gorge. Eine wilde Schlucht mit dem bezeichnenden Beinamen »Vermonts kleiner Grand Canyon«, aus dem Berg herausgefräst durch den Ottauquechee River. Die 50 Meter hohe Brücke des Highways, die Quechee Gorge Bridge, ist ein beliebter Aussichtspunkt, vom Visitor Center aus führen Wanderwege in die Schlucht. In der Simon Pearce Glass Mill an Quechees Main Street können Besucher beim Glasblasen zusehen und danach gediegen speisen.

Ⓒ White River Junction. Der Ort liegt an der Einmündung des White River in den Connecticut River und war im 19. Jahrhundert der größte Eisenbahnknotenpunkt Vermonts. Heute sind große Teile der hübschen Innenstadt denkmalgeschützt, und die zahlreichen Kunstgalerien freuen sich auf einen Besuch.

Ⓓ Sharon. Der Geburtsort von Joseph Smith jr. (1805–1844), dem Gründer der Kirche Jesu Christi der Heiligen der Letzten Tage und Mormonenprophet. Die hübsche Familienfarm in der Nähe des McIntosh Pond ist heute ein Museum, ein 15 Meter hoher Obelisk überragt das Areal.

Ⓔ Strafford am Ompompanoosuc River. In der Elizabeth Mine wurde von 1793 bis 1958 Kupfererz abgebaut, heute ist die Mine ein historisches

Oben: Kraftvoll strömt das Wasser des Ottauquechee River durch die Quechee Gorge
Unten: Angeln im Spätsommer am Lake Eligo ist ein unvergessliches Erlebnis

Neuengland

Industriedenkmal. Weiß getünchte Herrenhäuser erzählen vom einstigen Reichtum der Stadt.

❻ Tunbridge. Der Ort ist bekannt für die jährlich stattfindende Tunbridge World's Fair, eine kleine Kirmes mit großem Namen. Sehenswert sind fünf überdachte Holzbrücken, am beeindruckendsten ist die Howe Bridge an der Bellnap Brook Road aus dem Jahr 1879.

❼ Brookfield. Seit 1820 führt eine Pontonbrücke über den Sunset Lake, eine von nur drei dieser Überquerungen in den USA. Ein hübscher Aussichtsturm befindet sich auf dem Bear Mountain im nahen Allis State Park.

❽ Barre. Berühmt geworden ist der Ort durch seine zahlreichen Steinbrüche, in denen hellgrauer Granit abgebaut wurde. Im 19. Jahrhundert arbeiteten hier viele europäische Immigranten, auch heute noch sind Stein verarbeitende Betriebe und Bildhauer im Ort angesiedelt.

❾ Craftsbury. Der Ort verzaubert mit typischem Neuengland-Charme. Regisseur Alfred Hitchcock nutzte ihn 1955 als Drehort für seine Kriminalkomödie *Immer Ärger mit Harry*. Da allerdings das Wetter des herbstlichen Vermont nicht mitspielte und die Dreharbeiten verregnete, wurde später buntes Laub im wettersicheren Filmstudio an Gipsbäume geklebt, um die Kulissen nach Neuengland aussehen zu lassen.

❿ Newport. Idyllisch am Ufer des Lake Memphremagog gelegen. Der See mit einer Wassertiefe von bis zu 87 Metern wurde von einem Gletscher gebildet und liegt zwischen Newport und Magog im kanadischen Quebec. Im Sommer sind Bootfahren und Angeln angesagt, im Winter spielt man Eishockey oder läuft Schlittschuh.

Oben: Kinder und ihre Kälber bei der Tierschau der Turnbridge World's Fair
Mitte: Hier gibt's die Fakten – Schild vor Brookfields historischer Pontonbrücke
Unten: Noch immer wird in Barre der begehrte Granit gebrochen

Infos und Adressen

SEHENSWERTES

Carriage Barn Visitor Center und Billings Farm und Museum. April–Okt. tgl. 10–17 Uhr, 54 Elm St., Woodstock, VT 05091, Tel. 802 457 3368

ESSEN UND TRINKEN

Barnard Inn Restaurant & Max's Tavern. Im Dining Room eines ehemaligen Farmhauses wird erlesen gespeist. 5518 Rte. 12, Barnard, VT 05031, Tel. 802 234 9961, www.barnardinn.com

Cloudland Farm. Freitags, samstags und sonntags gibt es hier ein *Farm-to-table*-Dinner – so nah an den »Zutaten« wie sonst nirgendwo. 1101 Cloudland Rd., North Pomfret, VT 05091, Tel. 802 457 2599, www.cloudlandfarm.com

The Prince & The Pauper. Eines der feinsten Restaurants in Vermont. 24 Elm St., Woodstock, VT 05091, Tel. 802 457 1818, www.princeandpauper.com

ÜBERNACHTEN

Firehouse Inn. Ursprünglich war das 1904 gebaute Haus eine Feuerwache – restauriert empfängt es nun Hotelgäste. 8 S. Main St., Barre, VT 05641, Tel. 802 476 2167, www.firehouseinnvermont.com

Twin Farms. Das Beste, was Vermont zu bieten hat: Gästezimmer Im ehemaligen Anwesen des Schriftstellers Sinclair Lewis und der Journalistin Dorothy Thompson. Die Preise sind allerdings überirdisch. 452 Royalton Tpke., Barnard, VT 05031, Tel. 802 234 9999, www.twinfarms.com

Woodstock Inn & Resort. Romantischer geht's nicht! Einst im Besitz der berühmten Familie Rockefeller, bietet die historische Herberge bis heute gediegene Gastlichkeit in Perfektion. 14 The Green, Woodstock, VT 05091, Tel. 802 332 6853, www.woodstockinn.com

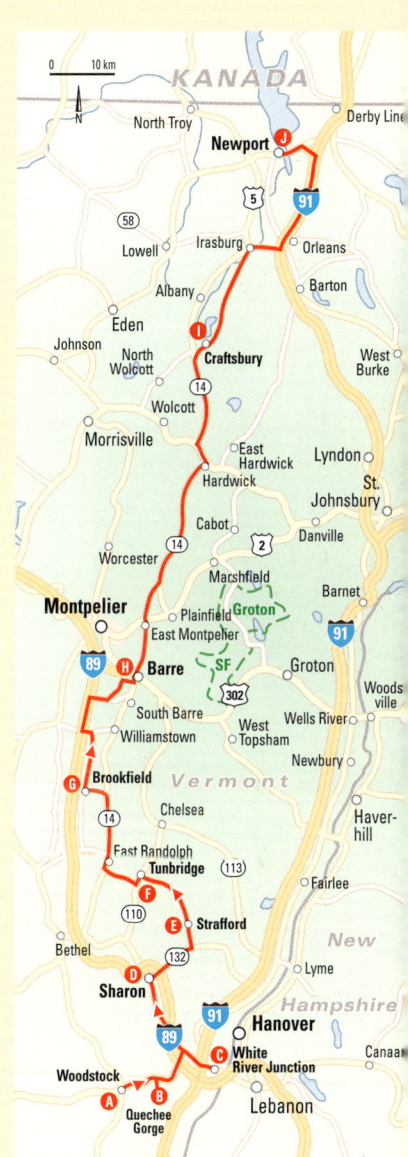

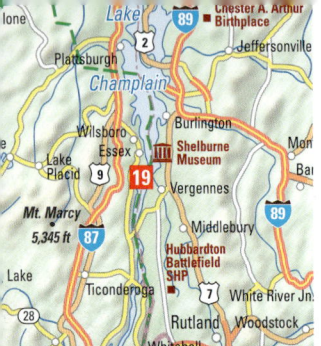

19 Autotour Lake Champlain Loop
Gewässer mit Geschichte

Das achtgrößte Binnengewässer der Vereinigten Staaten liegt südlich der kanadischen Provinz Quebec zwischen den Green Mountains und den Adirondack Mountains an der Grenze von Vermont und New York und ist nach dem Franzosen Samuel de Champlain (1574–1635) benannt, der ihn 1609 erforschte und befuhr: Lake Champlain gilt als einer der geschichtsträchtigsten Seen Nordamerikas.

Mehr als 80 Inseln liegen im 180 Kilometer langen und bis zu 19 Kilometer breiten Lake Champlain. An seinen Ufern bekämpften sich Indianer, dann prallten Holländer, Franzosen und Briten aufeinander, während sich später England und die USA feindlich gegenüberstanden. Bekannt wurde das Gewässer durch ein Seeungeheuer, das auf den Namen »Champ« hören soll – so es denn mal auftaucht. Seit 1982 steht der amerikanische Verwandte Nessies sogar unter gesetzlichem Schutz – ist er doch zu einer wichtigen Touristenattraktion geworden. Die Rundfahrt um den See beginnt auf der New Yorker Seite in

Ⓐ **Westport.** Im späten 19. Jahrhundert entwickelte sich der Ort in ein mondänes Ferienresort, in dem reiche New Yorker ihre Sommerferien verbrachten. Viele viktorianische Villen erinnern an diese Blütezeit.

Ⓑ **Essex.** Ein pittoreskes Städtchen zwischen Adirondack Mountains und Lake Champlain. Wer mag, setzt mit der Fähre nach Charlotte über; die 20-minütige Fahrt bietet herrliche Ausblicke.

Mehr als 60 Fischarten leben im Lake Champlain, dazu Krebs- und Krustentiere – der beliebte Lobster wird von der Ostküste an den See geliefert

Autotour Lake Champlain Loop

Ⓒ Willsboro Point. Über die Rte. 22 lohnt sich von Willsboro aus ein Abstecher über die Point Road/Rte. 27 zum malerischen Willsboro Point mit seinen steilen Klippen.

Ⓓ Ausable Chasm. Der Ausable River, ein Zufluss aus den Adirondack Mountains, hat kurz vor der Mündung die dramatische Klamm aus dem Sandstein gefräst.

Ⓔ Plattsburgh. 1776 mit der Schlacht von Valcour und 1814 mit der Schlacht bei Plattsburgh war der Ort zweimal Kriegsschauplatz. Heute geht es in dem 20 000-Seelen-Ort friedlicher zu.

Ⓕ Missisquoi National Wildlife Refuge. Die Marschlandschaft an der Deltamündung des Missisquoi River ist von bukolischer Schönheit: Zugvögel machen hier einen Zwischenstopp, während Rehe auf Wildblumenwiesen äsen.

Ⓖ Isle La Motte. 1666 wurde hier ein Fort zum Schutz der französischen Kolonisten gegen Überfälle der Indianer errichtet. An der Südspitze der Insel wurde lange Zeit der schwarzgraue, marmorähnliche Stein abgebaut, der für Gebäude wie die Brooklyn Bridge und die Radio City Music Hall in New York verwendet wurde.

Ⓗ North Hero Island. Der auf der Insel gelegene North Hero State Park befindet sich nur wenig über dem Wasserpegel des Lake Champlain und wird regelmäßig überflutet. In seinem Auenwald sind Weißwedelhirsche und viele Wasservogelarten zu Hause.

Ⓘ Grand Isle. Rund um die Insel befinden sich einige der schönsten Segelreviere Neuenglands. An der Ostküste wurde der Grand Isle State Park eingerichtet.

Oben: Blick auf den See in der Nähe von Westport
Unten: Der grimmig dreinblickende *Burghy Cardinal* ist das Maskottchen der State University New York (SUNY) in Plattsburgh

Oben: Statue des Entdeckers Samuel de Champlain in Burlington
Mitte: Die elegante Champlain Bridge verbindet die Bundesstaaten Vermont und New York
Unten: Highlight im Freilichtmuseum von Shelburne: das historische Dampfschiff *Ticonderoga*

Neuengland

❶ **Sand Bar State Park.** Der Naturpark in der Nähe von Milton bietet einen idyllischen Strand mit besten Möglichkeiten zum Schwimmen, Wandern, Rad-, Kajak- und Bootfahren.

❸ **Burlington.** Die hübsche Universitätsstadt mit knapp 39 000 Einwohnern ist Vermonts Metropole. Wissensdurstige zieht es ins Lake Aquarium and Science Center, Kauflustige in die Fußgängerzone Church Street Marketplace.

❶ **Shelburne.** Das Kunst- und Freilichtmuseum zeigt mehr als 150 000 Gegenstände, Kunstwerke und Gebäude, darunter Quilts, Kutschen, ein Gefängnis, einen Leuchtturm, eine überdachte Brücke und ein historisches Dampfschiff. In der Webb Gallery des Shelburne Museum begeistert amerikanische Malerei des 19. und 20. Jahrhunderts. Im Electra Havemeyer Webb Memorial Building ist das Interieur der New Yorker Wohnung der Museumsgründerin untergebracht, inklusive Gemälde von Rembrandt, Degas und Monet.

Ⓜ **Charlotte.** Sehenswert in diesem hübschen Ort ist die Quinlans Covered Bridge. Dank einer beständigen Brise gilt er als Mekka der Windsurfer.

Ⓝ **Vergennes.** 1808 entdeckten Geschäftsleute aus Boston die Stadt als geeigneten Standort für die Stahlproduktion. Ab 1900 erlahmte die industrielle Entwicklung; heute versucht Vergennes sich zu einem touristischen Ziel zu mausern.

◎ **Champlain Bridge.** Die elegante Bogenbrücke wurde 2011 eröffnet und ersetzt eine 1929 gebaute Überführung, die wegen statischer Mängel zwei Jahre zuvor geschlossen werden musste. Gleich am Fuß der Brücke befindet sich die Crown Point State Historic Site mit Überresten einer Zitadelle aus kolonialer Zeit.

Infos und Adressen

SEHENSWÜRDIGKEITEN

Shelburne Museum. Tgl. 10–17 Uhr,
6000 Shelburne Rd., Shelburne, VT 05482,
Tel. 802 985 3346, www.shelburnemuseum.org

ESSEN UND TRINKEN

Blue Paddle Bistro. *Pork Tenderloin* in Kaffee-
kruste und Ravioli mit Kürbisfüllung stehen
auf der experimentierfreudigen Speisekarte –
und überzeugen den Gast. 316 Rte. 2,
South Hero, VT 05486, Tel. 802 372 4814,
www.bluepaddlebistro.com

Starry Night Café. Die Freude an Lokalem
beschränkt sich nicht auf die Zutaten für die
Küche – an der Ausgestaltung des Lokals
waren heimische Künstler und Handwerker
beteiligt. 5371 Rte. 7, Ferrisburg, VT 05456,
Tel. 802 877 6316, www.starrynightcafe.com

The Inn at Shelburne Farms. Der Sunday
Brunch im Dining Room gilt als der beste
weit und breit, der Blick über den See ist
spektakulär, und die Zutaten sind farmfrisch.
1611 Harbor Rd., Shelburne VT 05482,
Tel. 802 985 8498, www.shelburnefarms.org

ÜBERNACHTEN

Made Inn Vermont. Eine viktorianische Villa
beherbergt einen gelungenen Mix aus Hotel
und Luxus-B & B. 204 S. Willard St., Burlington, VT 05401, Tel. 802 399 2788,
www.madeinnvermont.com

North Hero House. Am Lake Champlain gele-
genes, rundum renoviertes Haus mit langer
Tradition. 3643 Rte. 2, North Hero, VT 05474,
Tel. 802 372 4732, www.northherohouse.com

The Shoreham Inn & Pub. Wie praktisch!
Nach dem Besuch des hauseigenen, britisch
inspirierten Pubs hat man es nicht weit zu
einem der zehn gemütlichen Gästezimmer!
51 Inn Rd., Shoreham, VT 05770,
Tel. 802 897 5081, www.shorehaminn.com

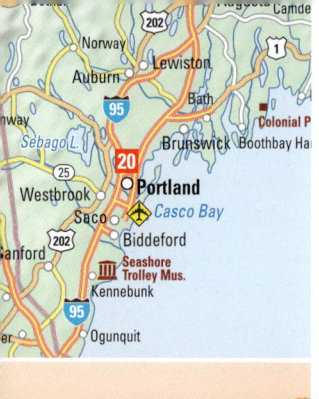

20 Portland
Schlendern in Altstadtgassen

Maines größte Stadt ist traditionell wohlhabend, mit angenehmer Atmosphäre und einem historischen Stadtkern. Ringsum zeugen viktorianische Gebäude von der blühenden Vergangenheit der Europa geografisch am nächsten gelegenen Hafenstadt der Vereinigten Staaten. Die schönsten Villen und eine einladende Uferpromenade befinden sich im noblen Stadtteil West End.

Altstadtgassen mit urigen Backsteinhäusern und Kopfsteinpflaster: In Portland spürt man bis heute die europäischen Wurzeln. Gleich neben den (wenigen) Bürotürmen des Financial District lädt das Old Port-Viertel zum gemütlichen Schlendern ein. Hier locken kleine Boutiquen, Bars und Galerien, die in viktorianischen Gebäuden aus dem 19. Jahrhundert untergebracht sind.

Stadt mit Tradition

1623 gründete der englische Seefahrer Christopher Levett die erste Siedlung in der Casco Bay, die heute 66 000 Einwohner zählt. Um echtes Hafenstadt-Feeling aufkommen zu lassen, sollte man eines der gemütlichen Fischrestaurants in der Altstadt besuchen. Eine lokale Köstlichkeit ist der Hummer aus den Gewässern vor Maine. Dazu wird Portland-Bier ausgeschenkt. Ein Anziehungspunkt ist der Harbor Fish Market am Custom House Wharf, wo Fischer ihren frischen Atlantik-Fang verkaufen. Gepflasterte Bürgersteige säumen die Exchange Street, Old Ports pittoreske Straße, die neben Designermode auch gemütliche Cafés und »Made in Maine«-Produkte bietet.

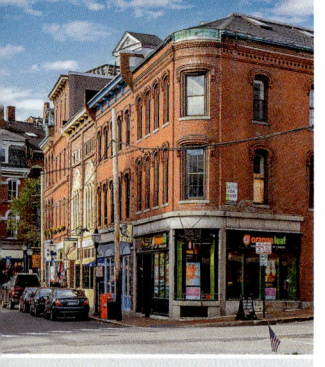

Mitte: Abendstimmung am Portland Head Light
Unten: Im Stadtzentrum an der Kreuzung von Corner of Fore und Market Street, nur einen Steinwurf von der Casco Bay entfernt

Das findet man selbst in den USA nicht an jeder Straßenecke: ein Fachgeschäft für Popcorn! Bei Coastal Maine Popcorn in der Exchange Street gibt es den Puffmais in allen erdenklichen Formen und Geschmacksrichtungen. Besucher schlendern die Straße hinunter ans Wasser und genießen dort die handgemachten Leckereien der Standard Baking Company, bevor sie mit der Casco Bay Island Ferry nach Peaks Island übersetzen, um bei einer gemächlichen Fahrradtour auf diesem charmanten Eiland immer wieder fantastische Ausblicke auf das Meer zu erleben. Oder – mit etwas Glück – einen Wal zu bestaunen, der eindrucksvoll aus den Gewässern der Bucht auftaucht.

Eleganz und Idylle

Im Westen der Stadt stehen elegante Villen in gepflegten Gärten. Hier haben schon immer die »feineren Leute« gewohnt, während im Osten Portlands die weniger begüterten Arbeiter und Handwerker lebten. Heute gleicht sich das allmählich aus – auch, weil man vom ehemaligen »Schmuddelviertel« den idyllischeren Blick auf die Casco Bay hat. Den besten Blick auf die Stadt hat man allerdings von der Aussichtsplattform des Portland Observatory, dem letzten maritimen Signalturm der USA aus dem Jahr 1807. Ebenfalls in diesem Teil der Stadt, am Congress Square, befindet sich das renommierte Portland Museum of Art, Maines größtes Kunstmuseum, das auch Meisterwerke europäischer Größen zeigt.

Auf Liebhaber von Eisenbahnen wartet das Maine Narrow Gauge Railroad Company & Museum, ein Schmalspur-Eisenbahnmuseum, in dem historische Züge dampfend unterwegs sind. Eine der meistfotografierten Sehenswürdigkeiten ist Portland Head Light, ein Leuchtturm von 1791 an der Shore Road am Cape Elizabeth, der noch in Betrieb ist.

Infos und Adressen

SEHENSWÜRDIGKEITEN

Portland Museum of Art. 18 000 Kunstwerke, von Andy Warhol über Louise Nevelson bis Claude Monet. Mi, Sa, So 10–18, Do, Fr 10–20 Uhr, 7 Congress Square, www.portlandmuseum.org

ESSEN UND TRINKEN

Emilitsa. Nur 20 Gehminuten vom Fährableger entfernt liegt das beste griechische Restaurant der Stadt. 547 Congress St., Portland, ME 04101, Tel. 207 221 0245, www.emilitsa.com

Gilbert's Chowder House. Seafood-Restaurant am Wasser, besonders wegen seiner *Clam Chowder* (Cremesuppe mit Meeresfrüchten) beliebt. 92 Commercial St., Portland, ME 04101, Tel. 207 871 5636, www.gilberts chowderhouse.com

Schulte & Herr. Authentische deutsche Küche mit Sauerbraten, Schnitzel und Fischgulasch. 349 Cumberland Ave., Portland, ME 04101, Tel. 207 773 1997, www.schulteundherr.wordpress. com

ÜBERNACHTEN

Portland Harbor Hotel. Direkt am Hafen gelegen, Restaurant mit Kamin. 468 Fore St., Portland, ME 04101, Tel. 207 775 9090, www.portlandharborhotel.com

The Press Hotel, Autograph Collection. Elegantes Hotel unweit des Künstlerviertels. 119 Exchange St., Portland, ME 04101, Tel. 207 808 8800, www.thepresshotel.com

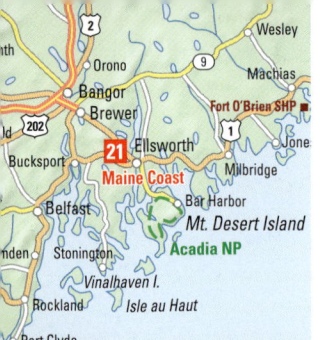

21 Autotour Maine Coast
Zwischen Kapitänsvillen und Imbissbuden

Maines felsige Küste zieht sich über mehr als 5600 Kilometer, allerdings nur 640 Kilometer Luftlinie, von der Grenze zu New Hampshire im Süden bis hoch nach Kanada. Reizvolle Städtchen wie Kennebunkport, Brunswick oder Camden wechseln sich ab mit schönen Sandstränden wie dem Old Orchard Beach oder dem Popham Beach und zahllosen zerklüfteten Inseln.

Diese Reise von Ogunquit im Süden bis nach Ellsworth, dem Tor zum Acadia National Park, führt auf dem U.S. Highway 1 durch den nordöstlichsten US-Bundesstaat.

🅐 **Ogunquit.** Der indianische Name bedeutet schlicht »schöner Platz am Meer«. Und tatsächlich ist der Ausgangspunkt dieser Tour für seinen kilometerlangen Sandstrand berühmt. Fischerboote und farbenprächtige Bojen bilden hier eine malerische Kulisse. Auf dem landschaftlich reizvollen Wanderweg von Ogunquit Beach nach Perkins Cove weht eine frische Meeresbrise. Zurück auf dem Hwy. 1 Richtung Osten biegt die Straße in Kennebunk auf die Rte. 35 Richtung Süden ab.

🅑 **Kennebunkport.** Die malerische Kleinstadt ist vor allem als Sommersitz des ehemaligen Präsidenten George H. W. Bush bekannt. Entlang der Ocean Avenue reihen sich prunkvolle Anwesen aus dem 19. Jahrhundert.

🅒 **Freeport**, Paradies für Schnäppchenjäger mit 200 exklusiven Designer-Outlets, Boutiquen

Mitte: Rund 20 000 Einwohner zählt die College-Stadt Brunswick
Unten: Ob Mrs. Bush hier auch schon eingekauft hat? Weihnachtlich dekoriertes Geschäft in Kennebunkport

und Restaurants in historischen Gebäuden. Bekanntestes Geschäft ist der L. L. Bean Store in der Main Street, der 365 Tage lang rund um die Uhr geöffnet hat – und das schon seit 1951.

Ⓓ Brunswick. Die Stadt wird durch das Bowdoin College dominiert. Auf dem Campus ehrt das Arctic Museum den Polarforscher Robert E. Peary (1856–1920). Lohnenswert ist ein Ausflug auf der Rte. 24 Richtung Küste über Orrs Island nach Bailey Island, an dessen Ende mit dem Land's End ein herrlicher Platz zum Verweilen liegt.

Ⓔ Bath mit seinem ausgeprägt neuenglischen Stadtbild: Nahezu die Hälfte aller Häuser in Bath wurde vor 1940 erbaut. Besonders malerisch sind die beiden neugotischen Kirchen, von denen die Chocolate Church nicht mehr als Gotteshaus, sondern als Kunstzentrum genutzt wird. Das exzellente Maine Maritime Museum zeigt Exponate der

Eine undurchdringliche Miene stellt dieser hölzerne Indianer in Freeport zur Schau

113

Oben: Abendstimmung an der Küste nahe Rockland
Mitte: Hier schmeckt's – der beliebte Imbiss Red's East in Wiscasset
Unten: Kürbis, Mais und Kohl – frisch von Simons Hancock Farm & Greenhouses in Ellsworth

mehr als 400-jährigen Schiffbautradition. Hinter Bath wird der Hwy. 1 wieder deutlich ruhiger.

❼ Wiscasset. Bekanntheit erlangte das »schönste Dorf Maines« vor allem durch die Imbissbude Reds Eats – ein *Lobster Shack* mit den angeblich weltbesten *Lobster Rolls,* vor dem sich in der Saison lange Warteschlangen bilden. Weiter südlich liegt auf einer Halbinsel Boothbay Harbor, ein beliebter Urlaubsort und Ausgangspunkt für Walbeobachtungs- und Hochseeangeltouren.

❽ Rockland, »Hummerhauptstadt der Welt«. Mehr als zwei Dutzend exzellente Restaurants bieten fangfrische Schalentiere, und das jährliche »Maine Lobster Festival« im August ist das Highlight der Saison. Nicht verpassen sollte man das Farnsworth Art Museum mit seiner Gemäldesammlung.

❾ Camden, mit seinen kleinen Straßen, alten Häusern und Kirchen, ist bei Touristen und Künstlern gleichermaßen beliebt. Weiter nördlich bezaubern das Hafenstädtchen Belfast mit Backsteinbauten entlang der Main Street und Searsport, Maines »Antiquitätenhauptstadt«.

❿ Castine. Der kleine Ort an der Mündung des Bagaduce River ist eine der ältesten Gemeinden Nordamerikas. 1613 errichtete Frankreich hier eine Handelsstation und nannte sie Fort Pentagouet. Mit dem Bürgerkrieg und der sinkenden Bedeutung von Segelschiffen endeten Castines Blütejahre. Aber das Flair einer stolzen, alten Hafenstadt ist bis heute zu spüren.

⓫ Ellsworth. Hier befindet sich das Haus von Cordelia Stanwood (1865–1958), heute ein Museum, das der Tierfotografin und Pionierin der Ornithologie gewidmet ist. Von Ellsworth aus starten zahlreiche Touren in den Acadia National Park.

Infos und Adressen

SEHENSWÜRDIGKEITEN

Pemaquid Point Light. Der 12 Meter hohe Leuchtturm, der auf einem Granitkliff an der Muscongua Bay thront und über die Atlantikküste wacht, gilt als Symbol des Bundesstaates Maine. Zu erreichen ist er über die Rte. 130. Daneben befindet sich der kleine Souvenirladen Sea Gull Shop mit Restaurant und herrlichem Blick aufs Meer. www.pemaquidpoint.org

ESSEN UND TRINKEN

50 Local. Restaurant-Bistro mit Speisekarte auf französischer Basis und neuenglischer Inspiration. Täglich wechselndes Menü. 50 Main St., Kennebunk, ME 04043, Tel. 207 985 0850, www.localkennebunk.com

Chase's Daily. Vegetarisches Restaurant mit angeschlossenem Bauernmarkt. Die Kirschtartes sind jede Kalorie wert. 96 Main St., Belfast, ME 04915, Tel. 207 338 0555, www.chasesdaily.me

Francine Bistro. Vom Brot über Fleisch- und Fischgerichte bis hin zur Eiscreme ist alles bio und mit viel Liebe selbst gemacht. 55 Chestnut St., Camden, ME 04843, Tel. 207 230 0083, www.francinebistro.com

Primo. Küchenchefin Melissa Kelly bezieht alle Lebensmittel für ihr nachhaltiges Restaurant von derselben Farm und verwandelt Fleisch, Gemüse und Obst in häufig prämierte Gerichte. 2 S. Main St., Rockland, ME 04841, Tel. 207 596 0770, www.primorestaurant.com

ÜBERNACHTEN

Grand Harbor Inn. Wer Segelschiffe liebt, wählt ein Zimmer mit Blick aufs Wasser – sündhaft teuer, aber ein wahrer Logenplatz. 14 Bayview Lndg., Camden, ME 04843, Tel. 844 402 0967, www.grandharborinn.com

Nonantum Resort. Feines Küstenhotel mit ausgezeichneter Küche und gutem Weinkeller. 95 Ocean Ave., Kennebunkport, ME 04046, Tel. 207 967 4050, www.nonantumresort.com

Norseman Resort. Direkt am prächtigen Sandstrand gelegen, mit dem Charme ewiger Sommerfrische. 135 Beach St., Ogunquit, ME 03907, Tel. 207 646 7024, www.ogunquitbeach.com

Rockland Harbor Hotel. Große Zimmer mit herrlicher Aussicht auf den Hafen, üppiges Frühstück. 520 Main St., Rockland, ME 04841, Tel. 207 594 2131, www.rocklandharborhotel.com

Wahrzeichen des Bundesstaates Maine: der zwölf Meter hohe Leuchtturm Pemaquid Point Light

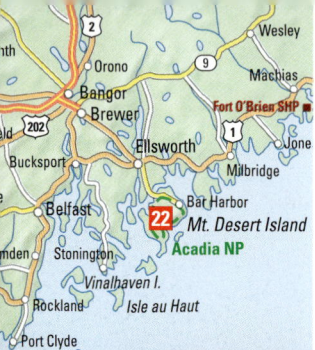

Mitte: Ganz nah am Ostufer des Somes Sound entlang führt der schmale Sargeant Drive
Unten: Hübsche Flechtarbeiten bietet dieser Korbmacher in Bar Harbor

22 Autotour Mount Desert Island
In Gottes Modellbaukasten

Hier hat sich die Schöpfung kräftig ausgetobt: Der Acadia National Park, der einzige Nationalpark in Neuengland, bietet dramatische Landschaften. Der größte Teil des Naturschutzgebietes befindet sich auf Mount Desert Island mit dem Hauptort Bar Harbor, westlich davon erstreckt sich diese raue Version des Garten Eden auf die Isle au Haut. Im Osten liegt mit dem südlichen Teil der Schoodic-Halbinsel der kleinste Part.

Schon im 19. Jahrhundert wurde Mount Desert Island, weit von den hektischen Großstädten der Ostküste entfernt, zum Rückzugsgebiet für den amerikanischen Geldadel. Die Rockefellers, Morgans, Fords, Vanderbilts, Carnegies und Astors verlebten hier ihre Sommer, wohnten in eleganten, großzügigen Anwesen, die sie mit augenzwinkerndem Understatement Hütten (engl.: *cottages*) nannten. Nach dem Motto »Unser Dorf soll schöner werden« gründeten einige dieser Millionäre eine »village improvement society«, die auch Wanderwege und Klettersteige in den Bergen anlegte und unterhielt. Mehr als 40 Jahre lang bestimmten die Reichen Bild und Leben der Insel, erst die Große Depression von 1929 und der Zweite Weltkrieg beendeten die Karriere des Eilands als Luxus-Enklave. Ein verheerender Waldbrand vernichtete 1947 dann endgültig einen Teil der noblen Anwesen.

Acadia National Park

Glücklicherweise war der Status des Mount Desert Island als Nationalpark da schon längst zementiert.

Unterwegs im herrlichen Acadia National Park

Bereits 1919 hatte Präsident Woodrow Wilson ein Gesetz zur Einrichtung des Lafayette National Park, damals der erste Nationalpark östlich des Mississippi, unterzeichnet. John D. Rockefeller jr. (1874–1960), an Naturschutz interessiert, stiftete Land für die Erweiterung des Schutzgebietes, das 1929 in Acadia National Park umbenannt wurde.

Am besten beginnt man den Besuch im **Ⓐ Hulls Cove Visitor Center**, um alle Informationen über den Acadia National Park zu erhalten. Die Parkzeitung *Beaver Log* enthält die Termine der von Rangern geleiteten Veranstaltungen. Das Center (25 Visitor Center Rd.) gibt einen eigenen Wetterbericht heraus und ist von Mitte Mai bis Ende Oktober geöffnet. Nur ein Sprung ist es von hier auf der Rte. 3 bis

Ⓑ Bar Harbor. Der Ort hat nur 5000 Einwohner, doch jährlich kommen Hunderttausende Besucher, um sich vom einzigartigen Charme verzaubern zu lassen. Hier gibt es zahlreiche Restaurants und Läden, im Hafen werden Whale-Watching-Trips angeboten. Im Sommer legen riesige Kreuz-

Einfach gut!

HIKING FÜR FITNESS-FREAKS

Der Acadia National Park besitzt mehr als 200 Kilometer Wanderwege, die meist als Rundwege angelegt sind. Eine der schönsten und schwierigsten Strecken ist der Precipice Trail. Er beginnt am Parkplatz auf Meereshöhe und führt auf den 322 Meter hohen Champlain Mountain – Schwindelfreiheit und Trittsicherheit sind Voraussetzung. Der Weg führt zunächst durch lichten Wald gemächlich bergan. Nach ungefähr 300 Metern steht man vor den ersten Eisensprossen an einem großen Felsblock. Danach führt der Weg steil bergan durch ein Geröllfeld. Nach 700 Metern erreicht man die Abzweigung des Orange & Black Trails; der Precipice führt nach links. Auf 800 Metern Länge überwindet er nun 213 Höhenmeter. Auf dem Gipfel belohnt ein herrlicher Blick über die Ostküste von Mount Desert Island.

Oben: Panoramablick vom Berg über die Frenchman Bay
Mitte: Sechs dramatische Kilometer lang führt der Cadillac Mountain Drive durch den Acadia National Park
Unten: Der Nationalpark ist ein Refugium für viele Wildtiere

fahrtschiffe an und ergießen Massen an Passagieren in die Straßen mit ihren bunten Häusern und hübschen Gärten. Hinter Bar Harbor erreicht man über die Eagle Lake Rd. die 45 Kilometer lange

Ⓒ Park Loop Road, die spektakuläre Ausblicke auf Meer und Küste, Nadelwälder und Bergsilhouetten bietet und, wenn das Wetter es erlaubt, vom 15. April bis November geöffnet ist. Vom Visitor Center bis nördlich des Ortes Seal Harbor wird die Park Loop Rd. im Uhrzeigersinn als Einbahnstraße befahren. Auf der Strecke gibt es mehrere Observation Points. Östlich des Eagle Lake biegt die Cadillac Summit Rd. ab, die zur Spitze des

Ⓓ Cadillac Mountain führt. Am Ende der sechs Kilometer langen, kurvenreichen Strecke werden Besucher mit einer herrlichen Aussicht belohnt. Mit 466 Metern ist der Cadillac Mountain die höchste Erhebung an der Ostküste der Vereinigten Staaten. Zurück auf der Park Loop Rd. und an Bar Harbor vorbei erreicht man, immer an der Küste entlang, den Süden der Insel.

Ⓔ Seal Harbor. Die steinreichen Rockefellers verbrachten hier im Eyrie, einem 100-Zimmer-Cottage, ihre Sommerfrische und reisten von New York im eigenen Zug an, in dem Hunderte Truhen das verfrachteten, was Familie und Hauspersonal für den Aufenthalt benötigten. Zu Beginn der 1960er-Jahre wurde das Mega-Anwesen abgerissen. Besucher machen auf dem Weg über die Rte. 3 nach Northeast Harbor im gepflegten Asticou Azalea Garden halt und genießen den Park mit seinen Azaleen und Rhododendren. Am Südrand des Gartens biegt man von der Rte. 3 auf die Rte. 198 nach Süden ab und erreicht bald darauf

Ⓕ Northeast Harbor, einen geschützten Hafen mit vielen Segelbooten. Hübsche Cafés und

Galerien laden zum Genießen und Verweilen ein.
Gleich gegenüber liegt mit Bear Island eine der
sogenannten Cranberry Islands. Hier gibt ein
Leuchtturm den Seefahrern seit 1839 Orientie-
rung. Durch die Lage auf einem Hügel befindet
sich das mit Sonnenenergie betriebene Licht auf
einer imposanten Höhe von über 30 Metern über
dem Meeresspiegel. Zurück auf der Rte. 3 geht
es weiter Richtung Norden den

G Somes Sound entlang. In der letzten Eiszeit
war Mount Desert Island von einer bis zu drei
Kilometer dicken Eisschicht bedeckt. Nach dem
Abschmelzen des Eises wurde der rund neun Kilo-
meter lange und bis zu 50 Meter tiefe Somes
Sound sichtbar, der gern als einziger Fjord an der
US-Ostküste bezeichnet wird, während ihn Geo-
logen als »Fjärd« bezeichnen. Am Scheitelpunkt

Ganz nah am Wasser gebaut:
der Sargent Drive an der Küste
des Somes Sound

119

Oben: Brandung im Abendlicht an der Felsenküste des Mount Desert Island
Unten: Das Bass Harbor Headlight ragt direkt an der Felsenkante über dem Meer auf

der Bucht biegt man von der Rte. 3 auf die Rte. 102 ab, der man dann in Richtung Süden folgt.

❺ **Southwest Harbor.** Der kleine Ort hat sich die Atmosphäre früherer Fischerdörfer bewahrt; doch hat auch hier der Tourismus mit Souvenirshops und schnuckeligen Restaurants längst Einzug gehalten. Hinter dem Ort gabelt sich in Bass Harbor die Straße in die Rte. 102 und die Rte. 102 A. Letzterer folgt man Richtung Süden zum

❻ **Bass Harbor Head**, der Südspitze der Insel. Vom Leuchtturm dort genießt man bei Sonnenuntergang eine herrliche Sicht auf den im Ozean versinkenden rotgoldenen Feuerball. Das Gebäude auf den Granitklippen gilt als eines der meistfotografierten Motive Neuenglands. Wieder auf der Rte. 102 Richtung Norden geht es zur

❼ **Pretty Marsh.** Hier sollte man einem braunen Hinweisschild zu einer idyllischen Picnic Area folgen, die zum Rasten und zur Beobachtung der Vogelwelt einlädt.

Infos und Adressen

ESSEN UND TRINKEN

Burning Tree. Eines der Toprestaurants in Maine mit viel Fisch aus dem nahen Atlantik und Gemüse und Kräutern in Bioqualität aus dem Hausgarten. 69 Otter Creek Dr., Otter Creek, ME 04660, Tel. 207 288 9331

Havana. *Smoked Chicken*, *Spanish Tortilla and Seafood Paella* mit Hummer, Muscheln, Chorizo, Tomaten und Paprika – Kuba lässt grüßen. 318 Main St., Bar Harbor, ME 04609, Tel. 207 288 2822, www.havanamaine.com

Mache Bistro. Quirliges Lokal mit raffinierter, französisch inspirierter Küche und Liebe zu heimischen Zutaten. 321 Main St., Bar Harbor, ME 04609, Tel. 207 288 0447, www.machebistro.com

Thurston's Lobster Pound. Hier gibt es »lobster to go« oder vor Ort auf gelb überdachten Terrassen direkt am Wasser. Steamboat Wharf, 9 Thurston Rd., Bernard, ME 04653, Tel. 207 244 7600, www.thurstonforlobster.com

ÜBERNACHTEN

Asticou Inn. 31 Räume im Haupthaus sowie 17 zauberhafte Cottages und Lodges bieten Komfort, Behaglichkeit und einen grandiosen Blick von der Terrasse auf den Hafen. 15 Peabody Dr., Northeast Harbor, ME 04662, Tel. 207 276 3344, www.asticou.com

Balance Rock Inn. Früher luxuriöses »Cottage«, heute romantisches B & B mit Kamin und kleinen Privatbalkonen. 21 Albert Meadows, Bar Harbor, Maine 04609, Tel. 207 288 2610, www.balancerockinn.com

Bass Cottage Inn. Die zehn Gästezimmer des historischen Gebäudes sind nach Gewürzen benannt – das ganze Hotel garni ist auch nach der Renovierung von exzellentem Geschmack. 14 The Field, Bar Harbor, ME 04609, Tel. 207 288 1234, www.basscottage.com

Lindenwood Inn. Elegantes B & B mit Pool und Spa in einer ehemaligen Kapitänsvilla. 118 Clark Point Rd., Southwest Harbor, ME 04679, Tel. 207 244 5335, www.lindenwoodinn.com

Hummer und Bojen: maritime Dekoration an einer Hauswand in Southwest Harbor

NYC UND NEW YORK STATE

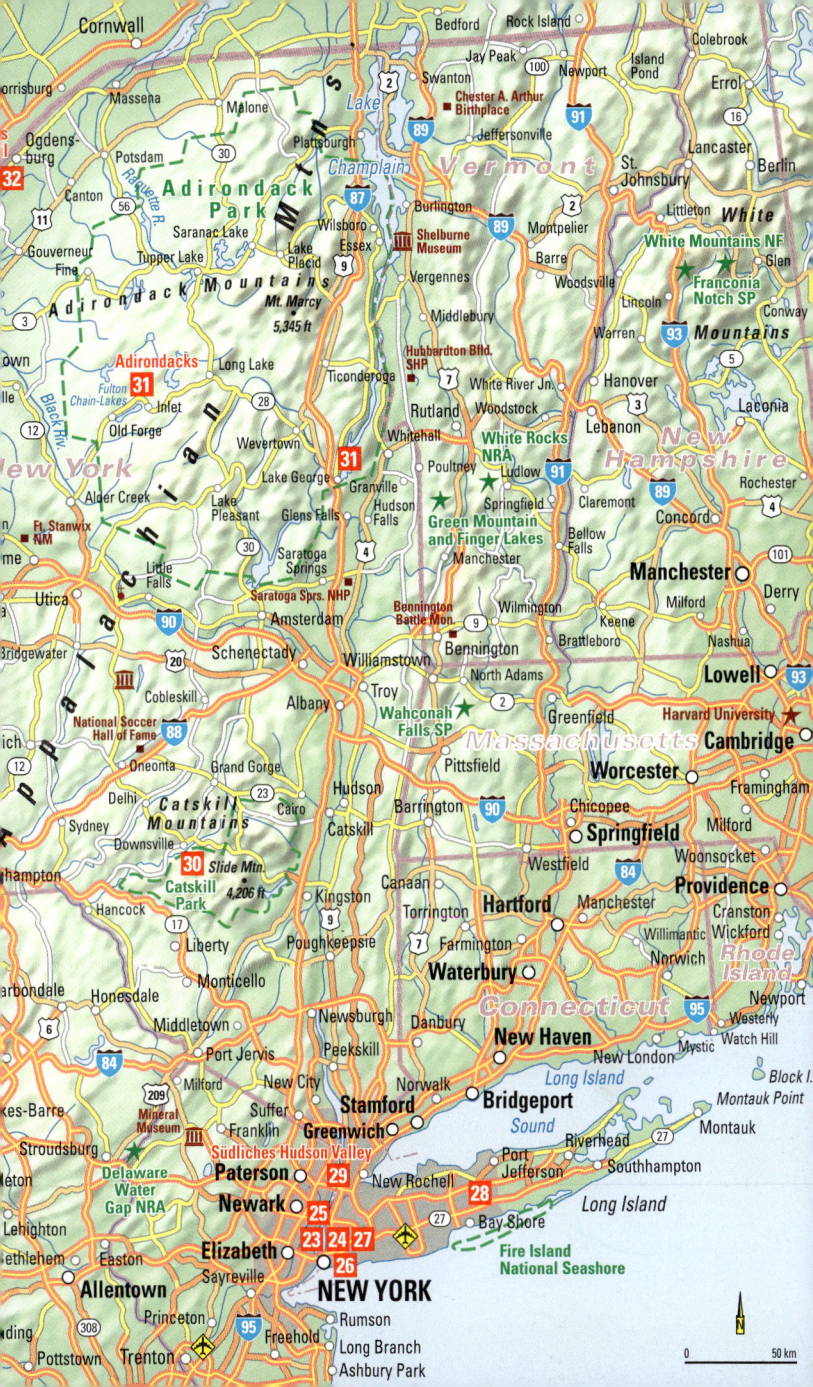

23 Lower Manhattan
Auferstanden aus Ruinen

An der südlichen Spitze von Manhattan, dort, wo der East und der Hudson River zusammenfließen, begann einst die Geschichte von New York City. Hier wurde im Jahr 1621 der berühmte Handel der Holländer abgeschlossen, die den Algonquin-Indianern die Insel »Mana-hatta« – das Land der vielen Hügel – für Schmuck im Wert von 60 Gulden abkauften. Der Beginn einer schier unglaublichen urbanen Erfolgsgeschichte.

Wie Diamanten funkeln die Glasfassaden der Hochhäuser. Auf dem East River ziehen Fähren und Ausflugsdampfer durchs Wasser. Über die Stadtautobahn am Ufer wälzt sich der Berufsverkehr. Und durch den Oculus, die spektakuläre Haupthalle des neuen Zentralbahnhofs – von Stararchitekt Santiago Calatrava entworfen – strömen Menschenmassen. Mit seiner 49 Meter hohen Kuppel und den weißen Streben erinnert er an die Zwillingstürme des World Trade Center.

GUT ZU WISSEN

TEURES PFLASTER!
Kaum ist man in der Stadt der Städte, stellt man fest, wie teuer New York ist: exorbitante Hotelpreise, kostspielige Restaurants, saftige Eintrittspreise. Doch es gibt Alternativen: Statt über 30 Dollar Eintritt für das neue One World Trade Center oder das Empire State Building zu zahlen (wegen der tollen Aussicht!), besucht man abends die Brooklyn Bridge. Wenn die letzten Sonnenstrahlen des Tages die mächtigen Pfeiler in warmes Licht tauchen, entstehen die schönsten Urlaubsfotos. Gratis!

S. 122/123: Atemberaubend: der Blick von ganz oben über Manhattan mit seinen Wolkenkratzern **Mitte:** Das One World Trade Center dominiert heute die Skyline **Unten:** Aufmerksame Zuhörer eines kleinen Konzerts im South Street Seaport

Lower Manhattan

Fast zwei Jahrzehnte ist es her, dass zwei Flugzeuge in die Twin Towers einschlugen. Mehr als 2800 Menschen starben damals, 1,2 Millionen Quadratmeter Bürofläche wurden vernichtet. Heute schlägt das wirtschaftliche Herz New Yorks wieder – selbstbewusster und stolzer denn je. Das zerstörte Zentrum ist prachtvoll wiederauferstanden, fünf neue Wolkenkratzer wurden gebaut. Mit 541,3 Metern ist das 2014 eröffnete One World Trade Center das höchste Gebäude der westlichen Hemisphäre. Die Aufzüge katapultieren Besucher in nur 47 Sekunden auf die Panoramaplattform im 102. Stock, von dort schweift der Blick aus 400 Metern Höhe über die Wolkenkratzer-Landschaft und die mächtigen Wasserfälle, die am Fuß des Turms als Mahnmal für 9/11 in die Tiefe rauschen.

Entspannt und lebenswert

Doch das Bemerkenswerteste der Veränderungen in Lower Manhattan ist nicht der Gigantismus. Viel spannender ist, dass der Stadtteil für viele New Yorker inzwischen überaus lebenswert geworden ist. Vor 2001 war der Südzipfel der Insel ein Büroviertel, in dem die Straßen nach 17 Uhr ausstarben. Damals lebten hier gerade mal 20 000 Menschen. Nach 9/11 glich die Gegend auch tagsüber einer Geisterstadt, die großen Konzerne verlegten ihre Firmensitze nach New Jersey oder Connecticut. Doch bald wandelte sich durch die steigende Nachfrage nach Wohnraum das reine Businessviertel zu einer Mischform aus Geschäfts- und Wohngegend. Den Trend sieht man am neuen Wohngebäude 8 Spruce Street, vom berühmten Architekten Frank Gehry entworfen und eines der höchsten Wohngebäude der Welt. Zusätzlich zu den Neubauten wurden auch einige der schönen alten Bürohochhäuser wie das Woolworth Building von 1913 und das AIG Building von 1931 in Luxus-

Nicht verpassen

JÜDISCHES LEBEN

Im Battery Park klärt das Museum of Jewish Heritage Besucher über das breite Spektrum jüdischen Lebens vor, während und nach dem Zweiten Weltkrieg auf. Die Gebäudeform ist einem Davidstern nachempfunden, innen zeigt das Museum das Grauen des Holocausts aus der Perspektive seiner Opfer. Der »Garden of Stones« besteht aus 18 ausgehöhlten Steinblöcken. In die Aussparungen wurde jeweils ein Eichensetzling gepflanzt. Die Steine stehen dabei für »Leben«, denn das hebräische Wort für Leben *(chai)* entspricht dem gematrischen Wert 18. Im »Schauplatz für Gedächtnis und Lernen« sind rund 800 persönliche Gegenstände und 2000 Fotografien ausgestellt.

Museum of Jewish Heritage. Mo, Sa, So 11–17.45, Do 11–20, Fr 11–16 Uhr, 36 Battery Pl., New York, NY 10280, Tel. 646 437 4202, www.thejewishmuseum.org

VON EDEL BIS SPARSAM

Geheimtipp

Shopping, bis die Kreditkarte qualmt: Der Spitzenreiter (und Klassiker!) für Schnäppchenjäger in Downtown Manhattan ist der Century 21 Store (22 Cortland St.), wo man seit jeher beim Einkaufen oftmals 65 Prozent vom regulären Ladenpreis spart. Designerware zum Discountpreis – allerdings mit deutlichem Wühltisch-Flair. Ausgerechnet an der Wall Street sorgt T.J. Maxx für Dauer-Niedrigpreise (14 Wall St.). Die hiesigen Börsenmakler decken sich traditionell bei Brooks Brothers mit edlem Zwirn ein (One Liberty Plaza). Das Luxury Kaufhaus Brookfield Place (230 Vesey St.) beherbergt High-End-Shops und tolle Restaurants direkt am Hudson River. Und wer immer noch nicht die Tüten voll hat: Das Viertel South Street Seaport, ein teilweise denkmalgeschütztes Quartier, bietet Kaufvergnügen in original erhaltenen Handelshäusern mit hübschen, individuellen Läden.

wohnraum umgewandelt. Inzwischen ist die Bevölkerung auf über 60 000 Menschen angewachsen.

Dabei hatte es Lower Manhattan beileibe nicht leicht: Erst 9/11, dann 2008 die Finanzkrise. Und Hurrikan »Sandy« spülte im Herbst 2012 den Hudson so weit über die Ufer, dass Treibgut durch die Straßen schwappte. Weit weg erscheinen diese Krisenzeiten heute. In der kopfsteingepflasterten Stone Street nahe der Wall Street sitzen Touristen und Banker an langen Tischreihen. Die einen erholen sich vom Sightseeing, die anderen vom Börsenhandel. Das neue Lower Manhattan ist so entspannt wie nie. Mehrere Dutzend neuer Hotels wurden errichtet, fast täglich eröffnen Restaurants. Es gibt Burger-Läden, die saftiges aber teures Kobe-Beef zwischen die *buns* legen, und das Sushi ist fast so gut wie in Japan. Für den kleinen Hunger zwischendurch geht man nach dem Besuch der Freiheitsstatue und Ellis Island am besten zu einem der beliebten *Food Trucks*.

Dancing and Clubbing

Nach Mitternacht ist das Wummern der Bässe aus den Nachtclubs zu hören. Etwa aus dem Up and Down in der 14th Street, dem Avenue an der 10th Avenue oder dem Provocateur südlich der 13th Street im sogenannten Meatpacking District, wo noch in den 1980er-Jahren 200 Schlachtbetriebe arbeiteten – heute das beliebteste Ausgehviertel von New York.

Morgens legt die East-River-Fähre am Wall-Street-Pier ab. Manche nennen sie den »Yuppie-Dampfer«, weil mit ihr das junge Karrierevolk zwischen Brooklyn und Lower Manhattan hin- und herpendelt. Vier Dollar kostet die Fahrt, zehn Minuten dauert der Trip.

Rundgang durch Lower Manhattan

Ⓐ One World Trade Center. New Yorks Antwort auf den Terror und höchstes Gebäude der USA.

Ⓑ 9/11 Memorial Museum. Wo damals die Zwillingstürme standen, stehen heute zwei Wasserbecken mit den Namen der 2983 Opfer.

Ⓒ Bowling Green Park, ein großer Brunnen mit ein paar Sitzbänken – New Yorks ältester Park.

Ⓓ Alexander Hamilton US Custom House. Hier ist der New Yorker Teil des National Museum of the American Indian untergebracht.

Ⓔ Battery Park, beliebt bei Joggern. Vom Anleger starten Fähren zur Freiheitsstatue.

Ⓕ Staten Island Ferry Terminal. Ausgangspunkt der Fähre nach Staten Island.

Ⓖ BMB Terminal. Die Governors Island Ferry pendelt für wenige Dollar über den East River.

Ⓗ Stone Street. Kopfsteingepflasterte kleine Fußgängerzone mit guten Restaurants.

Ⓘ New York Stock Exchange. Zentrum der Wall Street ist die weltberühmte Börse.

Ⓙ Federal Hall. Im ersten Kapitolgebäude der USA fand George Washingtons Amtseid statt.

Ⓚ Trinity Church. Mit 86 Metern dominierte sie lange die Skyline Manhattans.

Ⓛ St. Paul's Chapel. 1776 erbaut, blieb sie während der Anschläge 2001 trotz ihrer Nähe zum WTC unversehrt.

Ⓜ South Street Seaport. Viertel am East River. Mit historischen Schiffen, Museen, Geschäften und Restaurants ist Pier 17 besonders beliebt.

Ⓝ Brooklyn Bridge. 89 Meter ragen die beiden Pfeiler der Brücke in den Himmel.

An der heutigen Wall Street stand einst die Stadt-mauer, die die Handelskolonie New Amsterdam schützen sollte. Doch schon 1664 wurde die Siedlung mit ihren 1500 Einwohnern von den Engländern eingenommen. Und zu Ehren des Grafen von York – der für die Armee zahlte – in New York umbenannt.

Weltfinanzzentrum

Ende des 18. Jahrhunderts entstand die Finanz-industrie in Lower Manhattan mit den ersten Aktienhändlern, die sich an der Wall Street niederließen. Die Entwicklung war rasant, und bis zum Ende des Zweiten Weltkriegs hatte New York dem älteren London den Rang als wichtigstes Welt-finanzzentrum abgelaufen. Ab den 1930er-Jahren wurden Wolkenkratzer in den Himmel gezogen, um den explodierenden Bedarf an Büroraum zu decken. Der daraus entstandene Kontrast von engen, zu Gründerzeiten angelegten Straßen und den später gebauten Hochhäusern ist weltweit einzigartig. Und ikonisch für den »Big Apple«, wie man New York hier nennt.

Oben: Die elegante Manhattan Bridge verbindet die Stadtteile Lower Manhattan und Brooklyn
Unten: Besuch aus Fernost – George Washingtons Statue vor der Federal Hall

Infos und Adressen

SEHENSWÜRDIGKEITEN

Ellis Island. Wo zwischen 1892 und 1954 rund 12 Millionen Einwanderer erstmals amerikanisches Staatsgebiet betraten, erinnert heute ein Museum an die Neuankömmlinge. Anfahrt per Statue Cruises-Fähren. Ellis Island National Museum of Immigration/Statue of Liberty National Monument, New York, NY 10004, Tel. 212 363 3200, www.nps.gov

Statue of Liberty. Das berühmte Symbol steht auf Liberty Island im New Yorker Hafen, ist 93 Meter hoch und wurde 1886 eingeweiht. Die neoklassizistische Kupferstatue ist mehrmals täglich mit den Statue Cruises-Fähren vom Battery Park, New York, und vom Liberty State Park, New Jersey, zu erreichen.

ESSEN UND TRINKEN

Adrienne's Pizzabar. Beliebter Italiener, besonders wegen der Holzofenpizza. 54 Stone St., New York, NY 10004, Tel. 212 248 3838, www.adriennespizzabarnyc.com

Delmonico's. New Yorks ältestes Restaurant. Seit 1837 geöffnet, mit illustrer Gästeliste und weltberühmten hauseigenen Rezepten. 56 Beaver St., New York, NY 10004, Tel. 212 509 1144, www.delmonicosny.com

The Tuck Room. Angesagt sind hier Meeresfrüchte, vegetarische Gerichte und süffige Cocktails. 11 Fulton St., New York, NY 10038, Tel. 212 776 8273, www.thetuckroom.com

ÜBERNACHTEN

Andaz Wall Street. Luxushotel mit großzügigen Zimmern und einem Biergarten unter Bäumen. 75 Wall St., New York, NY 10005, Tel. 212 590 1234, www.wallstreet.andaz.hyatt.com

Gild Hall. Durchgestyltes Boutiquehotel mit einer modernen Coolness, der ein Hauch von Jagdhütte anhaftet. 15 Gold St., New York, NY 10038, Tel. 212 232 7700, www.thompsonhotels.com

Beliebt bei Touristen: die *Staten Island Ferry* auf Höhe der Freiheitsstatue

24 Midtown Manhattan
Zwischen Giganten

Ziemlich heißes Pflaster: Midtown Manhattan ist von allen Stadtbezirken New Yorks unangefochten der meistbesuchte. Hier stehen die Hochhäuser am dichtesten, hier findet der Besucher seine Postkarten-Skyline. Hier turnte einst King Kong am Empire State Building, sind die Shops nobler Weltmarken zu finden und leuchtet jedes Jahr am Rockefeller Center einer der schönsten Weihnachtsbäume der Stadt.

Himmelstürmende Wolkenkratzer und zwischen ihnen Straßenschluchten, gefüllt mit hupenden gelben Taxis. Tausende von Menschen in Anzug und Kostüm, die zur Arbeit hasten. Mittendrin: unzählige Touristen auf dem Weg zu den bekanntesten Sehenswürdigkeiten.

New Yorks vitaler Stadtteil teilt sich in zahlreiche Viertel, wobei die Grenzen zuweilen fließend sind. Der Chelsea Garment District lockt mit seinem Mix aus Mode, Design, Kunst, Kultur, Bars und Restaurants. Gramercy Flatiron ist ein stilvolles Viertel mit herrschaftlichen Townhouses, Gärten und Plätzen, trendigen Restaurants und Bars. Im Theater-Distrikt zwischen der 34th und der 59th Street westlich der 6th Avenue liegen Times Square, 42nd Street, Hell's Kitchen und Columbus Circle. In Midtown East, östlich der 6th Avenue, befinden sich viele Wahrzeichen New Yorks, so auch der 1913 eingeweihte grandiose Bahnhof Grand Central Station, und seither Schauplatz vieler Filme. Quer durch diesen urbanen Dschungel schlängelt sich der Broadway, das Mekka der Musicalszene, mit seinen vielen Theatern. Wer hier auf der Bühne steht, hat es geschafft.

Mitte: Elegant behütete Lady auf der 5th Avenue
Unten: Das Intrepid Sea, Air & Space Museum am Hudson River begeistert Technik- und Fluginteressierte

Highlight der Moderne: Empire State Building

Eine Ikone in Midtown Manhattan ist zweifellos das Empire State Building aus den 1930er-Jahren. Noch heute besticht es durch seine Art-déco-Architektur und war mit 381 Metern lange Zeit höchster Wolkenkratzer der Welt. Als einer der schönsten Himmelsstürmer gilt das Chrysler Building. Seine Zierelemente an der Außenfassade sind Kühlerfiguren nachempfunden. Das Rockefeller Center besteht aus 14 Gebäuden, gebaut zwischen 1929 und 1940. Am bekanntesten sind die Radio City Music Hall und das legendäre Restaurant Rainbow Room in der 65. Etage.

Times Square & Fifth Avenue

Tief unten zwischen all den Wolkenkratzern liegt der Times Square mit seiner bunten Leuchtreklame, den MTV-Studios, zahlreichen Kinos und Bühnen. Zwischen der 42th und 47th Street ist der Broadway für den Verkehr gesperrt, sodass Touristen dort schlendern können.

Die Fifth Avenue ist die beliebteste Einkaufsstraße, der Abschnitt zwischen dem Rockefeller Center und dem Central Park beherbergt Geschäfte wie

Geheimtipp

FLIEGER AN BORD
Direkt auf dem Hudson River liegt das Museum für Militär- und Seefahrtsgeschichte. Es ist auf dem Flugzeugträger *USS Intrepid* untergebracht, der im Zweiten Weltkrieg im Pazifik im Einsatz war sowie während des Vietnamkriegs im Südchinesischen Meer und zur Bergung von Mercury- und Gemini-Landekapseln der NASA. Viele Flugzeuge sind auf dem Deck des Schiffs ausgestellt, darunter Typen wie Grumman TBF, McDonnell F-4, General Dynamics F-16, Douglas A-4 und Hawker Siddeley Harrier, aber auch seltene Typen wie die Lockheed A-12, Hubschrauber wie AH-1 Cobra und Bell UH-1 aus der Zeit des Vietnamkriegs. Als ziviles Exponat ist das Verkehrsflugzeug British Airways Concorde zu sehen.

Intrepid Sea, Air & Space Museum. Pier 86, W 46th St. und 12th Ave., New York, NY 10036, Tel. 212 245 0072, www.intrepidmuseum.org

Saks Fifth Avenue und Bergdorf Goodman. Weiter Uptown reiht sich Gucci an Louis Vuitton und Prada an Tiffany & Co. Kontrastprogramm zum hedonistischen Luxus bietet die neugotische St. Patrick's Cathedral, 1879 dem Schutzheiligen der Iren geweiht.

Oase der Ruhe im Trubel

Weiter südlich entlang der 5th Avenue ist der Bryant Park eine Oase der Ruhe inmitten des städtischen Trubels. Bücherwürmer schätzen gleich gegenüber die Public Library im beeindruckenden Beaux Arts-Gebäude.

Prächtig möchte das Waldorf Astoria Hotel an der Park Avenue auch wieder werden. Das Art-déco-Bauwerk, das sich über einen ganzen Straßenblock zieht, soll nach der Renovierung 2020 in neuem Glanz erstrahlen. Von 1958 stammt das Seagram Building, das Architekt Ludwig Mies van der Rohe entwarf. Ein Wolkenkratzerkomplex am East River, errichtet in den Jahren 1949 bis 1953, ist Sitz der Vereinten Nationen und Zentrale der UN-Organisationen UNESCO und UNICEF. Das gesamte Gebiet ist internationales Hoheitsgebiet. Ganz und gar zu New York gehört hingegen der Madison Square Garden. Wer hier einmal ein Heimspiel der New York Knicks oder das Konzert eines Weltstars erlebt hat, der weiß, weshalb The Garden sich zu Recht als »weltbekannteste Arena« rühmen darf.

Oben: Der Times Square aus der Vogelperspektive
Mitte: Kunst von Weltrang im Museum of Modern Art (MoMA)
Unten: Statue of Liberty in »lebensecht« auf dem Times Square

Infos und Adressen

SEHENSWÜRDIGKEITEN

Museum of Modern Art (MoMA). Die weltweit bedeutendste Sammlung moderner Kunst von 1880 bis heute. Mit einigen der größten Werke von Künstlern wie Gauguin, Kokoschka, Picasso, Pollock und Lichtenstein. Tgl. 10.30–17.30 Uhr, 11 W. 53rd St., New York City, NY 10019, Tel. 212 708 9400, www.moma.org

ESSEN UND TRINKEN

Grand Central Oyster Bar. Seit 1913 eine New Yorker Institution mit mehr als 20 Varianten der Austernzubereitung. 89 E. 42nd St., New York City, NY 10017, Tel. 212 490 6650, www.oysterbarny.com

Lillie's Victorian Establishment. Sehenswertes Bistro-Restaurant – eingerichtet wie ein Museum – mit leckeren Rippchen und Steaks auf der Karte. 249 W. 49th St., New York City, NY 10019, Tel. 212 957 4530, www.lilliesnyc.com

ÜBERNACHTEN

Algonquin Hotel. Im Herzen von Midtown Manhattan und fußläufig zu den meisten Sehens-würdigkeiten des Viertels gelegen. 59 W 44th St., New York, NY 10036, Tel. 212 840 6800, www.algonquinhotel.com

Park Plaza Hotel. Seit 1907 die »große alte Dame« der New Yorker Luxushotels. Ob man hier eincheckt, entscheidet die Vermögenslage. Aber ein Afternoon Tea im Palmenhof hat ja auch was! 5th Ave. at Central Park South, New York City, NY 10019, Tel. 212 759 3000, www.fairmont.com

EINKAUFEN

M&M'S World New York. Hier gibt es die berühmten kleinen Schokolinsen in den verrücktesten Farben und Aromen. Mo–Fr 9–19 Uhr, 1600 Broadway, New York City, NY 10019, Tel. 212 295 3850, www.mmsworld.com

Macy's & Co. Das legendäre Modekaufhaus, in dem man Stunden mit Schauen und Shoppen verbringen kann, erstreckt sich über elf Stockwerke. Mo–Do 10–22, Fr, Sa 9–22, So 11 bis 21 Uhr, 151 W. 34th St., New York, NY 10001, Tel. 212 695 4400, www.macys.com

Cocktails unter freiem Himmel: in der 230 Fifth Rooftop Bar inmitten der Wolkenkratzer

25 Uptown und Harlem
Bunte Mischung

Wo anfangen, wo enden? Im Fall von Uptown Manhattan ist diese Frage schon aus rein geografischer Sicht nicht ganz einfach zu beantworten: Die Meinungen, wo Uptown beziehungsweise Upper Manhattan beginnt, gehen weit auseinander: Sie reichen von der 59th Street bis zur 155th Street als südliche Grenze bis hoch nach Inwood und dem Spuyten Duyvil Creek im Norden.

Mitte: Lincoln Center mit dem weltberühmten Metropolitan Opera House
Unten: Straßenszene an der Columbus Avenue in der Upper Westside

Die Upper East und Upper West Side, East- oder Spanish Harlem, Harlem, Upper Manhattan, Hamilton Hights, Sugar Hill, Washington Heights, Hudson Heights und Inwood – traditionell die »Uptown« Manhattans, eine bunte Vielfalt nördlich der 59th Street: Es gibt Viertel, in denen livrierte Fahrer im Rolls-Royce vor dem Townhouse stehen (Upper East Side) und andere, bei denen man nach Sonnenuntergang nur ungern mit einer Mietwagen-Panne liegen bleiben möchte (Teile von Washington Heights).

Im späten 19. Jahrhundert dehnte sich die Stadt durch die New York City Subway auch auf das vorher dörflich geprägte nördliche Manhattan aus. Im 20. Jahrhundert entwickelten sich die Viertel dann sehr unterschiedlich: Während das afroamerikanische Harlem zwischenzeitlich verarmte, siedelten sich in der traditionell konservativen Upper East Side wohlhabende New Yorker an und entwickelte sich die Upper West Side zu einer gutbürgerlichen Gegend mit eher liberalen Bewohnern. Auf der Westseite Uptowns befinden sich heute einige der bedeutendsten Kulturadressen der Stadt, darunter das Lincoln Center for the

Gottesdienst in einer Gospelkirche

Performing Arts mit dem Metropolitan Opera House und das American Museum of Natural History. In erster Linie ist die Upper West Side ein luxuriöses Wohn- und Shopping-Viertel. Das bekannteste ihrer vielen historischen Apartmentgebäude ist The Dakota, vor dessen Eingang im Dezember 1980 der hier wohnende britische Musiker John Lennon erschossen wurde.

Erste Adresse: Upper East Side

Die Upper East Side gilt als vornehme Adresse für wohlhabende New Yorker Bürger. Sie unterscheidet sich deutlich vom nördlichen Nachbarn Spanish Harlem, in dem vorwiegend Puertoricaner leben. Das Straßenbild der Upper East Side wird von eleganten Stadthäusern geprägt, ihre Museum Mile bietet mit dem Metropolitan Museum of Art, dem Guggenheim-Museum, der Frick Collection, Ronald Lauders Neuer Galerie, dem National Academy Museum, dem Cooper Hewitt Smithonian Design Museum und dem Jewish Museum Kunst und Kultur vom Allerfeinsten.

Geheimtipp

GESUNGENER GLAUBE

Der Besuch einer Gospelkirche in Harlem ist für Besucher ein eindrucksvolles Erlebnis. Es empfiehlt sich allerdings, eine Tour zu buchen, da es nicht gern gesehen wird, wenn man als Tourist auf eigene Faust in einen Gottesdienst spaziert. So oder so gelten Benimmregeln: Jeans, Flip-Flops und lässige Kleidung sind unerwünscht, Handys müssen ausgeschaltet sein, auch Fotografieren ist oftmals untersagt. Man sollte respektieren, dass Gospel ein religiöser Akt und keine musikalische Showeinlage ist. Der Gottesdienst kann zwei Stunden oder länger dauern – es wird als unhöflich angesehen, ihn vor dem Ende zu verlassen. Eine kleine Spende für die Kirchengemeinde ist stets willkommen.

www.harlemspirituals.com/HarlemTour

Für Besucher ein absolutes Muss ist ein Spaziergang durch den Central Park, in dem man auch reiten, rudern, Baseball, Golf und Cricket spielen oder mit der Pferdekutsche fahren kann. Nördlich des Parks liegt Harlem, seit den 1920er-Jahren ein Mekka afroamerikanischer Künstler. Später galten viele Straßenzüge des Viertels als *No-go-zone*; bis in die frühen 1990er-Jahre hatte Harlem ein riesiges Problem mit Crack und Kriminalität. Doch unter dem Stichwort »Harlem Renaissance« hat sich der Norden Manhattans zum Trendviertel entwickelt. Die meisten Brownstone-Häuser sind renoviert, und die Gastroszene zieht mit Soul Food auch *Foodies* anderer Stadtteile an. Einen Besuch wert ist das berühmte Apollo Theater in der 125th Street. Jimi Hendrix oder die Jackson Five kannte kaum jemand, bis sie im Apollo die berühmte »Amateur Night« gewannen.

Der Campus

Im Viertel Upper Manhattan lohnen der Campus der Columbia University und The Cloisters im Fort Tryon Park mit seinen mittelalterlichen Kunstwerken einen Besuch. Washington Heights wurde in den 1930er-Jahren neue Heimat für Tausende von deutschen und österreichischen Juden. Die Immigranten nannten ihr Viertel »Viertes Reich« – als ironische Antithese zu Hitlers »Drittem Reich«, dem sie entkommen waren.

Oben: Posen für die Kamera – Jugendliche in Harlems 125th Street
Mitte: Frühling im Central Park an der Upper East Side
Unten: Waschen, Legen, *Dreads* – im Beauty-Salon an der Lenox Avenue

Infos und Adressen

SEHENSWÜRDIGKEITEN

African American Wax Museum. Wachsfiguren berühmter Afroamerikaner wie Duke Ellington und Magic Johnson. Do–Fr 12–21, Sa 10–18, So 12–18 Uhr, 318 W. 115th St., New York City, NY 10026

Frick Collection. Mehr als 200 Werke von der Renaissance bis zum späten 19. Jh. in der ehemaligen Villa des Millionärs-Ehepaares Frick. Di–Sa 10–18, So 11–17 Uhr, 1 E. 70th St., New York City, NY 10021, www.frick.org

Museum Mile. Details zu den Museen unter: www.mustseenewyork.com/articles/guide-to-museum-mile-nyc.htm

The Cloisters. Die sich am Stil europäischer Klöster orientierenden Kreuzgänge im Fort Tryon Park sind ein Ableger des Metropolitan Museum of Art und beherbergen mittelalterliche Kunst. März–Okt. 10–17.15, Nov.–Feb. 10–16.45 Uhr, 99 Margaret Corbin Dr., New York, NY 10040, Tel. 212 923 3700, www.metmuseum.org/visit/met-cloisters

ESSEN UND TRINKEN

Daniel. Elegante französische Küche in neo-klassizistischer Architektur und Michelin besternt. Reservierung erforderlich. 60 East 65th St., New York City, NY 10065, Tel. 212 288 0033, www.danielnyc.com

Red Rooster Harlem. Die fantasievolle Küche spiegelt die ethnische Vielfalt New Yorks wider. 310 Lenox Ave., New York City, NY 10027, Tel. 212 792 9001, www.redroosterharlem.com

Sylvia's. Eine Institution: Soul Food seit 1962. Besonders beliebt ist der Sunday Gospel Brunch – Essen und Singen in Harmonie. 328 Lenox Ave., New York City, NY 10027, Tel. 212 996 0660, www.sylviasrestaurant.com

ÜBERNACHTEN

Aloft Harlem. Modernes, preiswürdiges Hotel. Dekoriert mit Kunst benachbarter Galerien. 2296 Frederick Douglass Blvd., New York City, NY 10027, Tel. 212 749 4000, www.aloftharlem.com

Hotel Beacon. Traditionsreiches Haus im Herzen der Upper West Side mit großzügigen Gästezimmern. 2130 Broadway, at 75th St., New York City, NY 10023, Tel. 212 787 1100, www.beaconhotel.com

The Mark. Elegantes Luxushotel. Im Restaurantbereich zeichnet Gourmetpapst Jean-Georges Vongerichten verantwortlich. 25 E. 77th St., at Madison Ave., New York City, NY 10075, Tel. 212 744 4300, www.themarkhotel.com

Gute Laune inmitten exklusiver Designermode

26 Brooklyn und Coney Island
Raus aus der Schmuddelecke

Lange Zeit war Brooklyn unter Touristen nicht sonderlich beliebt. Die Zeiten sind vorbei, das einstmals raue New Yorker Borough hat sich in den letzten Jahren zu einem Geheimtipp entwickelt. Und Besucher, die glauben, ein Tag in Brooklyn reiche, um alles gesehen zu haben, werden von den Einheimischen mit deren ganz eigenem Charme belehrt: »Fuhgeddaboudit!« – das könnt ihr vergessen!

Ein urbanes Schwergewicht: Brooklyn ist mit 2,5 Millionen Einwohnern auf einer Fläche von gut 250 Quadratkilometern fast dreimal so groß wie Manhattan. Und Stadtviertel wie Carroll Gardens, Park Slope oder Williamsburg besitzen ihren ganz eigenen Charakter – der wandelbar ist. So zeigt Brooklyn Heights entlang des East River seit einigen Jahren stolz sein neues Gesicht: Mit dem

Mitte: Brooklyn Bridge, stählerne Ikone einer Weltstadt
Unten: Brownstone-Häuser wie diese prägen den Stadtteil und sind begehrte Immobilien

GUT ZU WISSEN

BRECHREIZ SEIT 1916
Nostalgie ist schön, auch beim Essen. Die Straßenhändler von Coney Island jedenfalls bedienen das ganze Jahr über die Sehnsucht nach dem alten, authentischen New York: Popcorn, Zuckerwatte, Italian Pizza. Wenn es beim seit 1916 jährlich am 4. Juli stattfindenden »Hot Dog Eating Contest« im Restaurant Nathan's Famous aber darum geht, binnen zehn Minuten möglichst viele Brühwürstchen zu essen (aktueller Rekord: 72 Hotdogs), kann einem schon beim Gedanken daran speiübel werden. Nicht zur Nachahmung empfohlen!

Werk von Albert Bierstadt im Brooklyn Museum

Brooklyn Bridge Park locken heute Grün-
anlagen, Promenade, Fahrradwege und
Spielplätze, wo einst baufällige Industrie-
bauten und Lagerhallen standen. Kam man
früher nur wegen des Ausblicks auf die Freiheitsstatue, die Brooklyn Bridge und die Skyline Manhattans hierher, ist diese Seite des Flusses heute
selbst eine (er)lebenswerte Destination.

»Brooklynites« – so werden Leute, die in Brooklyn leben, genannt – pfeifen auf schicke Clubs
und Designerklamotten, werfen sich lieber in
Jeans und Karohemd und freuen sich aufs Feier-
abendbier. Gern lokal gebraut, wie zum Beispiel
in der Brooklyn Brewery. Gut verdienende junge
Leute mit Kindern ziehen nach Brooklyn und
machen damit ein Viertel nach dem anderen
beliebter – und teurer. Als Gentrifizierung kennen Soziologen diesen Strukturwandel. Doch
biegt man um die Ecke, kann sich das Bild schon
wieder völlig ändern: Geschäfte verkaufen afrikanische Kleidung oder bieten, wie ein libanesi-
scher Markt, Gewürze an.

Ein kultureller Mix mit Schwerpunkten: Little
Odessa in Brighton Beach ist Heimat von Auswanderern aus der Ukraine und Russland. In

Nicht verpassen

BROOKLYN MUSEUM

Nach dem Metropolitan
Museum ist das Brooklyn
Museum das zweitgrößte Museum New Yorks. Der Bestand umfasst eine große Sammlung alt-
ägyptischer Meisterwerke und die
Arbeiten vieler Kulturen aus aller
Welt, insbesondere der chinesischen, koreanischen und der
nahöstlichen Kunst sowie europäische und amerikanische Arbeiten
berühmter Künstler aus dem 19.
und 20. Jahrhundert. Das riesige
Gebäude wurde 1885 im Stil des
Neoklassizismus entworfen, vor
einigen Jahren erhielt der Ein-
gangsbereich einen modernen
Glaspavillon-Anbau. Auf dem Vor-
platz installierte das kalifornische
Designbüro Wet zudem einen auf-
sehenerregenden Brunnen mit
einem »Wasserballett«.

Brooklyn Museum.
Mi, Fr–So 11–18, Do 11–2 Uhr,
200 Eastern Pkwy., Brooklyn,
NY 11238, Tel. 718 638 5000,
www.brooklynmuseum.org

Crown Heights und Flatbush hat sich die größte westindische Gemeinde außerhalb der Karibik angesiedelt. Orthodoxe und chassidische Juden prägen mit Kippa und Schläfenlocken das Straßenbild in Williamsburg. Als »7th hippest neighborhood in the world« wird Bushwick betitelt, bekannt für seine Kreativszene mit Ateliers, Galerien und bunten Graffitis.

Beliebter Treffpunkt der Brooklynites ist der Prospect Park, hier finden im Sommer Konzerte statt, eine Ruderpartie auf dem See ist einfach ein »must«. In der großen Parkanlage liegen auch der Botanische Garten und das Brooklyn Museum. Auf dem sonntäglichen Flohmarkt im Viertel DUMBO (Down Under Manhattan Bridge Overpass) werden von April bis Ende November Trödel und Kleidung angeboten. Hier, wo einst Brillo-Schwämme hergestellt wurden, haben sich Restaurants und Kneipen breitgemacht, wurden ehemalige Fabrikgebäude zu Wohnhäusern umgebaut.

Coney Island

Mit der Subway geht es nach Coney Island und zur Endstation Stillwell Avenue. Von dort sind es zu Fuß nur wenige Meter bis zur berühmten Strandpromenade. Coney Island beherbergte in seiner Vorkriegsblütezeit eine ganze Reihe von Vergnügungsparks – beliebt bei den hart arbeitenden New Yorkern, die an den Wochenenden der erstickenden Hitze Manhattans entflohen.

Nach dem Zweiten Weltkrieg versprühte Coney Island zunehmend den Charme des Verfalls und diente als Kulisse für eher morbide Kinofilme. Nach einer gründlichen Sanierung kommen Besucher wieder in Scharen. Doch die legendäre Thunderbolt-Achterbahn, verewigt in Woody Allens *Stadtneurotiker*, ist mittlerweile stillgelegt.

Oben: Jogger im lichtdurchfluteten Prospect Park
Mitte: Übung macht den Meister – auch bei diesem Hund mit Skateboard
Unten: Zeit für einen Schwatz auf dem Boardwalk von Coney Island

Infos und Adressen

SEHENSWÜRDIGKEITEN

New York Transit Museum. Es zeigt die Entwicklung der 100 Jahre alten Subway und des Bus- und Trolley-Systems der Stadt. Di–Fr 10–16, Sa, So 11–17 Uhr, Boerum Pl. & Schermerhorn St., Brooklyn, NY 11201, Tel. 718 694 1600, www.nytransitmuseum.org

ESSEN UND TRINKEN

Luksus. Daniel Burns 20-Plätze-Restaurant mit Michelinstern orientiert sich an Kopenhagens Noma – kein Wunder, dort hat er gearbeitet. 615 Manhattan Ave., Brooklyn, NY 11222, Tel. 718 389 6034, www.luksusnyc.com

Smorgasburg im East River State Park. Jedes Wochenende (April–Okt.) trifft sich hier das Who's who der Gastroszene Brooklyns. Dann duftet es auf dem Foodmarket nach Barbecue, indischem Curry und polnischen *Platski*. 90 Kent Ave., Brooklyn, NY 11211, www.smorgasburg.com

Superfine. Gastropub mit urigen Backsteinwänden und Bistrotischen. Zu essen gibt es amerikanische Klassiker in Bio-Qualität. Abends Livemusik und dazu den Sound der Subway auf der Manhattan Bridge. 126 Front St., Brooklyn, NY 11201, Tel. 718 243 9005, www.superfine.nyc

ÜBERNACHTEN

Urban Cowboy. Williamsburgs einziges B & B. Die Einrichtung ist rustikal, es gibt antike Öfen, eine Gemeinschaftsküche und eine hippe Klientel. 111 Powers St., Brooklyn, NY 11211, Tel. 347 840 0525, www.urbancowboybnb.com

Wythe Hotel. Unter dem Dach eines über 100 Jahre alten ehemaligen Fabrikgebäudes überzeugt das moderne Hotel mit Restaurant und Rooftop Bar – und mit grandiosem Blick auf Manhattans Skyline. 80 Wythe Ave., Brooklyn, NY 11249, Tel. 718 460 8001, www.wythehotel.com

AKTIVITÄTEN

Brooklyn Flea. Ein kunterbuntes Sammelsurium an Trödel und Flohmarktware unter der berühmten Brooklyn Bridge. So 10–17 Uhr, Dumbo, Manhattan Bridge Archway Plaza, Brooklyn, NY 11201, http://brooklynflea.com

Dyker Heights. Jedes Jahr erstrahlen rund um das Weihnachtsfest fast alle Häuser zwischen Brooklyns 11th und 13th Avenue und der 83. und 86. Straße im Glanz unzähliger Lichterketten. Dann verwandelt sich der Ortsteil Dyker Heights in »Dyker Lights«, ein illuminiertes Wettrüsten der Hausbesitzer, das rund 100 000 Besucher anzieht, am Wochenende nach Thanksgiving beginnt und am 1. Januar endet. Tgl. von Sonnenuntergang bis 21 Uhr.

Gute Laune beim Smorgasburg

27 Queens und Bronx
Vereinte Nationen

Hier liegt Costa Rica gleich neben dem Punjab, Weißrussland grenzt an Nigeria, und mitten in Griechenland serviert man böhmische Knödel: Queens ist der wahre »Melting Pot« Amerikas. Mindestens ebenso vielfältig – und unterschätzt – ist die Bronx. Nach Jahren des Verfalls und der Verwahrlosung findet der Bezirk langsam wieder zu sich.

Reihenweise Holzhäuschen, viel architektonisches Kuddelmuddel, Schlaglöcher im Asphalt. Glattgebügelt geht anders, aber gerade das macht den Charme von Queens aus. Früher bequemten sich die Leute aus Manhattan höchstens zum Baseballspiel der Mets herüber oder zum Tennismatch in Flushing Meadows. Oder waren auf dem Weg zu den Flughäfen LaGuardia und JFK. Heute kommt man zum Shoppen, Craft-Bier-Trinken oder zum Museumsbesuch – und mancher bleibt. Vor allem Künstler und junge Leute zieht es nach Queens, das schon als neues Brooklyn gefeiert wird.

Queens erfindet sich gerade neu: Aus der alten Papierfabrik wird ein Boutiquehotel, aus der heruntergekommenen Werkstatt ein Theater. Die einstige Schule P.S. 1 an der Jackson Avenue beherbergt den Ableger des MoMA für zeitgenössische Kunst. Und wo früher Brötchen gebacken wurden, werden in den Silvercup Studios heute Serien und Filme produziert. Das hat Tradition: In den Kaufman Astoria Studios hier drehten schon die Marx Brothers ihre ersten Filme.

In Long Island City, dem westlichsten Teil von Queens, schießen am Ufer des East River – in dem

Zigarettenpause in Astoria, dem griechischen Viertel von Queens

Blick von der Subway Station Queensboro Plaza

einst finsteren Gewerbegebiet – Hoch-
häuser mit Luxusapartments aus dem
Boden. Direkt am Wasser wurden zwei
Parks angelegt, Gantry Plaza und Hunter's
Point South. In sanft geschwungenen Liege-
stühlen genießt man hier den spektakulären Blick
auf Manhattans Skyline und auf die Queensboro
Bridge, der F. Scott Fitzgerald einst im *Großen
Gatsby* ein literarisches Denkmal setzte.

Auch Flushing und College Point boomen. Chi-
nesische Touristen, Geschäftsleute und Investoren
kommen in Scharen. Der Flughafen liegt vor der
Haustür, jeder Zweite spricht Chinesisch, und gekocht wird wie daheim. Jackson Heights hingegen
ist das Viertel der Lateinamerikaner und Südasia-
ten. Die U-Bahn Nummer 7 rattert als Hochbahn
an der Roosevelt Avenue entlang und führt durch
die Viertel mit kleinen Lokalen, unzähligen Friseu-
ren, Nagelstudios, vollgestopften Eisenwarenlä-
den – Familienbetriebe der Einwanderer.

An der 74. Straße liegt Little India, in Astoria wohnen die Griechen. Forest Hills, der noble jüdische
Stadtteil, glänzt mit prächtigen Villen im Tudorstil,
gleich nebenan in Rego Park wird vor allem Rus-
sisch gesprochen. Aber auch das ist wahr: Dass

Geheimtipp

RABE NIMMER-
MEHR

Nur wenige Stätten erin-
nern an Edgar Allan Poe,
den berühmten Autor von Werken
wie *Der Rabe* oder *Der Untergang
des Hauses Usher*. Das Edgar Allan
Poe Cottage in der Bronx ist eines
davon, hier verbrachte der Dichter
seine letzten Jahre. 1846 zog Poe
mit seiner Familie in das kleine
Holzhaus – doch das Glück zog
nicht mit ein. Der Gesundheits-
zustand seiner Gattin Virginia
Clemm verschlimmerte sich rapi-
de, 1847 starb sie mit nur 24 Jahren. Nach Virginias Tod bemühte
sich Poe um die Dichterin Sarah
Helen Whitman, verlobte sich aber
schließlich mit seiner Jugendliebe
Elmira Shelton, ehe er unter ungeklärten Umständen während
eines Besuchs in Baltimore starb.

Edgar Allan Poe Cottage. Do, Fr
10–15, Sa 10–16, So 13–17 Uhr,
3309 Bainbridge Ave., Bronx,
NY 10467, Tel. 718 881 8900,
www.bronxhistoricalsociety.org/
poe-cottage

145

man auf der Suche nach dem »authentischen New York« Gegenden wie Jamaica und Queensbridge noch immer meiden sollte.

Heimat des Hip-Hop

Einen noch schlechteren Ruf als Queens hatte lange die Bronx: Seit den 1960er-Jahren gehörten Schießereien, Prostitution und Drogen, besonders in der South Bronx, zum gefährlichen Alltag. Heute ist sie noch immer keine touristische Traumdestination, aber als Heimat des Hip-Hop ein Ort globaler Strahlkraft. Hügelig, grün und mit hohen Grundstückspreisen präsentiert sich die Bronx in Riverdale am Ufer des Hudson. Ein herrlicher Ort zum Spazierengehen und Relaxen ist neben dem Bronx Botanical Garden der Wave Hill Park. Gleich nebenan liegt ein Anwesen, das als Drehort für den Film *The Godfather (Der Pate)* diente.

Oben: Blühende Landschaften – Wohnidyll auf City Island
Mitte: Baseballspiel im Yankee Stadion
Unten: »Yo, what's up?« Rapper in der South Bronx

Die Gegend rund um das Yankee-Stadium, Heimat des legendären New Yorker Baseball-Teams, ist für ihre hispanischen Restaurants bekannt, während Little Italy mit mediterranen Köstlichkeiten aufwartet. Nicht verpassen sollte man den Bronx Zoo, den größten in einer Stadt gelegenen zoologischen Garten der USA. Ebenfalls sehenswert ist City Island, eine kleine Insel im Long Island Sound mit pastellfarbenen Holzhäusern und Möwengeschrei. Und plötzlich kommt in der verrufenen Bronx ein wenig Nantucket-Flair auf.

Infos und Adressen

SEHENSWÜRDIGKEITEN

Louis Armstrong House. Der Musiker war schon ein Weltstar, als er mit Ehefrau Lucille 1943 sein Haus im Arbeiterviertel Corona bezog, in dem er bis zu seinem Tod 1971 lebte. Di–Fr 10–17, Sa, So 12–17 Uhr, 34–56 107th St., Queens, NY 11368, Tel. 718 997 3670, www.louisarmstronghouse.org

Museum of the Moving Image. Wissenswertes zu Geschichte, Produktion und Technik von Film und Fernsehen. Mi–Do 10.30–17, Fr 10.30–20, Sa, So 10.30–18 Uhr, 36–01 35th Ave., Queens, NY 11106, Tel. 718 777 6800, www.movingimage.us

ESSEN UND TRINKEN

Taverna Kyclades. Calamari, Oktopus, Lammkoteletts und gegrillte Sardinen. 33–07 Ditmars Blvd., Queens, NY 11105, Tel. 718 545 8666, www.tavernakyclades.com

The Original Crab Shanty. Meeresfrüchte in vielen Varianten, serviert in urigem Ambiente. 361 City Island Ave., Bronx, NY 10464, Tel. 718 851 810, www.originalcrabshanty.com

ÜBERNACHTEN

Opera House Hotel. Das Opernhaus wurde zu einem Hotel mit eleganten und modern ausgestatteten Zimmern umgebaut. 436 E. 149th St, Bronx, NY 10455, Tel. 718 407 2800, www.operahousehotel.com

The Paper Factory Hotel. Geschmackvoll designtes Quartier in einer ehemaligen Papierfabrik. 37–06 36th St., Queens, NY 11101, Tel. 718 392 7200, www.paperfactoryhotel.com

AKTIVITÄTEN

Bronx Trolley. Am Wochenende und feiertags geht es mit den roten Trolley-Bussen im Hop-On-Hop-Off-Prinzip von elf Haltestellen kostenlos auf Sightseeing-Tour. www.bronxtrolley.com

Bronx Zoo. In dem 1899 eröffneten Tierpark tummeln sich auf rund 115 Hektar mehr als 4000 Tiere aus 600 verschiedenen Arten. Nov.–März tgl. 10–16.30, April–Okt. tgl. 10–17 Uhr, am Wochenende bis 17.30 Uhr, 2300 Southern Blvd., Bronx, NY 10460, https://bronxzoo.com

Bei gutem Wetter werden Pizza und Pasta auch draußen serviert

28 Long Island
Paradies mit Preisschild

Long Island ist das Sylt der New Yorker. Vor allem in den berühmten Hamptons mieten sich die Schönen und Reichen in den Sommermonaten ein. Oder besitzen gleich eine eigene mondäne Strandvilla. Trotz der Nähe zur City ist man auf der »langen Insel« schnell weg von Trubel und Lärm. Eine frische Brise sorgt auch an heißen Tagen für Abkühlung. Und die Strände gelten ohnehin als die besten der Welt.

Wenn man Queens – im Westen der 190 Kilometer langen Insel – erst einmal hinter sich gelassen hat, kommt noch ein gutes Dutzend Meilen industrieller Wüste, dann wird Long Island plötzlich richtig schön. Um 1910 ließen sich an der Nordküste des Eilandes – der Gold Coast von Sands Point bis Huntington Bay – viele vermögende New Yorker prächtige Landsitze bauen. Oheka Castle gehört dazu, mit 127 Zimmern zweitgrößtes Privathaus Amerikas und heute ein Hotel. Theodore Roosevelt lebte von 1885 bis 1919 in Sagamore Hill, das

Mitte: Gelbes Kajak am Quogue Village Beach auf Long Island
Unten: Erntefrische Angebote locken auf den Farmers' Market in Amagansett

GUT ZU WISSEN

PARVENÜS STATT UPPER CLASS
Lange Zeit sonnte sich die alte New Yorker Society in den Hamptons. Doch der explodierende Wohlstand von Spekulanten und Finanzlers hat das Idyll in den Augen vieler zum schrillen Spielplatz der Neureichen verkommen lassen. Als auch noch Mitglieder des berühmt-berüchtigten Kardashian-Clans in Southampton eine Boutique eröffneten, schien es manch einem endgültig an der Zeit, sich eine andere Sommerfrische zu suchen.

Jackson Pollocks *Stenographic Figure* (1942)

während seiner Amtszeit als 26. US-Präsident zum »Summer White House« avancierte. Stein für Stein aus Frankreich (Lothringen) importiert wurde 1928 das Château des Thon, heute gern gebucht als Kulisse für Modefotos oder als Filmlocation. Winfield Hall war das Herrenhaus von Winfield Woolworth, des Begründers der gleichnamigen Company, und das burgähnliche Hempstead House befand sich im Besitz des Industriellen Daniel Guggenheim. Mit seinem 1925 erschienenen Roman *Der große Gatsby* hat der Schriftsteller F. Scott Fitzgerald das Leben und Treiben der Gesellschaft jener Tage literarisch festgehalten.

Auf der Atlantikseite liegt Fire Island, eine 48 km lange Düne und Öko-Sommer-Paradies für New Yorker, die eher unter sich bleiben wollen. Hier findet man keine Autos, keine Shoppingmalls, keine Fast-Food-Filiale – man geht zu Fuß oder radelt. Im 17. und 18. Jahrhundert war es weniger idyllisch, damals machten Walfänger und Schiffsräuber Fire Island zu ihrer Heimatbasis, später verbargen Alkoholschmuggler ihre verbotene Ware hinter den Dünen. Ende des 19. Jahrhunderts entdeckte der Tourismus Fire Island als Sommerfrische, schon bald residierten Gäste wie der

Nicht verpassen

(FARB-)SPUREN EINER EHE

Sehenswert ist das Haus des Maler-Ehepaares Jackson Pollock (1912–1956) und Lee Krasner (1908–1984). Es liegt nordöstlich von East Hampton mit Blick auf den Three Mile Harbor. Der Fußboden des Ateliers ist über und über mit Farbklecksen bedeckt – dank der »Maltechnik« Pollocks, Leinwände auf den Boden zu legen und dann Farbe darauf zu schleudern. Bis zu ihrem Tod arbeitete Krasner in diesem Atelier, und ihre Technik wiederum war, an der Wand befestigte Leinwände großzügig mit Farbe zu bemalen, sodass jetzt, wo beide nebenan auf dem Friedhof liegen, ihre und seine Farbspuren in diesem Raum vereint sind. Das Anwesen selbst stammt von 1879.

Pollock-Krasner-House.
830 Springs Fireplace Rd.,
East Hampton, NY 11937,
Tel. 631 324 4929,
www.stonybrook.edu/pkhouse

149

Oben: Segelboote auf der Reeves Bay vor dem kleinen Ort Flanders
Mitte: Geschäfte am Montauk Harbor
Unten: Relaxen am Macon Beach in East Hampton

Schriftsteller Herman Melville *(Moby Dick)* in der ersten Herberge, dem Surf Hotel.

Eher neues Geld findet man in den Hamptons: Bridgehampton, Southampton, East Hampton und Amagansett, zauberhafte Kleinstädte am Atlantik, die in den letzten 30 Jahren Promi-Hotspots geworden sind. Das etwas bodenständigere Surferparadies Montauk gehört im weitesten Sinne ebenso dazu wie der elegante Jacht- und Fischereihafen Sag Harbor. Weil New York im Sommer oft unerträglich heiß ist, rettet sich, wer (es sich leisten) kann, in die Hamptons.

Angenehmes Gruseln

Im 19. Jahrhundert gab es auf Long Island vor allem Kartoffelfelder und Geflügelhöfe. Auch heute gibt es noch etliche alteingesessene Bauern, deren Familien am Straßenrand Obst, Gemüse und selbst gemachte Marmelade verkaufen. Nicht verpassen: Lobster essen mit Blick auf den Sonnenuntergang über dem Sund; an den Boutiquen in East Hampton und Southampton entlangflanieren und sich angenehm gruseln angesichts der Preisschilder; beim Immobilienmakler das Exposé eines Strandhauses für 45 Millionen Dollar studieren; durch die Lily Pond Lane in East Hampton fahren, wo hinter hohen Hecken Promis wie Steven Spielberg, Richard Gere und Jennifer Lopez wohnen. Wer es weniger mondän mag, sollte frühmorgens nach Ditch Plains fahren, an den schönsten Strand von Montauk, um dort bei der »Ditch Witch«, einem schnuckeligen Imbisswagen aus den 1950er-Jahren, einen Kaffee und eine warme *Cinnamon Roll* zu bestellen und den Surfern zuzuschauen. Oder wandern: Es gibt herrliche Trails im Shadmoor State Park, und am einsamen Montauk Point begegnet man das ganze Jahr über kaum einer Menschenseele.

Infos und Adressen

ESSEN UND TRINKEN

75 Main. Treffpunkt vieler Promis, die hier eine klassische Küche genießen und am Wochenende zu Livemusik abtanzen. 75 Main St., Southampton, NY 11968, Tel. 631 283 7575, www.75main.com

Castaway Bar & Grill. Angesagtes Restaurant auf Fire Island. Im Sommer hat die Küche für Nachtschwärmer bis 2 Uhr nachts geöffnet. 310 Cottage Walk, Ocean Beach, NY 11770, Tel. 651 583 0330, www.castawaybarandgrill.com

Dave's Gone Fishing. Uriges Bistro inmitten von Fischerbooten, Jachten und Austernfischern – und die Meeresfrüchte sind fangfrisch. 467 E. Lake Dr., Montauk, NY 11954, Tel. 631 668 9190, www.davesgonefishing.com

The View Grill. Beides ist großartig: Der Blick in die Speisekarte und der Blick auf den Long Island Sound. 11 Lattington Rd., Glen Clove, NY 11542, Tel. 516 200 9603, www.viewgrill.com

Tweeds Restaurant & Buffalo Bar. Der Kopf eines Buffalos, den Teddy Roosevelt geschossen haben soll, blickt von der Wand des Traditionslokals herab. 17 E. Main St., Riverhead, NY 11901, Tel. 631 237 8120, www.tweedsrestaurantriverhead.com

ÜBERNACHTEN

The American Hotel. Zauberhaftes Stadthotel in historischem Gebäude mit einem Steinway-Flügel in der Lobby. 45 Main St., Sag Harbor, NY 11963, Tel. 631 725 3535, www.theamericanhotel.com

Topping Rose House. Stilvoll: eine 200 Jahre alte Villa mit kühler, moderner Architektur kombiniert. 1 Bridgehampton-Sag Harbor Tpke., Bridgehampton, NY 11932, Tel. 631 537 0870, www.toppingrosehouse.com

Wavecrest Resort. Familienfreundliche Anlage am Strand, ohne Schnickschnack. 170 Old Montauk Hwy., Montauk, NY 11954, Tel. 631 668 2141, www.wavecrestonocean.com

Das elegante American Hotel wurde 1846 auf dem Höhepunkt der Walfang-Ära gebaut

Makellose weiße Kirchtürme in Massachusetts, die sich über Village Greens erheben und von hübschen Holzhäusern umgeben sind. Gepflegte rote Scheunen mit weißem Lattenzaun im Vordergrund und dem runden Maissilo im Hintergrund in Vermont. Pompöse Villen im Beaux Arts Style an Rhode Islands Küste. Himmelstürmende Wolkenkratzer in Manhattan: Im Nordosten der Vereinigten Staaten zeigt sich die Architekturgeschichte des Landes auf engem Raum.

Die frühen Bauherren und Architekten konnten aus dem Vollen schöpfen: Endlose Kiefernwälder versorgten das koloniale Amerika im Überfluss mit Holz als Baumaterial. Bis 1700 dominierten einfache Häuser mit steilen Dächern und kleinen Fenstern, die sogenannten Saltboxes. Ein schönes Beispiel dieses **Early Colonial Style** ist das Paul Revere House in Boston.

Beim **Dutch Colonial Style** wurde zunehmend Stein als Material eingesetzt. Dieser Stil etablierte sich ab 1630 mit der Ankunft holländischer Siedler in Nieuw Amsterdam und findet sich im Tal des Hudson River, auf Long Island und im nördlichen New Jersey. Mit zunehmendem Wohlstand erlaubte man sich größere Residenzen im **Georgian Style** mit repräsentativen Säulenvorbauten. In England ausgebildete Architekten bauten in Amerika nach, was sie in London gesehen hatten. Einflussreich für die Verbreitung des Stils war das 1759 erbaute

The Sherry-Netherland Hotel (Upper East Side)

Anwesen des wohlhabenden Händlers John Vassall in Cambridge, Massachusetts – es gilt als eines der meistkopierten der Kolonialarchitektur.

Neues Selbstbewusstsein

Nach dem Amerikanischen Unabhängigkeitskrieg drückte der **Federal Style** mit klarer Formensprache und leicht geneigten Dächern ein neues nationales Selbstbewusstsein aus. Der erste Baustil des noch jungen Landes spiegelte die Ideen der Gründungsväter wider, die den neuen Staat nach dem Vorbild der griechischen und römischen Republiken gestalten wollten.

Von 1825 bis 1860 setzte sich der **Greek Revival Style** auf breiter Front durch. Die mit ihren Giebeln und Säulen an griechische Tempel erinnernde Architektur beeinflusste das Bauen nicht nur in den Städten, sondern bis in die entlegensten Winkel auf dem Land. Mit dem Ausbruch des Amerikanischen Bürgerkrieges wurde sie durch das **Gothic**

Revival ersetzt, das die Formen mittelalterlicher gotischer Kirchen und Häuser nachempfand. Zu den augenfälligsten Beispielen dieses Stils gehören die Federal Hall in New York City und der Quincy Market in Boston. Parallel dazu erfreute sich der **Italianate Style** einiger Beliebtheit, der die italienischen Landhäuser der Renaissance als Vorbild hatte – und kurioserweise besonders gern als Stilvorlage für urbane Stadthäuser genommen wurde.

Der von 1880 bis 1910 populäre **Queen Anne Style** wird meist auch **Victorian Style** genannt und ist sozusagen das erste Produkt des amerikanischen Industriezeitalters. Dieser Stil kombinierte Merkmale aus mehreren stilistischen Traditionen, gern mit malerisch-pittoresken Elementen. Gegen Ende des 19. Jahrhunderts distanzierten sich an der Pariser École des Beaux-Arts ausgebildete Architekten von diesem Eklektizismus. Die stilistische Reinheit, die sie an europäischen Baustilen wie dem französischen Barock oder der italienischen Renaissance bewunderten, setzten sie vor allem an öffentlichen Repräsentativbauten und Häusern der Ostküstenelite um. Schöne Beispiele für diesen **Beaux Arts Style** sind die herrschaftlichen Sommersitze in Newport/Rhode Island – Schlösser aus Marmor und Granit mit monumentalen Säulenfassaden und überdimensionalen Fenstern.

Schindelbauten

Im Gegensatz zu den vorangegangenen Baustilen ist der im frühen 20. Jahrhundert beliebte **Shingle Style** nicht durch Dekorationen definiert: Hier gibt es nur wenig kunstvoll ausgearbeitete Details an Türen, Fenstern, Gesimsen und Veranden. Der Fokus der Ästhetik lag eher darin, die komplexen Formen und Bauteile sowie die unregelmäßige Kontur durch die glatte einheitliche Oberfläche der Holzschindeln-Verkleidung zu vereinen. Zum ersten Mal in der Baugeschichte war dies ein vollkommen einzigartig amerikanischer Baustil, der vor allem in den Neuengland-Staaten entlang der Küste beliebt war.

Kirche im amerikanischen Neoklassizismus-Stil

Erkannt? Dachabschnitt des Chrysler Buildings in Midtown Manhattan, im Stil des Art déco erbaut

Die eigentliche Moderne der amerikanischen Architektur begann in den 1920er-Jahren mit dem **Art Deco Style** und später mit der mehr stromlinienförmigen **Art Moderne** der 1930er-Jahre. Nun schossen in New York City Wolkenkratzer aus dem Boden, die zum typischen Merkmal der amerikanischen Großstadt wurden. Voraussetzungen für die Errichtung solcher Hochhäuser waren technische Neuerungen wie die Verwendung von Stahl und Beton, die Stahlskelettbauweise sowie die Erfindung des Personenaufzugs durch Elisha Otis. Noch heute sind das Chrysler Building und natürlich das Empire State Building steingewordene Monumente einer zukunftsgerichteten, optimistischen Weltsicht am Ende der Great Depression.

In den späten 1940er- sowie den 1950er-Jahren hatte der **International Style** seine größte Blütezeit. Bekanntes

Beispiel für diese minimalistische und funktionale Bauweise ist das UN-Gebäude in New York. Ab den 1960er-Jahren wurde dieser Baustil zunehmend als zu monoton und brachial kritisiert, blieb aber bis in die heutige Zeit präsent. Die Wolkenkratzer erreichten derweil immer neue Höhen und zeigten zugleich eine neue Vielfalt an Farben und dekorativen Motiven. Zum Sinnbild einer **postmodernen Architektur** wurde das AT & T Building in New York City, das seine Höhe mit einem Giebel nach Art einer Chippendale-Standuhr abschließt.

In den letzten Jahren entstanden auch im Nordosten der USA im Zuge des **New Urbanism** zahlreiche Projekte, die der ungehemmten Zersiedelung das Prinzip einer urban bebauten Stadt mit kurzen Wegen, intensiver Nachbarschaft und Anreizen zu gesundem Leben entgegensetzen.

29 Autotour Südliches Hudson Valley
Kunst und Drill am Fluss

Das Hudson River Valley erstreckt sich von Manhattan im Süden bis nach Albany, Hauptstadt des Bundesstaates New York im Norden. An beiden Ufern des Flusses liegen reizende Dörfer, dazwischen Weingüter und weites Farmland, auf dem Obst und Gemüse angebaut wird. Amerikas erste Kunstbewegung, die Hudson River School, hatte nicht ohne Grund ihren Ursprung in diesem pittoresken Flusstal.

Im frühen 19. Jahrhundert gewann das Tal des Hudson River den Ruf einer düsteren, von Nachfahren niederländischer Kolonisten bevölkerten Gegend. Dazu hatte der amerikanische Schriftsteller Washington Irving mit schaurigen Erzählungen wie *The Legend of Sleepy Hollow* wesentlich beigetragen. Dann kamen die an der Deutschen Romantik orientierten Maler der Hudson River School und fanden Mitte des 19. Jahrhunderts in der dramatischen Landschaft, die europäische Besucher ans Rheintal erinnert, ihre Lieblingsmotive.

Heute können sich Outdoor-Begeisterte hier austoben, in den wärmeren Monaten bei Kajaktouren, Klettern, Wandern, Schwimmen, Bootstouren, Golf und Paddleboarding, im Winter mit Ski- und Snowboardfahrten sowie Wanderungen durch das schneebedeckte Tal.

Die Tour beginnt mit der Fahrt über die

Ⓐ **George Washington Bridge.** Mit 14 Fahrspuren ist sie die meist befahrene Brücke der Welt. Bei ihrer Eröffnung im Jahr 1931 besaß sie die welt-

Mitte: Blick von der Hudson River Walkway Bridge bei Poughkeepsie …
Unten: … und reges Gedränge auf derselben Brücke an einem sonnigen Herbsttag
Rechts: Die George Washington Bridge überspannt den Hudson

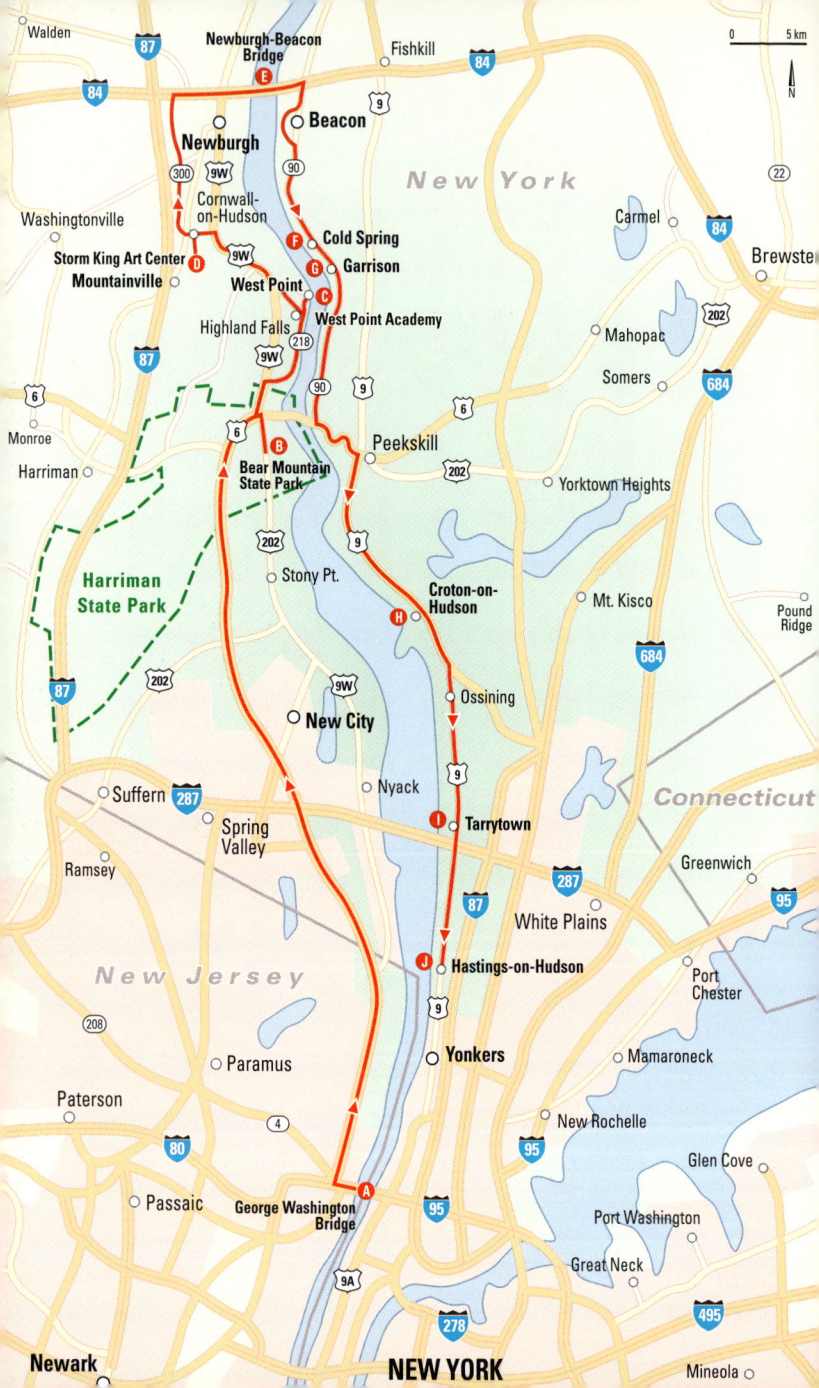

Südliches Hudson Valley

weit größte Spannweite. Über den Palisades Interstate Parkway geht die Fahrt nordwärts zum

Ⓑ Bear Mountain State Park. An klaren Tagen reicht der Blick vom Gipfel des Bear Mountain bis Manhattan. Der Naturschutzpark wurde 1913 eröffnet und lockt mit Wander- und Skiwegen – und im Herbst mit einem zünftigen Oktoberfest. Weiter im Norden erreicht man

Ⓒ West Point, bekannt für seine ehemals berüchtigte Militärakademie, die heute als eine der renommiertesten US-Hochschulen gilt. Geführte Touren (nicht-amerikanische Besucher benötigen einen Reisepass) geben Eindrücke von der Geschichte und dem militärischen Drill. Über die Rte. 9W (alternativ: die dramatischere Rte. 218, den Storm King Highway) erreicht man

Ⓓ Mountainville. Der Ort beeindruckt mit seinem Storm King Art Center, einem Skulpturenpark im Übergrößenformat, gegründet vom New Yorker Unternehmer Ralph E. Ogden im Jahr 1960. Zu sehen sind Werke von Richard Serra, Mark Di Suvero, Alexander Liberman, Andy Goldsworthy und Alexander Calder. Auf die Ostseite des Hudson geht die Fahrt über die

Ⓔ Newburgh-Beacon Bridge. Die beiden nebeneinander liegenden Trägerbrücken verbinden die Städte Newburgh und Beacon. Moderne Kunst satt gibt's im Dia:Beacon Museum mit Werken von Joseph Beuys, Richard Serra, Donald Judd. Entlang der Rte. 90 gelangt man bald nach

Ⓕ Cold Spring. Touristisches Highlight ist das herrliche Anwesen Boscobel, erbaut Anfang des 19. Jahrhunderts im Federal Style und jedes Jahr Schauplatz des renommierten »Hudson Valley Shakespeare Festival«.

Oben: Hände ans Lenkrad! Straße im Bear Mountain State Park
Unten: Zentrum des hübschen 2000-Einwohner-Örtchens Cold Springs

159

G Garrison. Ein bemerkenswertes Stück Architektur aus einer anderen Epoche findet man hier mit Manitoga, dem 1960 errichteten Haus des Industriedesigners Russel Wright (1904–1976). Das Hauptgebäude aus Glas, Stein, Holz und begrüntem Dach, am Rand eines verlassenen Steinbruchs errichtet, scheint völlig mit der Umgebung zu verschmelzen. Zunächst als Wochenendhaus konzipiert, wurde es zum Hauptwohnsitz Wrights und beherbergt heute ein Museum. Weiter geht es über die Rte. 9 Richtung Süden nach

H Croton-on-Hudson. Im Croton Gorge Park, am Fuß der gewaltigen Staumauer der New-Croton-Talsperre, findet man hübsche Plätzchen für ein Picknick. Nach kurzer Fahrt erreicht man

I Tarrytown. Der Ort ist der Originalschauplatz von Washington Irvings Erzählungen *Rip Van Winkle* und *The Legend of Sleepy Hollow*. Der Autor (1783–1859) baute ein kleines Bauernhaus an der West Sunnyside Lane zu einem romantischen Wohnsitz um. Lohnenswert ist auch ein Besuch des prachtvollen Kykuit-Estate, ehemaliges Anwesen von John D. Rockefeller mit exquisiter Kunstsammlung. Die Fahrt endet in

J Hastings-on-Hudson. Ein Ort mit auffallend hoher Dichte an Yogastudios und *Farm-to-table*-Restaurants. »Hipsturbia« nannte die *New York Times* jene Gemeinden entlang des Hudson, in denen sich immer mehr Musiker, Schriftsteller und Künstler niederlassen, um den absurd teuren Mieten Manhattans oder Brooklyns zu entkommen. Auf den Friedhöfen von Hastings-on-Hudson ruhen zahlreiche Prominente wie der Maler Lyonel Feininger (1871–1956, Mount Hope Cemetery), der Regisseur Max Reinhardt (1873–1943) und der Komponist George Gershwin (1898–1937, beide auf dem Westchester Hills Cemetery).

Oben: Das ehemalige Wohnhaus Russel Wrights, das seine Tochter »Dragon Rock« nannte
Mitte: Die mächtige Sperrmauer staut seit 1906 das Wasser des Croton River
Unten: Kykuit in Sleepy Hollow, das Anwesen der Rockefellers

Infos und Adressen

SEHENSWÜRDIGKEITEN

Dia:Beacon Museum. Nov.–März Do–Mo 11–16 Uhr, 3 Beekman St., Beacon, 12508 N.Y., www.diaart.org

Kykuit. The Rockefeller Estate. Führungen Frühjahr–Herbst tgl. außer Di (s. Website), 381 North Broadway, Sleepy Hollow, NY 10591, www.hudsonvalley.org/historic-sites/kykuit

Manitoga. Führungen Juni–Mitte Nov. Fr–Mo 11 und 13.30 Uhr, 584 NY-9D, Garrison, NY 10524, Tel. 845 424 3812, www.visitmanitoga.org

Storm King Art Center. Mi–So 10–16.30 Uhr, 1 Museum Rd., New Windsor, NY 12553, Tel. 845 534 311, www.stormking.org

ESSEN UND TRINKEN

Blue Hill at Stone Barns. Gäste können zwischen drei Gourmet-Menüs wählen oder entscheiden sich für das *Farmer's Feast Menü*. 630 Bedford Rd., Pocantico Hills, NY 10591, Tel. 914 366 9600, www.bluehillfarm.com

Crabtree's Kittle House. Kreative, französisch orientierte Kochkunst in weißer Kolonialstil-Villa inmitten eines parkähnlichen Gartens. 11 Kittle Rd., Chappaqua, NY 10514, Tel. 914 666 8044, www.kittlehouse.com

Horsefeathers. Großartige Burger, leckerer Brunch und mehr als 100 Biersorten aus aller Welt. 94 N. Broadway, Tarrytown, NY 10591, Tel. 914 631 6606, www.horsefeathersny.com

ÜBERNACHTEN

Hudson House River Inn. Schon 1832 stiegen hier Dampfschiff-Passagiere ab, heute genießen Hotelgäste die Lage direkt am Fluss. 2 Main St., Cold Spring, NY 10516, Tel. 845 265 9355, www.hudsonhouseinn.com

The Roundhouse at Beacon Falls. Elegantes Boutiquehotel. Hinter alten Ziegelsteinmauern mit hübschem Blick auf den Wasserfall versteckt sich moderner Komfort. 2 E. Main St., Beacon, NY 12508, Tel. 845 765 8369, www.roundhousebeacon.com

Chromglänzendes Sammlerstück: Polizeiauto a.D. am Straßenrand in Cold Spring Harbor

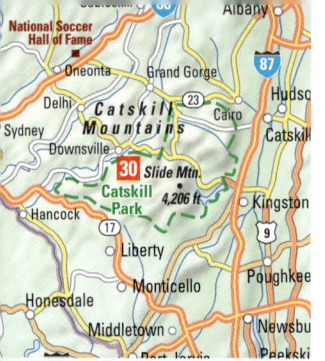

30 Catskill Mountains
Katzensprung zum Katerbach

Keine Sorge: Hier werden keine Katzen ins Jenseits befördert oder mörderische Miezen gehalten. Die Catskills verdanken ihren Namen niederländischen Einwanderern, die das Mittelgebirge nach einem Flüsschen benannten, dem Kaatskill – »Katerbach«. Später versuchten englische Siedler, die Gegend in Blue Mountains umzubenennen. Erfolg hatten sie damit nicht.

Eigentlich interessierte sich lange Zeit kaum jemand für den Gebirgszug mit seinen grünen Mischwäldern, aus denen einige Gipfel herauslugen, wenige von ihnen höher als 1000 Meter. Es bedurfte eines Schriftstellers und der boomenden Dampfschifffahrt auf dem Hudson, um den New Yorkern ab Mitte des 19. Jahrhunderts die Catskills näherzubringen. Oder besser gesagt, großstadtmüde Ausflügler in die nahe gelegenen Berge, in die der Schriftsteller Washington Irving die wunderliche Handlung seiner Erzählung *Rip van Winkle* (1819) eingebettet hatte. Die Geschichte des Bauern, der als Untertan des englischen Königs in einen Zauberschlaf fällt und 20 Jahre später als Bürger der Vereinigten Staaten wieder aufwacht, begeisterte ihre Leser, zählt heute zur amerikanischen Folklore – und machte die Catskills zu einer reizvollen Region, die erkundet werden wollte.

Ein kreativer Landstrich

Bald entdeckten Künstler die waldreichen Berge. Maler der Hudson River School wie Thomas Cole, Sanford Robinson Gifford und Asher Brown Durand fanden in der Landschaft der Catskills ihre Motive; Schriftsteller wie Jean Craighead George,

Mitte: Endlich Verschnaufpause! Ruhebank am Ende des Shaverton Trail bei Andes
Unten: Kleine Farm in der Nähe von Stamford (New York)

Catskill Mountains

John Gardner und H.P. Lovecraft die Schauplätze
ihrer Erzählungen. Und auf den kleinen Bühnen
der Hotels des sogenannten Borscht Belt, den
zahlreichen Feriensiedlungen jüdischer New Yorker in den Catskill Mountains begannen in den
1960er-Jahren die Karrieren bekannter Komiker
wie Mel Brooks, Danny Kaye und Woody Allen.
Heute werden die Catskills vor allem von Wanderern, Mountainbikern und im Winter von Skisport-
lern besucht. Von New York aus ist es mit dem
Auto nur ein Katzensprung, schnell liegt die Hektik
der Mega-Metropole hinter und die Bergwelt im
Norden mit ihren zahlreichen Stauseen vor dem
Ausflügler. Mit 1277 Metern ist der Slide Mountain die höchste Erhebung, doch den besten Rund-
umblick gibt es – nomen est omen – am Overlook
Mountain. Den erreicht man über den Wanderweg Overlook Mountain Trail, der gegenüber eines
großen buddhistischen Tempels beginnt; etwas
nördlich des kleinen Städtchens Woodstock.

Moment, Woodstock? Ja, auch den berühmten
Ort, der der Mutter aller Open-Air-Festivals den
Namen gab, findet man in den Catskills. Um dann
bei einem Besuch festzustellen, dass die Bezeichnung täuscht. Denn nicht im ursprünglich als
Festivalort vorgesehenen Woodstock traten im
August 1969 drei Tage lang Bands und Sollsten
vor mehr als 400 000 Besuchern auf, sondern im
70 Kilometer entfernten Bethel. In Woodstock
hatten aufgebrachte Bürger gegen den Ansturm
von Musik liebenden Hippies opponiert – das Festival wurde auf den Acker des Milchbauern Max
Yasgur in Bethel verlegt, auf dem es in einer Mischung aus Chaos, Begeisterung und Love & Peace
im Regenmatsch endete – und Musikgeschichte
schrieb. Heute befindet sich hier das Bethel Woods
Center for the Arts, ein Kunstzentrum mit Veran-
staltungsräumen, einem Woodstock-Museum und
sogar einem Gedenkstein.

Infos und Adressen

ESSEN UND TRINKEN

Peekamoose. Frisches aus
den lokalen Gewässern oder
von benachbarten Farmen –
hier kann der Genießer beim
Bestellen nichts falsch machen.
8373 State Rte. 28, Big Indian,
NY 12410, Tel. 845 254 6500,
www.peekamooserestaurant.com

The Red Onion. Küchenchef
Kevin Katz bietet im historischen
Ambiente eines alten Farmhauses
eine exquisite Küche mit Fleisch,
Fisch und Vegetarischem an.
1654 Rte. 212, Saugerties,
NY 12477, Tel. 845 679 1223,
www.redonionrestaurant.com

The Reservoir Inn. Freundliches, uriges Restaurant mit rus-
tikaler, schmackhafter Küche.
157 Basin Rd., West Hurley,
NY 12491, Tel. 845 331 6800,
www.reservoir-inn.com

ÜBERNACHTEN

Catskill Mountains Resort.
Niveauvolle und gepflegte
Ferienanlage mit großem Pool.
Ausgangspunkt für zahlreiche
Outdoor-Aktivitäten
211 Mail Rd., Barryville,
NY 12719, Tel. 845 456 0195,
www.catskillmountainsresort.com

Margaretville Mountain Inn.
Mitten im Grünen liegt das
stilvolle viktorianische B & B,
in dem die Zeit zurückgedreht
zu sein scheint.
1478 Margaretville Moun-
tain Rd., Margaretville,
NY 12455, Tel. 845 586 3933,
www.margaretvilleinn.com

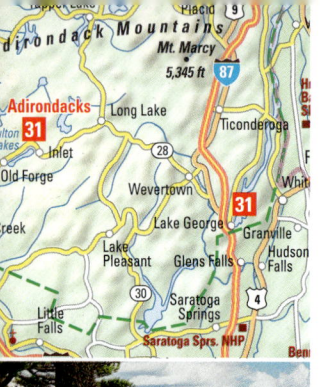

31 Autotour Adirondacks
Wie Lederstrumpf am Lagerfeuer

Wilde Bären und einsame Wanderwege: Der Adirondack Park, einer der größten Naturparks der USA, bietet alles, was Fans von Abenteuern à la Lederstrumpf suchen. In der zweiten Hälfte des 19. Jahrhunderts war diese Region eine beliebte Sommerfrische reicher New Yorker und Bewohner Albanys. Aber noch heute kann man sich hier – meilenweit von jeglicher Zivilisation entfernt – im Wald verirren.

Der Gebirgszug der Adirondack Mountains ist einen halben Autotag vom rastlosen Leben in New York City entfernt. Benannt wurde er nach den Algonquins, einem Stamm, der heute zu den indianischen Völkern Kanadas gezählt wird. Und tatsächlich fühlt man sich geradewegs in Bücher wie *Lederstrumpf* oder *Der letzte Mohikaner* versetzt, wenn man abends nach einer Wanderung den Tag am Lagerfeuer ausklingen lässt. Und wenn es dann noch im Unterholz knackt ... Nun, die Chancen, hier einem Bären zu begegnen, sind vor allem im Berggebiet der High Peaks nahe Lake Placid relativ groß. Bis zu 6000 Schwarzbären leben im Adirondack Park.

Bunte Laubpracht

Den Reiz des dicht bewaldeten Berg- und Seengebirges, das heute als New York Forest Preserve unter Schutz steht, hatten schon die Rockefellers entdeckt. Sie bauten am Saranac Lake, einem der vielen kristallklaren Seen des Naturparks, ein Luxus-Landhaus und genossen dort vor allem den Herbst mit seiner bunten Blätterpracht.

Mitte: Vom Prospect Mountain reicht der Blick weit über Lake George hinaus
Unten: Hier gibt's Informationen und ein freundliches »Willkommen«

Landstraße am Saranac See in den Adirondacks

Die Fahrt durch die Adirondack Mountains beginnt am

A Prospect Mountain, am Südende des Lake George. Mit einer Höhe von 618 Metern bietet der Berg atemberaubende Ausblicke über See und Landschaft. Besonders angenehm für Reisende, die weniger »gut zu Fuß« sind: Man kann den Prospect Mountain mit dem Auto über den Veteran's Memorial Highway (Abzweig von Rte. 9 in Lake George) erreichen. Weiter geht es über die Rte. 9A nach

B Bolton Landing. Hübscher Ort mit Souvenirläden, Restaurants und einem umtriebigen Jachthafen an einem Seitenarm des Lake George. Der berühmte Bildhauer David Smith (1906–1965), in den 1950er-Jahren mit einer Einzelausstellung im New Yorker MoMA geehrt und mehrfach auf der Kasseler *Documenta* vertreten, hatte hier sein Atelier, in dem auch der Maler Willem DeKooning häufig weilte.

C Fort Ticonderoga. Die Befestigungsanlage des 18. Jahrhunderts, an einer strategisch wichtigen Engstelle zwischen Lake Champlain und Lake George gelegen, war Schauplatz mehrerer

Geheimtipp

»HIRO KONE, ICH HABE GESPROCHEN«

Die Irokesen waren ein Völkerbund aus fünf, später sechs sprachlich und kulturell verwandten indigenen Völkern im Gebiet der Großen Seen. Der Begriff Irokesen wird vermutlich von »hiro kone« (»ich habe gesagt«) abgeleitet, ein Ausdruck, mit dem sie ihre Reden beendeten. Sie verband eine innige Feindschaft mit den Algonquin, die mit den Franzosen verbündet waren. Heute leben die meisten der 75 000 Irokesen im Bundesstaat New York und im kanadischen Ontario. Noch im Zweiten Weltkrieg sahen sie sich als eigenes Volk, das dem Dritten Reich eine eigene Kriegserklärung übersandte. Im Museum in den nördlichen Adirondacks lernt man alles über die Geschichte der Irokesen.

Six Nations Indian Museum. Juli–Aug. Di–So 10–17 Uhr, 1466 County Rte. 60, Onchiota, NY 12989, www.sixnations indianmuseum.com

Schlachten und Belagerungen. Über die Rte. 74 geht es zum friedlicheren

🄓 Paradox Lake, der im Winter gern zum Eisangeln genutzt wird. Angler ziehen dann Regenbogenforellen, Schwarzbarsche und Hechte aus dem Wasser. Entlang der Rte. 9 erreicht man das Gebiet der

🄔 High Peaks mit einer Vielzahl malerischer Wanderwege rund um die Gipfel Algonquin Peak (1559 m) und Mount Marcy (1629 m). Wer hier hinaufwill, sollte gut in Form sein.

🄕 Lake Placid, benannt nach dem gleichnamigen See im Herzen des Ortes, war 1932 und 1980 Austragungsort der Olympischen Winterspiele. Die charmanten Hauptstraßen mit ihren Geschäften, Restaurants und Luxusunterkünften bieten den perfekten Kontrapunkt zur ungezähmten Natur der Region. Über die Rte. 86 lohnt ein Abstecher zum

🄖 Whiteface Mountain (1466 m), an dem sich die Pisten für die alpinen Skiwettbewerbe der Olym-

Oben: Der Snowy Whiteflake Mountain spiegelt sich im Wasser der Paradox Bay
Unten: Aushängeschild eines Lokals in Lake Placid

pischen Winterspiele von 1980 befanden. Mit einer Höhendifferenz von ca. 1000 Metern liegen hier die längsten Abfahrten auf dem amerikanischen Kontinent östlich der Rocky Mountains.

⓭ Saranac Lake, ein malerischer See mit schönen Anwesen direkt am Wasser. Der gleichnamige Ort präsentiert sich herausgeputzt, mit historischen Gebäuden, hübschen Galerien und einem Kinderkarussell am See – Bilderbuch-Amerika aus einer anderswo längst vergangenen Zeit. Über die Rte. 3 und Rte. 30 fährt man weiter zum

⓮ Tupper Lake. Das hiesige Wild Center bietet interaktive Ausstellungen, schöne Naturpfade, einen Boardwalk in Baumhöhe und einen Streichelzoo – Hommage an die vielfältige Natur der umliegenden Adirondacks.

⓯ Long Lake. Der Ruf des Seetauchers – inoffizieller Wappenvogel der Adirondacks – tönt über den See, in den dichten Wäldern rundherum begegnen einem Elche, Bären und Hirsche: Wildnis pur!

⓰ Blue Mountain Lake. Am Ufer des malerischen Sees – für viele der schönste weit und breit – liegt das Adirondack Lakes Center for the Arts, ein ambitioniertes Kunst- und Kulturzentrum mit Galerien, Musik-, Theater- und Tanzaufführungen, Workshops und Vorlesungen zur Ökologie des Gebirges. Vorbei via Rte. 28 am pittoresken Raquette Lake und am Limekiln Lake endet die Fahrt an den

⓱ Fulton Chain Lakes, einer Kette von acht stillen Stauseen des Moose River, auf und in denen gefischt, gebadet, gerafted und gepaddelt werden darf. Und wer dann noch nicht genug hat: Über den Adirondack Canal können Freizeitkapitäne von hier aus hinunter zum Hudson oder hinauf nach Montreal schippern.

Oben: Whiteface Mountain Ski Area: 1932 und 1980 Gastgeber der Olympischen Winterspiele
Mitte: Bis ans Ufer der Seen reichen die Wälder der Adirondacks
Unten: Briefmarken und Hustensaft unter einem Dach: Post-Apotheke in Saranac Lake

Infos und Adressen

SEHENSWÜRDIGKEITEN

John Brown Farm State Historic Site.
Wohnsitz und Grabstätte John Browns, militanter Gegner der Sklaverei und Vorbild für das Kampflied *John Brown's Body*. 115 John Brown Rd., Lake Placid, NY 12946

ESSEN UND TRINKEN

Beyond the Sea. Steak und Meeresfrüchte – auf dieses bewährte Duo setzt das ebenfalls bewährte Restaurant. 4957 Lake Shore Dr., Bolton Landing, NY 12814, Tel. 518 240 6341, www.dinebeyondthesea.com

Salt of the Earth Bistro. Ambitionierte moderne Küche mit Fantasie. 5956 Sentinel Rd., Lake Placid, NY 12946, Tel. 518 523 5956, www.saltoftheearthbistro.com

The Hungry Trout. Urgemütliches Lokal in der Nähe des Whiteface Mountain Ski Center. 5239 Rte. 86, Wilmington, NY 12997, Tel. 518 946 2217, www.hungrytrout.com

ÜBERNACHTEN

Sagamore Resort. Auf einer Privatinsel gelegen, ist das Hotel seit 1882 Inbegriff nobler Eleganz. Zimmer im historischen Haupthaus sowie Lodge Rooms und Condos in modernen Nebengebäuden. 110 Sagamore Rd., Bolton Landing, NY 12814, Tel. 518 644 9400, www.thesagamore.com

Spruce Lodge. Freundliches B & B in mehreren, teils historischen Gebäuden. Ideal für Paare und Familien, das Sagen haben hier drei selbstbewusste Hauskatzen. 6034 Sentinel Rd., Lake Placid, NY 12946, Tel. 518 523 9350, www.sprucelodgebnb.com

The Hedges. Rustikales Camp am See, 1880 als Zufluchtsort für Zivilisationsmüde gegründet, mit Sportangeboten und viel Natur. Hedges Rd., Blue Mountain Lake, NY 12812, Tel. 518 352 7352, www.thehedges.com

Die Veranda des exklusiven Sagamore Resort in Bolton Landing lädt zum Entspannen ein

32 Autotour Great Lakes Seaway Trail
Von Walen und Salatdressings ...

Der Great Lakes Seaway Trail ist eine der längsten und landschaftlich schönsten Straßen der USA. Er führt mehr als 518 Meilen entlang des Sankt-Lorenz-Stromes und bleibt die meiste Zeit an der Südküste von Lake Erie und Lake Ontario in den Bundesstaaten New York und Pennsylvania. Und ist als eine der ersten Routen mit der Bezeichnung »National Scenic Byway« der Granddaddy unter Amerikas Panoramastraßen.

Interpretationsbedürftig: Hinweis auf eine der schönsten Straßen des Landes – oder die Warnung, nicht in eine Säge zu treten ...?

Ein Gewässer von immensen Dimensionen: Mit 1200 Kilometern gilt der Saint-Lorenz-Strom als drittlängster Fluss auf dem nordamerikanischen Kontinent und als eine der verkehrsreichsten Binnenwasserstraßen der Welt. Es dürfte auch nicht viele Flüsse auf der Welt geben, in denen sich Wale tummeln. Und Karpfen, Heringe, Forellen, Saiblinge, Hechte, Stinte und Barsche in Hülle und Fülle dazu. Durch den arktischen Einfluss ist er drei Monate im Jahr zugefroren, dient aber im Sommer als Wärmespeicher, sodass er im Gebiet um die Niagarafälle sogar Weinanbau ermöglicht.

Die Fahrt entlang eines zentralen Abschnitts des Great Lakes Seaway Trail beginnt an der nach US-Präsident Eisenhower benannten Schleuse.

🔴 **Dwight D. Eisenhower Lock,** eine von sieben Schleusen, die es sogar Hochseeschiffen ermöglicht, über den Sankt-Lorenz-Strom vom Atlantischen Ozean bis zu 3700 Kilometer in das Innere

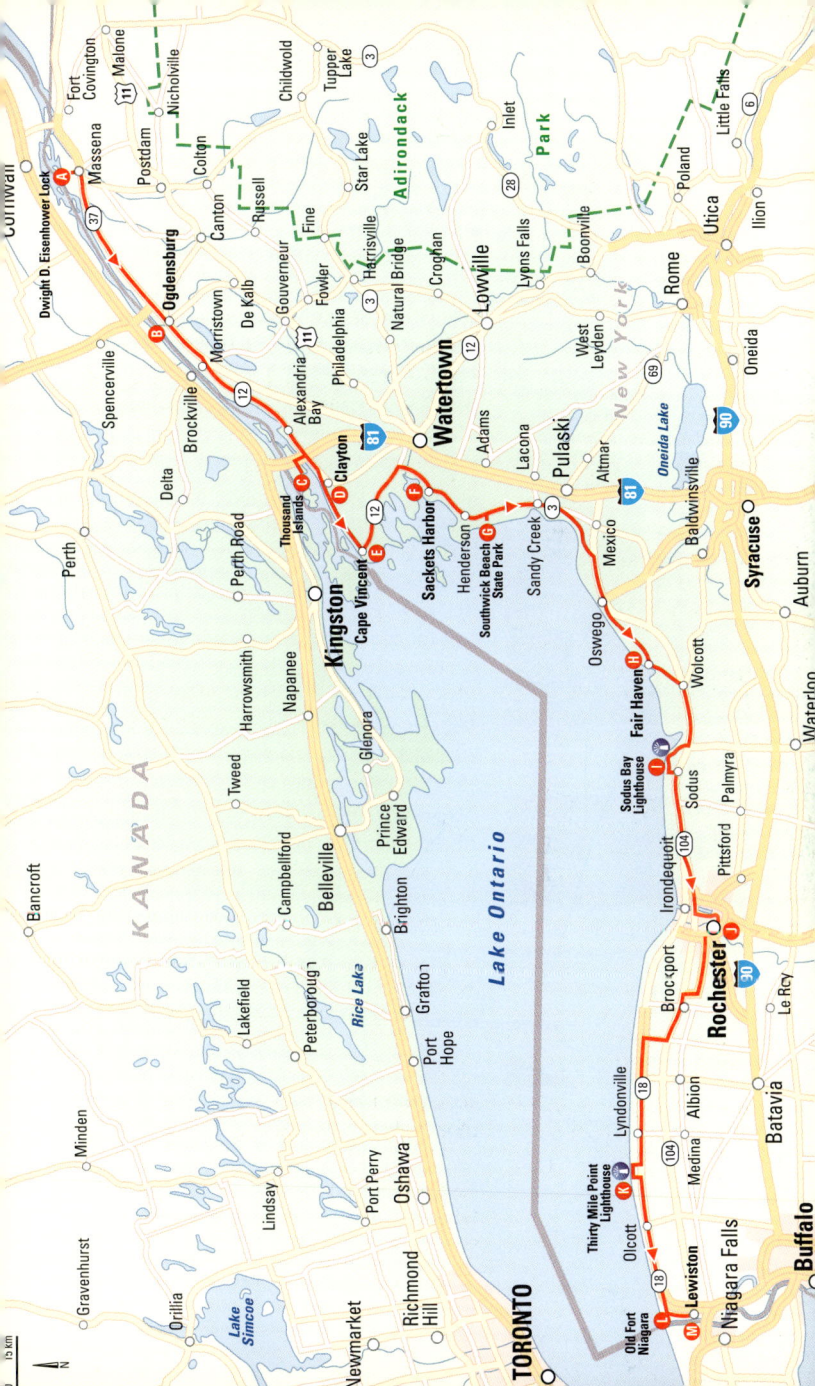

Nordamerikas zu fahren und dabei einen Höhen-unterschied von 184 Metern zu überwinden.

⑧ Ogdensburg. Der einzige US-amerikanische Hafen am Sankt-Lorenz-Strom. Sehenswert: das Frederic Remington Art Museum, die größte Ge-mälde- und Skulpturen-Sammlung des Künstlers (1861–1909), der hier seine Kindheit verbrachte.

⑨ Thousand Islands. Mehr als 1500 Inseln, zum Teil unbewohnt, zum Teil mit prächtigen Häusern einer früheren viktorianischen Hautevolee. Darun-ter auch das Boldt Castle, das 1894 von dem Hote-lier und gebürtigen Deutschen George C. Boldt (1851–1916) im Stil einer mittelalterlichen Burg erbaut wurde. Bei einer Bootstour erfährt man viel über die Region und vielleicht auch das Re-zept für das bekannte Thousand Islands Dressing, das hier erstmals gemixt wurde.

⑩ Clayton. Der Ort ist die Heimat des Antique Boat Museum, Nordamerikas erstem Museum für Süßwasser-Boote mit mehr als 300 einzigartigen Exponaten und Tausenden von Zubehörteilen. Zu den Aktivitäten des Museums gehören Speed-boot-Fahrten, Shows und alles Wissenswerte für große und kleine Skipper.

⑪ Cape Vincent. Highlight des Ferienortes ist das schmucke Tibbetts Point Lighthouse. Der 1827 erbaute Leuchtturm arbeitet noch mit der origina-len Fresnel-Linse aus der Zeit seiner Entstehung.

⑫ Sackets Harbor. Heute lebt der Ort, der früher Flottenbasis der U.S.-Navy war, vom Tourismus und seinem zur Marina umgebauten Militärhafen.

Oben: Thousand Islands – 1864 kleine Erhebungen im Ontariosee und Sankt-Lorenz-Strom
Mitte: Boldt Castle auf Heart Island: das Traumschloss eines reich gewordenen Einwanderers
Unten: Amerikanische Geschich-te des 18. Jh. im Old Fort Niagara

⑬ Southwick Beach State Park. Wer im Som-mer Abkühlung sucht, ist in diesem Naturpark mit seinem feinsandigen Strand richtig.

Great Lakes Seaway Trail

ⓗ Fair Haven. Wie aus dem Urlaubs-Bilderbuch präsentiert sich der hübsche Ort mit charmanten Inns, hübschen Sträßchen und einem schönen Strand im State Park.

ⓘ Sodus Bay Lighthouse. Seit 1871 weist der Leuchtturm den Schiffen auf dem Ontariosee den Weg und erinnert heute als Maritime Museum daran, wie wichtig Leuchtturmwärter vor Einführung der Satellitennavigation waren.

ⓙ Rochester. Einst »Boomtown« Amerikas, Standort großer Konzerne wie Eastman Kodak, Bausch & Lomb und Xerox. George Eastman (1854–1932), Gründer der Firma Kodak, war hier zu Hause. Er vermachte Rochester einen Großteil seines Vermögens, wovon die Stadt in Form eines Kunst- und Kulturangebots von Weltklasse, einschließlich mehrerer Theater und eines Orchesters, noch heute profitiert. Die ehemalige Villa des Unternehmers beherbergt heute das George Eastman Museum mit vielen sehenswerten Film- und Fotoarchiven.

ⓚ Thirty Mile Point Lighthouse im Golden Hill State Park. Der im Jahr 1875 erbaute Leuchtturm erhielt seinen Namen, weil er 30 Meilen vom Niagara River entfernt liegt.

ⓛ Old Fort Niagara. An der Mündung des Niagara River gelegen, überwacht es seit dem 17. Jahrhundert den Zugang zu den Großen Seen und kann besichtigt werden.

ⓜ Lewiston. In der Stadt ist seit 1961 das Kraftwerk Robert Moses Niagara ansässig, das Wasserkraft zur Stromproduktion nutzt (benannt nach dem renommierten Städteplaner, 1888–1981). Für viele Besucher ist Lewiston vor allem Ausgangspunkt eines Besuchs der berühmten Wasserfälle.

Infos und Adressen

SEHENSWÜRDIGKEITEN

Antique Boat Museum. Wiedereröffnung nach Renovierung: Mai 2018, tgl. 9–17 Uhr, 750 Mary St., Clayton, NY 13624, Tel. 315 686 4104

Frederic Remington Art Museum. Mai–Okt. Di–Sa 10–17, So 11–17, Nov.–April Di–Sa 11–17, So 11–17 Uhr, 303 Washington St, Ogdensburg, NY 13669, Tel. 315 393 2425, www.fredericremington.org

George Eastman Museum. Di–Sa 10–17, So 11–17 Uhr, 900 East Ave, Rochester, NY 14607, www.eastman.org

Old Fort Niagara. Jan.–Juni und Sept.–Dez. 9–17, Juli/Aug. 9–19 Uhr, 102 Morrow Plaza, Youngstown, NY 14174, Tel. 716 745 7611, www.oldfortniagara.org

ESSEN UND TRINKEN

2 Vine. Urgemütliches Lokal mit guter Karte, auch vegetarisch und vegan. 24 Winthrop St., Rochester, NY 14607, Tel. 585 454 6020, www.2vine.com

The Glen Iris. Hier mundet der auf Zedernholz gedünstete Lachs oder Prime Rib mit frischem Meerrettich. Letchworth State Park, Castile, NY 14427, Tel. 585 493 2622, www.glenirisinn.com

ÜBERNACHTEN

Candlelight Guest House. Liebevoll eingerichtete Zimmer in der Nähe des Sackets Harbor Battlefield State Park. 501 W. Washington St., Sackets Harbor, NY 13685, Tel. 315 646 1518, www.imcnet.net

33 Niagara Falls
Naturwunder zwischen Mystik und Kommerz

Sie gehören zu den imposantesten Wasserfällen der Erde und begeistern jedes Jahr Millionen Besucher: die Niagarafälle. Der gleichnamige Fluss, der den Eriesee und den Ontariosee verbindet und gemessen an seiner Länge von nur 57 Kilometern zu den wasserreichsten der Erde gehört, stürzt an dieser Stelle über drei Fälle dramatisch in die Tiefe. Die Entstehung des Spektakels ist einer geologischen Besonderheit der Region zu verdanken.

Als die letzte Eiszeit vor 12 000 Jahren die fünf *Great Lakes* schuf, entstand ein so riesiges, miteinander verbundenes Süßwassersystem, dass hier sogar Gezeiten bemerkbar sind. Durch seine hohe Fließgeschwindigkeit formte der Niagara-Fluss in erdgeschichtlich sehr kurzer Zeit die nach ihm benannten Wasserfälle. Und noch immer fressen sich die Niagarafälle pro Jahr einen Meter zurück Richtung Eriesee – bis heute sind es elf Kilometer.

Noch eine aquatische Galavorstellung: Nördlich der heutigen Wasserfälle ändert der Niagara-River seine Flussrichtung um fast 90 Grad von Nordwest nach Nordost und bildet dabei ein annähernd kreisförmiges Wirbelbecken: Die Whirlpool Rapids mit bis zu elf Metern Wassertiefe und einer Fließgeschwindigkeit von 35 Stundenkilometern gehören zu den gefährlichsten Wildwassern der Welt.

Geteilt durch Goat-Island fällt der Fluss auf US-amerikanischer Seite über die American Falls und den kleinen »Brautschleier-Fall« in die Tiefe. Eigentlich waren die American Falls zwei Meter

Mitte: Typisch für die Wasserfälle sind die Gischt – und die blauen Regenmäntel der Besucher
Unten: Darwin D. Martin House gilt als architektonisches Meisterwerk von Frank Lloyd Wright

Gigantische Fluten stürzen über die Felskante

höher als die 54 Meter hohen Horseshoe-Falls auf kanadischer Seite. Ein gigantischer Felssturz 1954 verringerte die Fallhöhe jedoch auf 21 Meter. Die American-Falls sind 328 Meter breit, der kanadische Nachbar stolze 675 Meter. Schleier von aufgewirbeltem Wasser liegen über der gesamten Szenerie. Seit 1925 werden die Fälle nachts rot, blau, grün und orange illuminiert. Oder vielmehr das, was von ihnen dann noch übrig ist. Denn nachts wird das Wasser des Niagara River oberhalb der Fälle von 2800 auf 1400 Kubikmeter pro Sekunde gedrosselt. Eine Hälfte fließt weiter, die andere wird für die Stromgewinnung zum Kraftwerk Robert Moses umgeleitet. Zu Saisonzeiten werden die Fälle dann allmorgendlich per Knopfdruck wieder auf »Normalmaß« hochgefahren.

Grelle Schwesternstädte

So wie die Indianer die Niagarafälle sahen, als mystischen Ort und Naturschauspiel, sieht es heute längst nicht mehr aus. Pater Louis Hennepin, der als erster Weißer 1678 die stürzenden Wassermassen erblickte, sank noch überwältigt auf die Knie. Heute liegen die Fälle, die pro Jahr über 14 Millionen Besucher anlocken, direkt im Zen-

Nicht verpassen

DARWIN D. MARTIN HOUSE

Das Darwin D. Martin House, nur 30 Min. von den Niagarafällen entfernt, wurde zwischen 1903 und 1905 erbaut, von Frank Lloyd Wright entworfen und ist eines der wichtigsten Projekte seiner Prairie-School-Phase. Und neben dem Solomon R. Guggenheim Museum in New York City wohl sein bekanntester Entwurf östlich des Mississippi. Der Architekt entwarf den Komplex als zusammenhängendes Arrangement mehrerer Gebäude wie Haupthaus, Pergola, Wintergarten und Remise. Wright bezeichnete das Martin House über 50 Jahre lang als sein »Opus« und nannte den Komplex »eine nahezu perfekte Komposition«. Auf geführten Touren kann das Anwesen besichtigt werden.

Darwin D. Martin House.
125 Jewett Pkwy., Buffalo, NY 14214, Tel. 716 856 3858, www.darwinmartinhouse.org

175

Oben: Ob von der kanadischen oder der US-Seite …
Unten: … die Fahrt mit einer *Maid of the Mist* ist ein eindrucksvolles Erlebnis

trum der Schwesterstädte Niagara Falls (die kanadische Schwester hat 82 000, die auf US-Seite 54 000 Einwohner). Das Stadtbild besteht zum größten Teil aus Hotelburgen, Souvenirshops, Casinos, Vergnügungsparks und Aussichtstürmen. Kommerz total!

Wer eine Bootsfahrt zu den Fällen machen möchte, sollte auf der amerikanischen Seite ablegen, dort sind Warteschlangen kürzer als auf der kanadischen Seite. Die typisch blauen Regenponchos und ein hübsches Souvenir sind im Preis inbegriffen. Die kanadischen Niagara Parks (www.niagaraparks.com) und der US-amerikanische Niagara Falls State Park (www.niagarafallsstatepark.com) sorgen dafür, dass man die spektakulären Kaskaden aus allen möglichen Perspektiven erleben kann: Beim *Journey behind the Falls* werden die Horseshoefalls von unten betrachtet. Von der Aussichtsplattform des Skylon Tower hat man einen atemberaubenden Blick über die Niagarafälle. Bei einem Hubschrauberrundflug der Anbieter Niagara Helicopters oder Rainbow Air fliegt man direkt über die Wasserfälle. Und wer immer noch nicht genug von den dramatischen Wasserspielen hat: Der *White Water Walk* befindet sich an den Stromschnellen der Niagaraschlucht etwa zwei Kilometer unterhalb der Fälle. Und bei Whirlpool Aero Car handelt es sich um eine Luftseilbahn, die rund vier Kilometer stromabwärts der Niagarafälle das fast kreisförmige Wirbelbecken der Whirlpool Rapids im Niagara River überquert.

Mit Boot, Hubschrauber und Luftseilbahn

Ganz wichtig: Wer von den USA aus als europäischer Besucher über die Rainbow Bridge auf die kanadische Seite spazieren will, muss durch eine Passkontrolle. Daher an den Reisepass denken!

Infos und Adressen

ESSEN UND TRINKEN

Como Restaurant. Seit 1927 serviert die Antonacci-Familie hier *con passione* traditionelle Gerichte aus Süditalien. 2220 Pine Ave., Niagara Falls, NY 14301, Tel. 716 285 9341, www.comorestaurant.com

Top of the Falls. Das New York Strip Steak und der Buffalo Chicken Wrap – solide Küche. Der Blick auf die Wasserfälle – sensationell! Goat Island Rd., Niagara Falls, NY 14303, Tel. 716 278 0348, www.niagarafallsstatepark.com

Third Street Retreat. Lebhaftes kleines Restaurant mit Hausmannskost, auch vegetarisch und vegan. Freundlicher Service, nette Atmosphäre. 250 Rainbow Blvd., Niagara Falls, NY 14303, Tel. 716 371 0760, www.thirdstreetretreat.com

ÜBERNACHTEN

Comfort Inn The Pointe. Näher an den Niagarafällen kann man auf der US-Seite nicht einchecken. 1 Prospect Pte., Niagara Falls, NY 14303, Tel. 716 284 5177, www.comfort innthepointe.com

Crowne Plaza Niagara Falls. Klassisches Haus einer Hotelkette, vis-à-vis des Seneca Niagara Casino, mit ansprechenden Zimmern und Suiten. 300 3rd St., Niagara Falls, NY 14303, Tel. 716 285 3361, www.crowneplaza.com/niagarafalls

Red Coach Inn. Einem altenglischen Inn im Tudorstil nachempfunden ist dieses 1923 errichtete Hotel. Drinnen ist es plüschig-elegant, mit viel dunklem Holz und einem Kamin im hauseigenen Restaurant. 2 Buffalo Ave., Niagara Falls, NY 14303, Tel. 716 282 1459, www.redcoach.com

Seneca Niagara Hotel. Modernes Haus, das zum Seneca-Niagara-Casino-Komplex gehört. Mit komfortablen Zimmern, vier Restaurants und einem 24-Stunden-Café. 310 4th St., Niagara Falls, NY 14303, Tel. 716 299 1100, www.senecaniagaracasino.com

Ein Meer aus Neonlicht flankiert das rauschende Naturwunder

NEW JERSEY UND PENN-SYLVANIA

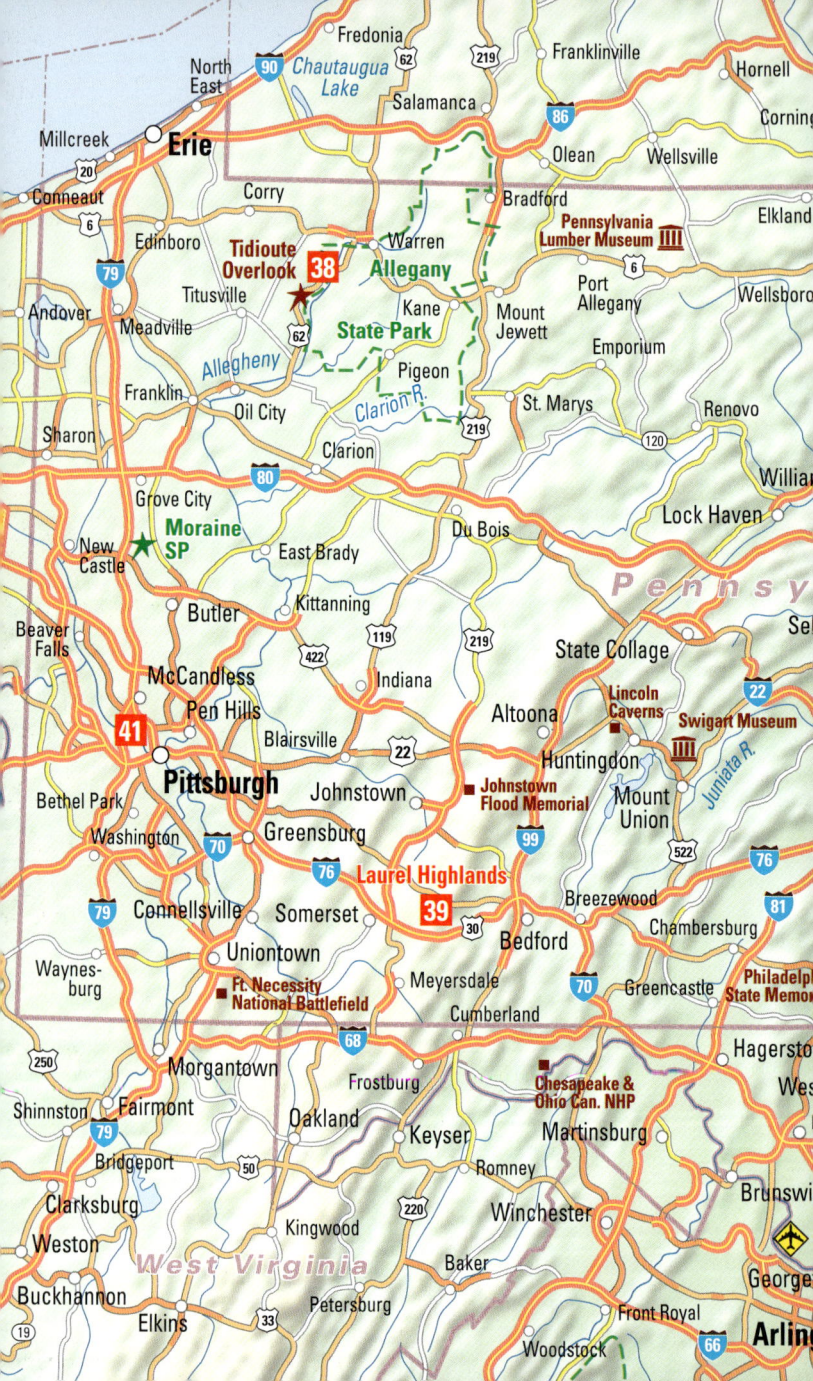

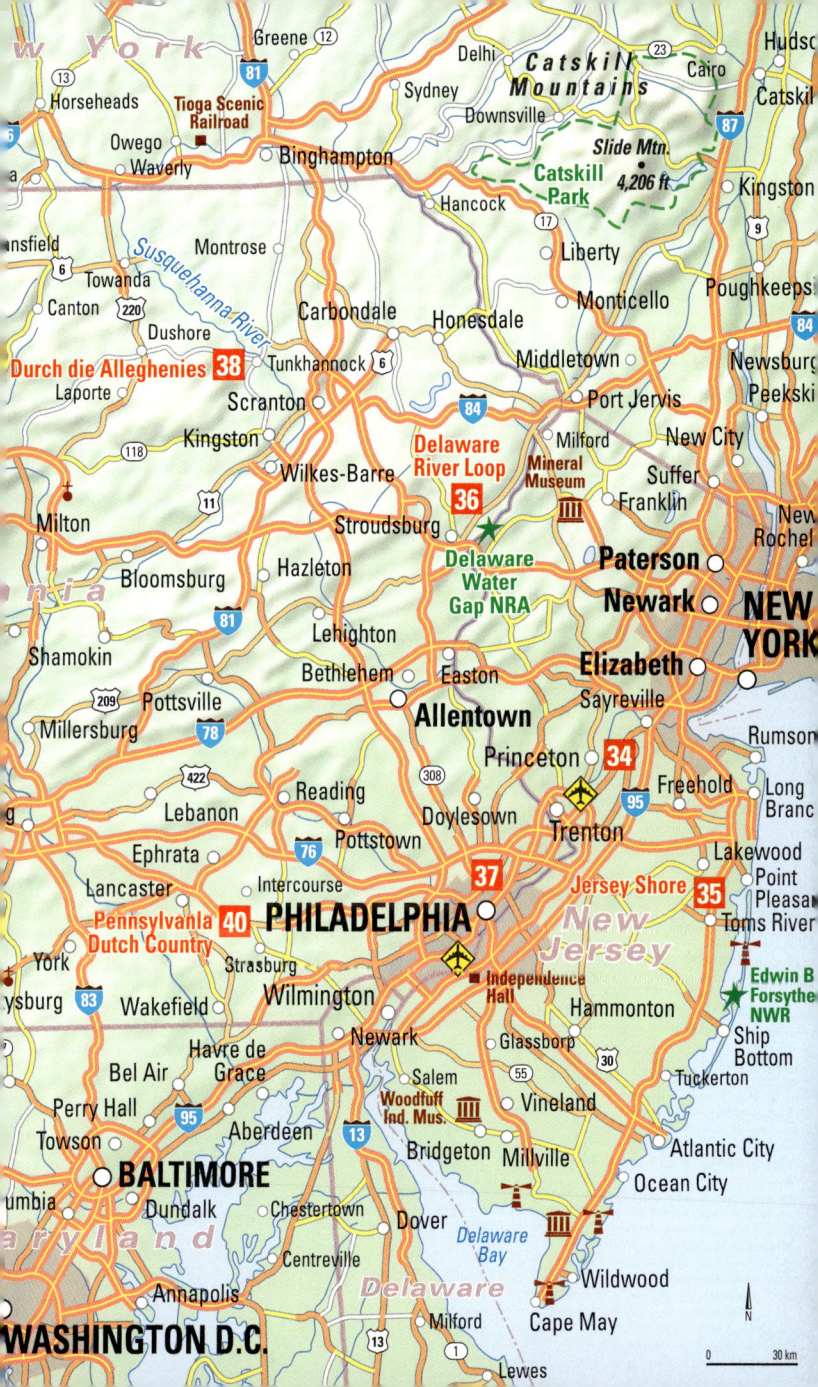

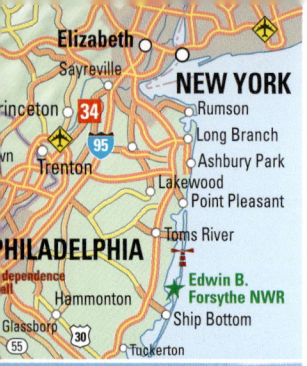

34 Princeton
Akademische Höhenflüge

Seit 1756 Heimat der Princeton University, einer der berühmtesten Hochschulen der Welt: Der IQ-Olymp mit seiner reichen Ausstattung und langen Geschichte macht die Stadt Princeton zu einem lohnenden Reiseziel. Das Princeton University Art Museum besitzt mehr als 72 000 Kunstwerke. Tanz-, Theater- und Performance-Art-Veranstaltungen gibt es im Lewis Center und anderen Orten der Universität zu sehen.

Der Ort? Knapp 30 000 Einwohner, 48 Quadratkilometer groß, Städtepartnerschaften mit dem französischen Colmar, dem italienischen Pettoranello del Molise und dem indischen Kalianpur. 1783 war Princeton die Hauptstadt der Vereinigten Staaten von Amerika, doch nach sechs Monaten war es damit schon wieder vorbei. So weit, so unspektakulär – wenn hier nicht seit 1756 die renommierte Princeton University ihren Sitz hätte – ein akademisches Superschwergewicht. Gemeinsam mit dem Institute for Advanced Study, an dem der Physiker und Nobelpreisträger Albert Einstein arbeitete, dem Westminster Choir College (Rider University) und dem Princeton Theological Seminary ist sie eine Stätte geistiger und intellektueller Höhenflüge.

S. 178/179: Überall in den USA zeigt man gern Flagge
Mitte: Die East Pyne Hall der Princeton University
Unten: Bei der jährlichen Parade tragen die Ehemaligen Orange
Rechte Seite: Orange ist auch die Farbe der Fest-Fahrzeuge

An der viertältesten Universität der USA, Gründungsmitglied der Ivy League, studierten und lehrten so viele schlaue Köpfe, dass eine Aufzählung müßig ist. Der Mathematiker und Nobelpreisträger John Forbes Nash jr. lehrte hier als Professor, Thomas Mann hatte eine Gastprofessur inne. J. Robert Oppenheimer, »Vater« der Atombombe, war Direktor am Institute for Advanced Study.

Princeton

Gegründet wurde Princeton als College of New Jersey am 22. Oktober 1746 von Presbyterianern. Unter Führung seines schottischen Dekans John Witherspoon (1723–1794), übrigens ein Vorfahr der Schauspielerin Reese Witherspoon, entwickelte sich das College ab 1768 zum pädagogisch wohl fortschrittlichsten in ganz Amerika. Witherspoon selbst war 1776 einer der Unterzeichner der Unabhängigkeitserklärung, und viele seiner Studenten zählten zu den führenden Persönlichkeiten der frühen Republik. Bei der verfassungsgebenden Philadelphia Convention 1787 fanden sich unter den 55 Delegierten neun Princeton-Absolventen.

Elite von morgen

Der beeindruckende Campus der Universität erinnert mit seiner überwiegend neugotischen Architektur an Oxford, Cambridge – und ein bisschen auch an Harry Potters Zauberschule Hogwarts. Besonders dominant sind die riesige, reich verzierte Universitätskirche und der Cleveland Tower, der sich majestätisch über die Baumwipfel erhebt. Andere Gebäude, wie die mehr als 250 Jahre alte Nassau Hall, sind im Kolonialstil gehalten, während einige moderne Einrichtungen von führenden Architekten wie Robert Venturi und Ieoh Ming Pei entworfen wurden. Das Princeton University Art Museum vermittelt einen Eindruck vom Reichtum der Universität: Hier hängen Werke amerikanischer Künstler wie James McNeill Whistler, Mary Cassatt und Andy Warhol, aber auch europäischer Maler wie Claude Monet und Canaletto.

Die Mehrheit der Princeton-Studierenden ist eher konservativ eingestellt, und wer einen politisch aktiven Campus sucht, sollte sich andernorts umsehen. Wer hier studiert, hat ein Ziel und will bald zur absoluten Elite gehören. Für »Keg Partys« und Spring-Break-Exzesse bleibt da keine Zeit.

Infos und Adressen

SEHENSWÜRDIGKEITEN

Princeton University Art Museum. Di, Mi, Fr, Sa 10–17, Do 10–19, So 12–17 Uhr, Elm Dr., Princeton, NJ 08544, Tel. 609 258 3788, www.artmuseum.princeton.edu

ESSEN UND TRINKEN

Elements. »Interpretive-American« nennt Maître Scott Anderson seine Kochkunst, bei der er klassischen Gerichten einen neuen lukullischen Dreh verleiht. 66 Witherspoon St., Princeton, NJ 08542, Tel. 609 924 0078, www.elementsprinceton.com

Witherspoon Grill. Prime Rib-eyes, Filets Mignon, Strip Steaks und Porterhouse – dieses Restaurant gehört zu New Jerseys besten Steakhäusern. Dienstagabends gibt es Life-Jazz. 57 Witherspoon St., Princeton, NJ 08542, Tel. 609 924 6011, www.witherspoongrill.com

ÜBERNACHTEN

The Peacock Inn. Luxuriöses Boutiquehotel in einem Herrenhaus im Kolonialstil des 18. Jahrhunderts, das kürzlich aufwendig renoviert wurde. 20 Bayard Ln., Princeton, NJ 08540, Tel. 609 924 1707, www.peacockinn.com

IVY LEAGUE:
Mit Polohemd und Hornbrille

Bücher sind wichtig, der korrekte Krawattenknoten auch, aber Zeit für einen kleinen Flirt muss sein

Der Name Ivy League ruft Bilder altehrwürdiger Bildungsstätten und Eliteschmieden wach, an der sich gut betuchte Studenten den Schlüssel zur Erfolgskarriere holen. Historisch war mit dem Begriff zunächst allerdings »nur« eine akademische Football-Liga verbunden, in der sich 1945 acht Hochschulen im Nordosten der USA zusammenschlossen. Inzwischen ist Ivy League allerdings viel mehr als nur ein akademisches Gütesiegel.

Das amerikanische Bildungssystem versteht es wie kaum ein anderes, Studium und Leistungssport zusammenzuführen und dabei lebenslange Loyalitäten der Studierenden zu ihrer Alma Mater zu schaffen. Tagsüber wird akademischen Pflichten nachgegangen – in der verbleibenden Zeit trainiert, gespielt, in Marching-Bands geprobt, als Cheerleader choreografiert oder dem eigenen Team mit dem Tragen des entsprechenden Jerseys die Anhängerschaft bekundet.

Treue und Tradition

Seine Grundlage hat der bedingungslose Fanatismus für das eigene College-Team im Nordosten der USA insbesondere bei den Teams der Ivy League. Ursprünglich im Jahr 1945 gegründet, schlossen sich damals Brown, Columbia, Cornell, Dartmouth, Harvard, Princeton, Pennsylvania und Yale zu einer Football-Liga zusammen. 1954 erfolgte eine Ausdehnung auf nahezu alle Sportwettkämpfe zwischen diesen Hochschulen.

Heute ist Ivy League vor allem ein Inbegriff von Tradition und erstklassiger Forschungsleistung. Zu ihren Absolventen zählen Al Gore, Bill Gates und Mark Zuckerberg, mit George Bush senior und junior, Bill Clinton, Barack Obama und Donald Trump sogar die letzten fünf US-Präsidenten.

Modisch stets adrett

Nicht nur akademisch, sondern auch modisch waren und sind die Ivy League-Colleges Trendsetter. Statt *nerdy* wie ein Bücherwurm, kleidet man sich an den Eliteschmieden gern adrett. Der »Preppy« mit seiner Vorliebe für Loafers und Khakihosen ist seit Langem stilbildend. Er ist ein Archetyp, eine soziale Kategorie, entstammt den »WASP« der Ostküste, den wohletablierten Familien Neuenglands. Preppies besuchen die klassischen Preparatory Schools (daher der Name) wie Middlesex, Groton oder Brooks, die sie aufs College beziehungsweise die Ivy-League-Universität vorbereiten. Sie haben eine Vorliebe für Tennis, Segeln, Lacrosse und Golf, und sie verbringen ihre Ferien gern auf Nantucket oder Martha's Vineyard. Preppies tragen Marken wie Ralph Lauren, J. Crew oder Vineyard Vines – und haben dabei keine Scheu vor kräftigen Farben wie Pink und Limonengrün, binden ihre Kaschmirpullover um den Nacken und stellen den Kragen des Polohemdes hoch.

Wer Preppies für Snobs oder Schnösel hält, versteht sie nicht. Wer nicht hart arbeitet, kommt nicht nach Princeton oder Cornell. Soziale Verantwortung ist ein wichtiger Preppy-Wert. Die Kennedys etwa sind und waren Preppies – natürlich allesamt mit Ivy League-Ausbildung.

35 Jersey Shore
Sonnenbrand für alle

Ja, auch Amerika geht mal baden. Und zwar genau hier, am Jersey Shore. Jeden Sommer lockt es die großen und kleinen Bewohner der Ostküste zu Abertausenden in die beschauliche Küstenregion. Nicht nur aus dem 90 Kilometer entfernten New York. Denn der Jersey Shore ist so etwas wie eine Institution. Hier macht Amerika Urlaub – und ist dabei vor allem eins: typisch amerikanisch.

Ein Landstrich, der sogar zum Titel einer Fernsehshow avancierte: *Jersey Shore* hieß eine Reality-TV-Sendung, die acht junge Frauen und Männer während ihrer Sommerferien filmte. Ziemlich »trashig«, gelegentlich »hip«, aber immer auch irgendwie sympathisch. So wie die Jersey Shore eben: Hier verbringen amerikanische Großfamilien ihre Tage im Hochsommer, kommen frühmorgens, um sich einen Parkplatz zu sichern und gehen spätabends, bis die letzten Sonnenstrahlen ausgekostet sind; nämlich erst dann, wenn die Haut im schönsten Lobster-Ton glüht und herrlich-sommerlich spannt.

Und so sitzen sie auf ihren Camping-Klappstühlen und schnattern den lieben langen Tag: die runzlige Oma genauso wie das eingecremte Kleinkind auf dem Handtuch daneben. Die Küste New Jerseys bietet auf ihren 227 Kilometern von Perth Amboy bis Cape May wunderschöne weiße Sandstrände für alle. In Küstenstädten wie Seaside Heights und Point Pleasant gibt es zahllose Spielhallen und Karussells. Hübsche Bed & Breakfasts findet man in etwas ruhigeren Städten wie Spring Lake und Ocean Grove, heimeligen Sommerfri-

Mitte: Badefreuden am Strand von Spring Lake
Unten: Eine Spezialität New Jerseys, die auf vielen Speisekarten zu finden ist

An Badeorten sind Karussells nicht weit

schen, in denen man nach knapp 30 gemütlichen Spazierminuten mit Recht behaupten kann, alles gesehen zu haben, so überschaubar ist das Ganze. Und gerade deshalb so unglaublich angenehm. Ein nettes Straßencafé reiht sich an das andere und kleine Restaurants mit Holzverschlag an noch kleinere Souvenirläden, die Muscheln, Seesterne und andere Mitbringsel verkaufen.

Nightlife und Erholung

Rocksänger Bruce Springsteen wohnt in Asbury Park, einer eher wenig herausgeputzten Küstenstadt mit vielseitigem Nachtleben und dem möglichen Motto: Wer hier um 22 Uhr noch nüchtern ist, ist selbst schuld. Die Orte Wildwoods und Ocean City besitzen sehr belebte Uferpromenaden, während Stone Harbor und Avalon sich eher zur familienfreundlichen Erholung eignen.

Atlantic City wird vom örtlichen Fremdenverkehrsamt gern die »Königin unter den Urlaubsorten« genannt ... nun, nicht jeder ist ein begeisterter Royalist. Hier gibt es Beton-Hotelburgen mit dazugehörigen Spielcasinos, Achterbahnen und Souvenirshops, Feinschmecker-Restaurants

Einfach gut!

KÖSTLICHER GEBISSSCHONER

Überall an den Promenaden der Jersey Shore (und nicht nur dort) gibt es *Pork Rolls*, das inoffizielle Spezialgericht des Bundesstaats. Dieses Formfleischprodukt aus geräuchertem Schweinefleisch enthält verschiedene Gewürze, Salz, Reifezucker und Konservierungsmittel – und macht süchtig! Die Spezialität wurde vor über 150 Jahren kreiert und darf in fast keinem Diner in New Jersey auf der Speisekarte fehlen. Was einiges heißen will, hat der Bundesstaat doch die meisten Diners der Welt. Diese Schnellimbiss-Restaurants entstanden früher aus alten Speisewagen der Eisenbahn, immer haben sie einen länglichen Grundriss. Nördlich von Atlantic City heißt die Spezialität übrigens *Tylor Ham* – und seit ihrer Erfindung im Jahr 1856 durch John Taylor in Trenton ist die »richtige« Benennung ein ewiger Streitpunkt im Bundesstaat.

neben Fast-Food-Läden, elegante Geschäfte und schäbige Secondhand-Boutiquen, schöne Strände und die monumentale Boardwalk Hall aus den 1920er-Jahren, eine Veranstaltungshalle im Beaux-Arts-Stil mit der größten Orgel der Welt.

Viktorianisches Flair, Giebel und Gespenster

Vor allem bei Sommerfrischlern im unteren sozio-ökonomischen Spektrum ist Atlantic City als Urlaubsort beliebt, das macht sich im Stadtbild bemerkbar. Malerischer ist da Cape May, ein viktorianischer Badeort weiter im Süden. Zauberhafte Villen prägen den Charakter des Ortes. Einen Eindruck vom Leben der Upper Class des 19. Jahrhunderts verschafft ein Besuch des Emlen Physick Estate, einer Villa in schönster *Stick-Style*-Architektur des ausgehenden 19. Jahrhunderts mit typischen Giebelfenstern und riesigen Kaminen. Da es in Cape May und besonders in diesem Haus Geister geben soll, werden bei einigen Touren Séancen nachgestellt.

Ganz ohne Grusel wird der nächtliche Aufstieg über die 199 Stufen zur Spitze des 1859 errichteten Cape May Point Lighthouse auch bei Vollmond mit einem faszinierenden Ausblick belohnt. Der schlanke, weiße Leuchtturm hat sich zum Wahrzeichen der gesamten Atlantikküste von New Jersey gemausert.

Oben: Die Atlantikküste: ein Paradies für Wellenreiter
Mitte: Auf Stelzen hoch über dem Meer thront der Fishing Pier in Ocean Grove
Unten: Dunkle Wolken über Wasser, Strand und Fischerboot in Atlantic City

Infos und Adressen

SEHENSWÜRDIGKEITEN

Cape May Point Lighthouse. Mo–Do 10–16, Fr–So 10–17 Uhr, 215 Light House Ave., Cape May Point, NJ 08212, Tel. 609 224 6066, www.capemay.org

Emlen Physick Estate. Besichtigung und verschiedene Themen-Touren möglich. Ganzjährig tgl. 11–16 Uhr, 1048 Washington St., Cape May, NJ 08204, Tel. 609 884 5404, www.capemaymac.org

ESSEN UND TRINKEN

410 Bank Street. Hier wird im Stil der Karibik gekocht. 410 Bank St., Cape May, NJ 08204, Tel. 609 884 2127, www.410bankstreet.com

Axelsson's Blue Claw Restaurant. Nach einem *Blue Claw Martini* an der Bar geht es zum *Fisherman's Kettle*, gebratenen Meeresfrüchten im Kupfertopf – himmlisch! 991 Ocean Dr., Cape May, NJ 08204, Tel. 609 884 5878, www.blueclawrestaurant.com

Dock's Oyster House. Ältestes Restaurant der Stadt. Spezialität des Hauses: Gefüllte Flunder mit Krabbenfleisch. 2405 Atlantic Ave., Atlantic City, NJ 08401, Tel. 609 345 0092, www.docksoysterhouse.com

ÜBERNACHTEN

Borgata Hotel Casino & Spa. Das größte Spa der Stadt, dazu Wolfgang Pucks American Grille und weitere Spitzenrestaurants, üppig dimensionierte Zimmer – und das Glücksspiel gleich im Haus. Was will man mehr? One Borgata Way, Atlantic City, NJ 08401, Tel. 609 317 1000, www.theborgata.com

Congress Hall. Einst das Summer White House des US-Präsidenten Benjamin Harrison. Heute genießen Besucher die Eleganz und den stilvollen Luxus des ältesten Seaside Resorts der USA. 251 Beach Ave., Cape May, NJ 08204, Tel. 609 884 8421, www.congresshall.com

Normandy Inn. Charaktervolles Haus aus dem Jahr 1889. Im kleinsten Zimmer, dem Tower Room (Nr. 200), fühlt man sich beinahe wie im Ausguck eines alten Segelschiffs. 21 Tuttle Ave., Spring Lake, NJ 07762, Tel. 732 449 7172, www.normandyinn.com

Borgata Casino Hotel & Spa in Atlantic City: gut speisen, entspannen und das Glück herausfordern

36 Autotour Delaware River Loop
Rendezvous mit Bären

Zwischen Pennsylvania und New Jersey, an den Nordausläufern der Appalachen, liegt die Delaware Water Gap National Recreation Area. Die Gegend ist vor allem bei Freunden des Rafting beliebt, aber auch Angler, Wanderer und Schwimmer kommen hier auf ihre Kosten. Die Fahrt entlang des Middle Delaware National Scenic River führt Besucher durch herrliche Natur und zu gelegentlichen Begegnungen mit Schwarzbären.

Über Jahrmillionen hinweg grub sich der Delaware River durch das Gestein der Kittatinny Mountains, die sich östlich an die Pocono Mountains anschließen. Das Wasser schuf ein bis zu 400 Meter tiefes Durchbruchtal, den Delaware Water Gap. Mit über 20 Seen, zahlreichen Wasserfällen, 40 Kilometern des Appalachian Trail und 54 Kilometer Flusslauf des Delaware bietet die Delaware Water Gap National Recreation Area eine Vielzahl von Möglichkeiten für Sportler und Outdoor-Fans.

Auf New Jersey-Seite hat die Region mit dem Mount Tammany (465 m) im Worthington State Forest ihren höchsten Punkt, auf Pennsylvania-Seite ist es der Mount Minsi (445 m). Entlang des Delaware Water Gap führt der viel bewanderte Appalachian Trail – nur eine gute Stunde Autofahrt von der Ostküste und New York City entfernt.

Ⓐ **Delaware Water Gap.** Im Ort, der dem Flusstal seinen Namen gab, wurde 1829 das erste Hotel gebaut. Bis heute starten die Touristen von hier aus in die Poconos und die Kittatinny Ridge mit

Mitte: Farbenfrohes Farmgebäude
Unten: Ganz so selten ist es nicht, dass man diesem Zeitgenossen am Wegesrand begegnet

ihren bewaldeten Hügeln, einsamen Hochmooren, mäandernden Flüssen und malerischen Wasserfällen. Von der Interstate 80 Richtung Süden biegt man hinter der Brücke auf die River Road ab. Am

🅑 **Kittatinny Point Visitor Center** gelangen Kanuten relativ leicht ans Ufer des Delaware River. Mit dem Auto geht es derweil über die River Road Richtung Norden parallel zum Fluss durch den dicht bewaldeten Worthington State Forest, in dem heute wieder zahlreiche Schwarzbären zu Hause sind. Auf der Old Mine Road (Rd. 606) erreicht man

🅒 **Millbrook Village,** ein hübsch restauriertes Dorf mit Mühle, General Store und Farmhäusern. Weiter Richtung Norden auf der Rte. 615 beginnt einer der schönsten Streckenabschnitte, vorbei an den Buttermilk Falls, mit herrlichen Ausblicken auf die Blue Mountains auf der Pennsylvania-Seite und die Kittatinny Ridge in New Jersey. Am Ende der Rd. 606 biegt man rechts auf die Rd. 615 (Walpack Flatbrook Rd.) und kommt nach

🅓 **Walpack Township,** einer echten Geisterstadt. In den 1960er-Jahren sollte hier ein Stausee entstehen – die meisten Anwohner verließen im Vorfeld ihre Häuser. Der Plan verfiel, doch die Bürger kehrten nicht zurück. Und so herrscht heute eine

Oben: Herbststimmung am ruhig dahinfließenden Delaware River
Unten: Die erste Färbung des Laubs ist schon zu erahnen: unterwegs auf dem Highway 209

191

gespenstische Atmosphäre – allerdings in wunderschöner Landschaft. Weiter auf der Rd. 615 nach

❻ Peters Valley. Hier wird damals wie heute gesägt, gehämmert und geschnitzt. Und gemalt und getöpfert und geschmiedet obendrein. Denn Peters Valley ist Werkstatt und Atelier kreativer Köpfe. Die Peters Valley School of Craft bietet mehrtägige Workshops für angehende Kunstschaffende. Wieder auf der Rte. 615 geht es an der Kreuzung scharf nach links auf New Jerseys Rte. 560, die auf der Brücke zu Pennsylvanias Rte. 739 wird.

❼ Dingmans Ferry. Wer hierher möchte, muss die knarrende alte Dingmans Ferry Bridge überqueren (Mautgebühr: 1 US-Dollar) und bei Gegenverkehr echte Fahrkünste beweisen. Doch keine Sorge: Die Brücke ist schon seit über 100 Jahren in Betrieb und hält seitdem sicher – jährlich sieben Millionen Fahrzeuge. Über die Rte. 209, die Rte. 206 und 653 (Clove Rd.) geht es dann auf der Rte. 23/443 zum

❽ High Point State Park. Sein namensgebender Berg ist mit 550 Metern der höchste der Kittatinny Mountains. Weiter geht es über die Rte. 519, dann über die Rte. 636 zum

❾ Stokes State Forest, einem Paradies für Wanderer mit fast 90 Kilometern gut ausgebauten Wegen zum Sunrise Mountain (500 m), der imposante Panoramablicke über die Landschaft bietet. Die Fahrt führt über die Rte. 206 am Culver's Lake vorbei und endet in

❿ Newton. Der Ort erlangte vor allem durch zwei Dinge Berühmtheit: das historische Newton Fire Museum (derzeit wegen Komplettrenovierung geschlossen) und als Drehort der Horrorfilm-Reihe *Friday the 13th* des Regisseurs und Grusel-Spezialisten Sean S. Cunningham.

Oben: Dingmans Falls in der Delaware Water Gap National Recreation Area
Unten: Mautstelle der schon etwas betagten Dingmans Ferry Bridge

Infos und Adressen

ESSEN UND TRINKEN

Moya. Heri Yundas Küche legt den Schwerpunkt auf Mediterranes und Meeresfrüchte. 24 Race St., Jim Thorpe, PA 18229, Tel. 570 325 8530, www.jimthorpemoya.com

The Barrel House. Leckeres, preiswürdiges Essen, zu dem die Gäste gern wiederkommen. 173 Spring St., Newton, NJ 07860, Tel. 973 940 7916, www.thebarrelhousenewton.com

The Settlers Inn at Bingham Park. *Farm-to-table*-Konzept: Die Karte reicht von handgemachten Tagliatele bis zum Cranberry-Walnuss-Kompott. 4 Main Ave., Hawley, PA 18428, Tel. 570 226 2993, www.thesettlersinn.com/restaurant

ÜBERNACHTEN

Great Wolf Lodge Poconos. Für Familien, mit Indoor-Wasserpark, Shops und Kindermenüs. 1 Great Wolf Dr., Scotrun, PA 18355, Tel. 570 688 9899, www.greatwolf.com/poconos

Stroudsmoor Country Inn. Beliebt als Hochzeits-Location, aber auch andere Besucher lassen sich vom Charme des Hauses verzaubern. 231 Stroudsmoor Rd., Stroudsburg, PA 18360, Tel. 570 421 6431, www.stroudsmoor.com

The Shawnee Inn and Golf Resort. Am Fuß der Pocono Mountains, mit Spa, eigener Brauerei und Golfcourse. 100 Shawnee Inn Dr., Shawnee on Delaware, PA 18356, Tel. 570 534 0660, www.shawneeinn.com

AKTIVITÄTEN

Delaware Water Gap National Recreation Area. Naherholungsgebiet mit einer Fülle von Freizeitaktivitäten. 1978 River Rd., Bushkill, PA 18324, Tel. 570 426 2452, www.nps.gov/dewa

Peters Valley School of Craft. 19 Kuhn Rd., Layton, NJ 07851, Tel. 973 948 5200, www.petersvalley.org

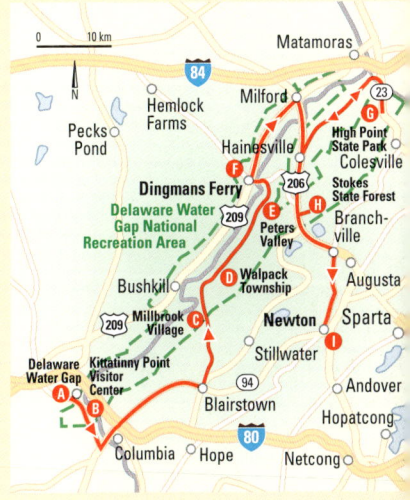

Kanufahren auf dem ruhigen Delaware River

37 Philadelphia
Wiege der Nation

In Philadelphia, der einzigen Welterbe-Stadt der USA, trifft altehrwürdige Geschichte auf Innovation und Kultur. Die »City of Brotherly Love«, am Zusammenfluss von Schuylkill und Delaware River gelegen, glänzt mit einer dynamischen Mischung aus Ideen, Technologie, Kunst und Bildung. Aber auch das einst unbändige Streben nach Unabhängigkeit ist in der »Geburtsstätte Amerikas« noch an vielen Orten spürbar.

Philadelphia ist eine Stadt, die man angenehm zu Fuß erkunden kann. Ihren Kern bildet der Penn Square mit der City Hall, einem bombastischen Bau im viktorianischen Stil. Ihr Uhrenturm ist mit 167 Metern das höchste gemauerte Gebäude der Welt. Ein beliebtes Fotomotiv ganz in der Nähe ist die berühmte knallrote LOVE-Skulptur im gleichnamigen Park.

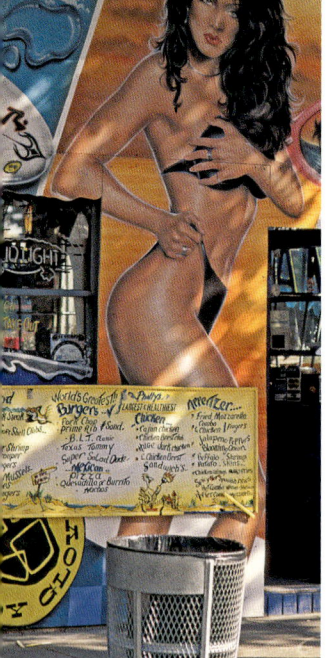

Und ewig lockt das Weib: anzügliche Wandmalerei an der Fassade einer Bar in der South Street

GUT ZU WISSEN

FREILUFTGALERIE

Mitte der 1980er-Jahre sprang dem Besucher in Philadelphias Innenstadt überall Graffiti ins Auge. Die Stadt zog die Notbremse und überredete die wilden Sprayer, doch kreativ zu malen. Leere Wände findet man seither kaum noch, 4000 Wandbilder, manche acht Stockwerke hoch, verwandeln die Stadt in die größte Freiluftgalerie der Welt. Über Geschmack lässt sich (nicht) streiten – aber hier und da wäre eine Wand besser verschont geblieben. Nicht jeder Sprayer ist gleich ein Diego Rivera oder ein Banksy …

Skyline der Stadt mit dem Schuylkill River

Vier weitere Plätze umschließen die Innenstadt: Rittenhouse Square im Südwesten, Washington Square im Südosten und Franklin Square im Nordosten. Vom Logan Square im Nordwesten hat man einen herrlichen Blick auf das Philadelphia Museum of Art, eines der berühmtesten Wahrzeichen der Stadt. Hinter seinen wuchtigen Mauern im antiken Stil beherbergt es eine der bedeutendsten Kunstsammlungen der USA. Das nahe Rodin Museum zeigt die weltweit zweitgrößte Sammlung von Werken des französischen Bildhauers.

Ohne Superlative kam Gründervater William Penn (1644–1718) im Jahr 1682 aus. Seine Vision für die Quäker-Kolonie Pennsylvania und ihre künftige Hauptstadt klang schlicht: Friedliches Zusammenleben aller Bewohner gleich welcher Herkunft und Religion und Wahlrecht für jeden Steuerzahler. Bald kam ein Dutzend deutscher Quäker- und Mennoniten-Familien vom Niederrhein und gründeten die Ansiedlung Germantown, es folgten Religionsflüchtlinge aus England, den Niederlanden, der Schweiz, aus der Pfalz und Franken. 1701 erhielt Philadelphia Stadtrecht und schrieb amerikanische Geschichte: Hier wurde am 4. Juli 1776 im damaligen Parlamentsgebäude, der heutigen

Nicht verpassen

ONE LIBERTY OBSERVATION DECK

Die Aussichtsplattform One Liberty Observation Deck in Philadelphia bietet vom 57. Stock aus eine grandiose 360-Grad-Aussicht – nicht nur über die Dächer der Stadt, sondern bis weit nach New Jersey. In 270 Metern Höhe sollte man für dieses Abenteuer aber schwindelfrei sein. Oben angekommen, helfen Touchscreen, mehr über die Umgebung zu erfahren, auf die man blickt. Die Plattform befindet sich im One Liberty Place, vom deutschen Architekten Helmut Jahn entworfen und 1987 fertiggestellt. Der Wolkenkratzer durchbrach als erstes Gebäude der Stadt die lange Zeit geltende Vorgabe, dass kein Gebäude höher sein sollte als der Turm der City Hall – weitere folgten.

One Liberty Observation Deck. 1650 Market St. #5700, Tel. 215 561 3325, www.philly fromthetop.com

Rundgang auf den Spuren von »Rocky«

Hoch die Fäuste: Rocky-Balboa-Statue mit Fans

Kino oder wahres Leben? Kaum ein Star ist je so leidenschaftlich mit seiner Rolle verschmolzen wie Sylvester Stallone mit dem Boxer »Rocky«. Und keine Stadt wohl je so sehr mit einem Film wie Philadelphia mit dem Oscar-prämierten Faustkampf-Epos von 1976 verbunden. Auf einer Tour kann man die damaligen Drehorte besichtigen. Dabei kommt man zwar auch durch Viertel, in denen Vorsicht geboten ist. Aber echte Cineasten lassen sich davon nicht abschrecken. Los geht es – natürlich – an der berühmten

A **Rocky Treppe.** Seit mehr als 40 Jahren rennen Film-Fans die 72 Stufen am Museum of Art hinauf und recken, wie der Boxer, die Arme in die Höhe. Am Fuß der Treppe wartet die Rocky-Statue auf den x-ten Schnappschuss (2600 Benjamin Franklin Pkwy.).

B **Laurel Hill Cemetery.** Der Friedhof in Nord Philly, auf dem Adrian Balboas Film-Grab zu finden ist: Hinter dem Haupteingang biegt man links ab, es ist die erste Ruhestätte auf der linken Seite (3822 Ridge Ave.). Weiter geht es nach Kensington, dem ärmsten Viertel von »Philly«.

C **Haus von Adrian und Paulie.** Vom damaligen Gebäude ist nicht mehr viel zu erkennen, aber wahre Fans spüren noch Rockys Aura … (2822 Rosehill St.).

D **Lucky Seven Tavern.** Hier ist zu sehen, was von der Kneipe aus *Rocky* übrig blieb – ein leeres Grundstück, denn das Gebäude wurde in den 1980er-Jahren abgerissen (2800 Ormes St.). Mehr Erinnerungs-Potenzial hat die nächste Station.

E **Rockys erste Wohnung.** Hier sieht selbst die aufgemalte Hausnummer 1818 noch genauso aus wie damals. In der gleichen Straße befindet sich die Gasse, in der die Straßensänger dem frisch verheirateten Paar *Two kinds of love* sangen (1818 E. Tusculum St.).

F **Mickey's GYM.** Ein grandioser Filmort – und direkt daneben befinden sich **Adrians Tierhandlung** und **Andy's Bar**. Mehr *Rocky* geht nicht! (2147 N. Front St.).

G Die **Independence Hall** in der Innenstadt von Philadelphia weckt cineastische Erinnerungen. Rocky rannte während seines Trainings hier oft vorbei (143 S. 3rd St.).

H **Italian Market.** Schon häufig diente er als Drehort. Hier absolvierte Rocky einen Trainingslauf und kaufte in *Rocky Balboa* für sein Restaurant Adrian's ein (919 S 9th St.).

I **Pat's King of Steaks.** Hier ging der Boxer mit Geldhai Gazzo essen – eine Erinnerungstafel zeugt davon. In diesem Lokal soll übrigens auch das Philly Cheesesteak erfunden worden sein (1237 E Passyunk Ave.).

J Letzte Station ist die **St. Thomas Aquinas Catholic Church**, in der Rocky seine Adrian heiratete. Geht man rechts um die Kirche herum, sieht man das Fenster, aus dem Vater Carmine dem Boxer vor seinen Kämpfen den Segen gab (1719 Morris St.).

Independence Hall, die Unabhängigkeitserklärung verlesen, ebenso die Verfassung am 17. Juli 1787. Von 1788 bis 1790 diente Philadelphia als Hauptstadt der Vereinigten Staaten, ehe sie von Washington abgelöst wurde. Liberty Bell, die berühmte Freiheitsglocke mit dem tiefen Riss, fand 1915 in Philadelphias Liberty Bell Pavillon eine endgültige Bleibe. Mit ihr und der Independence Hall hütet die Stadt zwei wichtige Symbole der USA.

Historischer Reichtum

Als »Wiege der Vereinigten Staaten« hat Philadelphia mehr historische Stätten zu bieten als jede andere amerikanische Stadt. Anders als in Boston dauerte es allerdings eine Weile, ehe man sich hier des historischen Reichtums besann. Heute strömen Besucher in den Waterfront District, um über das alte Kopfsteinpflaster zu flanieren. Oder betrachten in der nur fünf Meter breiten Elfreth's Alley über 30 der ältesten noch bewohnten Häuser der Vereinigten Staaten – ein Museum dokumentiert die 300-jährige Geschichte der Straße. Gegenüber des riesigen Pennsylvania Convention Center befindet sich die altehrwürdige Academy of the Fine Arts und daneben die Lenfest Plaza, eine moderne Fußgängerzone, in der Claes Oldenburgs 15 Meter hohe Pinsel-Skulptur *Paint Torch* aufragt. Von hier ist es nicht weit zum Reading Terminal Market, dem historischen Bahnhof mit mehr als 80 Lebensmittel- und Feinkostläden, wo auch Amish People ihre Erzeugnisse verkaufen.

Nicht weit entfernt verläuft die Avenue of the Arts, ein Abschnitt der 30 Kilometer langen Broad Street. An ihr liegen mehr als 50 Theater, Galerien und Museen, so das Kimmel Center for the Performing Arts, Heimat des Philadelphia Orchestra. Einblicke in die wechselvolle Geschichte der afro-

Infos und Adressen

amerikanischen Bevölkerung bietet ein Besuch im African American Museum. Genussvoll wird ein Bummel durch die drittgrößte Chinatown der USA, denn hier wird in zahlreichen Restaurants köstliches Fernöstliches serviert. Northern Liberties ist trendig, kunstvoll und neuer Lieblingsstadtteil der Einheimischen. Am Wochenende geht es zu The Piazza at Schmidt's, einem 280 Quadratmeter großen Innenhof in italienischem Stil mit Läden, Restaurants und vielen Kultur-Events.

Diner an Bord

Charmante Reihenhäuser und traditionelle Familienrestaurants erzählen die Geschichte des quirligen South Philadelphia, in dem die Nachfahren italienischer, irischer und mexikanischer Einwanderer leben. Auf dem South 9th Street Italian Market werden Mozzarella, Oktopus und Oliven angeboten. An der Ecke Passyunk Avenue und 9th Street genießt man das Philly Cheesesteak Sandwich. Oder diniert an Bord der Viermastbark *Moshulu*, die als Restaurantschiff an diesem Abschnitt von Penn's Landing vor Anker gegangen ist.

Weiter östlich, in der University City, befinden sich sechs Colleges und Universitäten. Früher eher ländlich, herrscht heute urbanes Leben mit einer jungen, hippen Atmosphäre. Hier befinden sich das Penn Museum mit archäologischen und anthropologischen Sammlungen und der Philadelphia Zoo. Die Wanderwege am Fluss im Fairmount Park, einem der größten Stadtparks der Welt, kann man zu Fuß, beim Joggen oder per Fahrrad erkunden. Lohnend ist ein Ausflug nach Manayunk. Dieses historische Viertel am Fluss hat sich als Trend-Location für Shopping und Nachtleben neu erfunden. Mikrobrauereien, hippe Bars und schicke Restaurants locken mit schmackhafter Küche und über 900 Sitzplätzen im Freien.

SEHENSWÜRDIGKEITEN

Philadelphia Museum of Art. Di–So 10–17, Mi und Fr 10–20.45 Uhr, 2600 Benjamin Franklin Pkwy., Philadelphia, PA 19130, www.philamuseum.org

Rodin Museum. Mi–Mo 10–17 Uhr, 2151 Benjamin Franklin Pkwy., Philadelphia, PA 19130, www.rodinmuseum.org

Penn Museum. Di, Do–Sa 10–17 Uhr, 3260 South St., Philadelphia, PA 19104, www.penn.museum

Philadelphia Zoo. Tgl. 9.30–16 (Nov.–Feb.) und 9.30–17 Uhr (März–Okt.). 3400 W. Girard Ave., Philadelphia, PA 19104, www.philadelphiazoo.org

ESSEN UND TRINKEN

City Tavern. Das 1773 gegründete Restaurant serviert Küche der Kolonialzeit in authentisch eingerichteten Speisesälen. 138 S. 2nd St. at Walnut St., Philadelphia, PA 19106, Tel. 215 413 1443, www.citytavern.com

ÜBERNACHTEN

Courtyard Philadelphia Downtown. In einem historischen Erweiterungsbau der City Hall mit viel Original-Dekor der 1920er-Jahre. 21 N. Juniper St., Philadelphia, PA 19107, Tel. 215 496 3200, www.marriott.com

AKTIVITÄTEN

Touren auf dem Schuylkill River. Philadelphias Haus-Fluss bietet zahlreiche Einstiege für Kanuten und Kajakfahrer. www.schuylkillriver.org

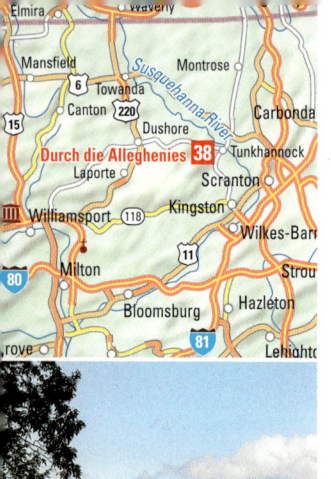

38 Autotour durch die Alleghenies
Brunftzeit im Canyon

Als Allegheny Mountains bezeichnete man früher das gesamte Gebiet der Appalachen. Heute ist damit die Gebirgskette von New York bis zum Südwesten Virginias gemeint. Der Name Allegheny, den die englischen Siedler dem Gebirge gaben, stammt aus einer indianischen Sprache und bedeutet »endlos«. Eine Fahrt entlang des U.S. Highway 6 im Norden Pennsylvanias führt durch malerische Flusstäler, bewaldete Berge und dramatische Schluchten.

Am nordwestlichen Rand des Allegheny State Park liegt der aufgestaute Kinzua Lake. Bereits in den 1930er-Jahren hatte man überlegt, den Allegheny River zur Stromerzeugung aufzustauen, was jedoch auf Widerstand der Seneca-Indianer stieß. 1960 wurde schließlich mit dem Bau des Staudamms begonnen, die letzten Seneca-Indianer siedeln heute in der Kleinstadt Salamanca an den nördlichen Ufern des Kinzua Lake. Hobby-Fotografen haben hier ihre Freude an dem Farbenspiel aus sattgrünen Wäldern, azurblauem Himmel und nahezu dunkeltürkisfarbenem See. Wasserratten und Naturfreunde kommen durch die zahlreichen Bademöglichkeiten sowie die vielen Wanderwege auf ihre Kosten. Vom See aus geht die Fahrt über die Rte. 59 in die Kleinstadt

🅐 Warren. Keine touristische Perle, lebt der Ort seit der Entdeckung von Erdgas im Jahr 1875 vor allem vom Kohleabbau, der Gasgewinnung und der Petro-Industrie. Doch obwohl die Blütezeit Warrens schon lange vorbei ist, gibt es hier einige

Mitte: Blick auf den Alleghenny Stausee, auch Kinzua Lake genannt
Unten: Nirgendwo in Pennsylvania wird es im Winter so kalt wie in Kane und Umgebung

Geschichtsstätte: Pennsylvania Lumber Museum

schöne viktorianische Villen. Über die
Rte. 62 erreicht man den

B **Tidioute Overlook** mit grandiosem Blick
über das Städtchen Tidioute am Allegheny River
mit putzigen Farmhäusern inmitten von Tulpen-
bäumen, Weißeschen und Rotahorn. Weiter geht
die Fahrt zum

C **Allegheny National Forest.** Der Wald im Besitz
der US-Bundesregierung erstreckt sich über insgesamt vier Countys. Zum Höhepunkt des Holz-
booms stand das gigantische Waldgebiet kurz
vor dem völligen Kahlschlag. Heute rauscht der
Wind wieder durch die Kronen bis zu 60 Meter
hoher Bäume. Hier wurden mehr als 360 Kilometer Wanderwege angelegt, 320 Kilometer
Schneemobil-Fahrstrecken und 120 Kilometer
Fahrradwege. An der Kreuzung von PA-66 und
U.S. Highway 6 – der zweitlängsten Bundesstraße
der USA von Kalifornien bis Cape Cod in Massachusetts – liegt der kleine Ort Kane. Gegründet
im Jahr 1863 erlebte der Ort seine Blütezeit im
frühen 20. Jahrhundert, als zahlreiche Glasereien,
Sägewerke und Messerschmieden hier angesiedelt waren. Heute ist Kane vor allem als »Ice Box
of Pennsylvania« bekannt – weil es nirgendwo im

Nicht verpassen

AUF KAHLSCHLAGS SPUREN

Als die ersten Siedler
in die Alleghenies kamen,
war das Land fast vollständig
mit White Pine, Eastern Hemlock
und anderen Harthölzern bewaldet.
Doch nach und nach fielen die dicken Stämme unter den Äxten der
Holzfäller. Flüsse wie Susquehanna
River, Delaware River und Schuylkill waren verstopft mit Flößen auf
dem Weg zur Küste. Williamsport
wurde mit über zwei Dutzend
Sägemühlen Hauptstadt des Kahl-
schlags. 1920 war der letzte Baum
gefällt, drei Jahre später gründete
Präsident Coolidge den Allegheny
National Forest, die Wiederauffors-
tung konnte beginnen. Bei einem
Abstecher ins Pennsylvania Lumber Museum können Besucher
in einem restaurierten Camp von
1910 dem rauen Leben der Holzfäller nachspüren.

Pennsylvania Lumber Museum.
Mi–So 9–17 Uhr, 5660 US-6,
Galeton, PA 16922,
www.lumbermuseum.org

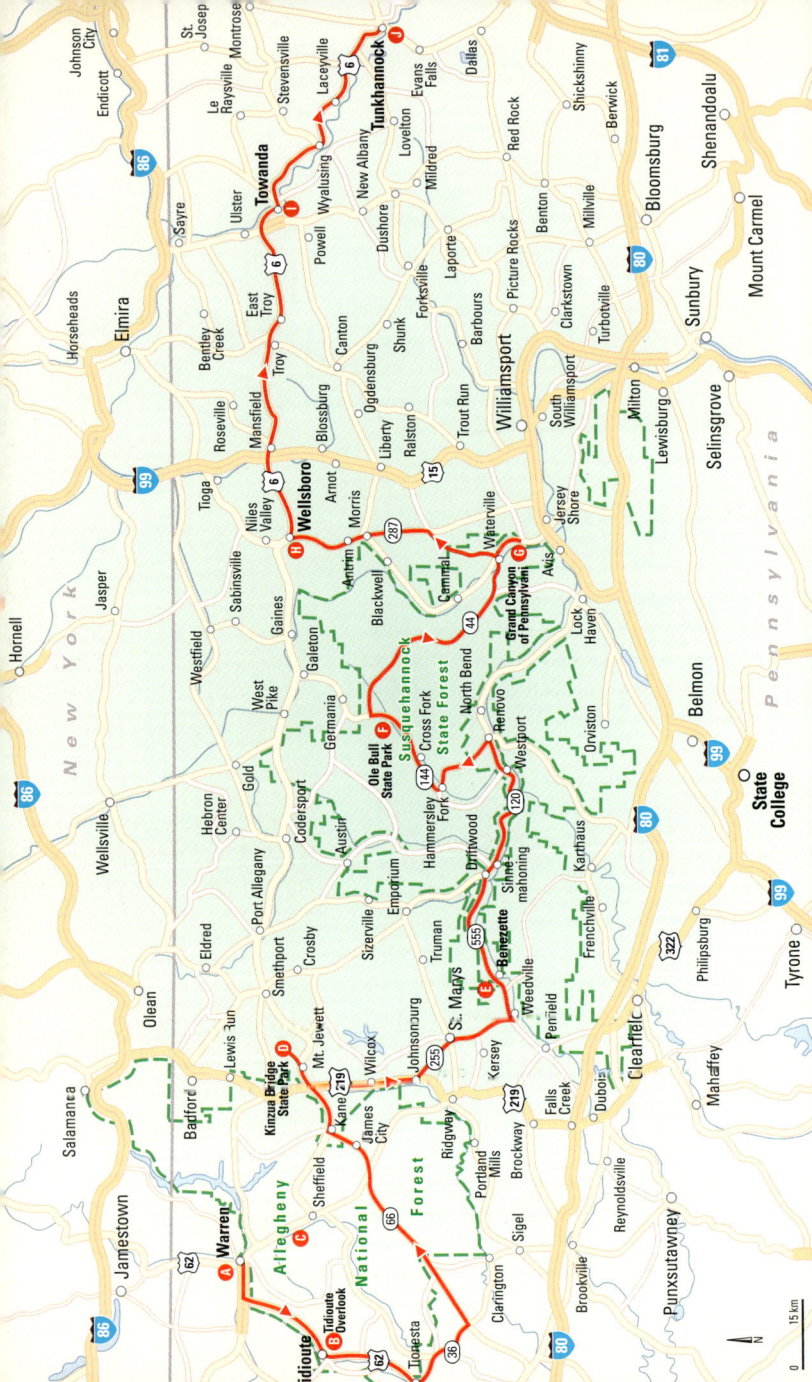

Autotour durch die Alleghenies

Bundesstaat im Winter so kalt wird wie hier. Also schnell weiter zum

◉ Kinzua Bridge State Park. Mitten im Wald befinden sich die Reste der 625 Meter langen Eisenbrücke über den Kinzua Creek. Bei ihrer Fertigstellung 1882 war die 100 Meter hohe Brücke der höchste und längste Eisenbahnviadukt der Welt, schon damals eine Touristenattraktion und vor allem der wichtigste Transportweg von Holz, Kohle und Öl nach Pittsburgh. Vor einigen Jahren wurde sie durch einen Tornado teilweise zerstört. Mehrere Aussichtsplattformen bieten eine prachtvolle Sicht über den Lake Kinzua.

◉ Benezette gilt als inoffizielle »Wapiti-Hauptstadt« – zuweilen trotten die beeindruckenden Rothirsche hier seelenruhig über die Hauptstraße. Meist kümmern sich die Tiere, die eine Schulterhöhe von 1,50 Metern erreichen können, überhaupt nicht um die Menschen. Im Herbst ist Brunftzeit, dann verteidigen oder erobern majestätische Bullen ihren Harem. Weiter geht die Fahrt zum

◉ Ole Bull State Park, benannt nach Ole Borneman Bull (1810–1880), einem berühmten norwegischen Violinisten. 1852 gründete er – fasziniert von der Idee des Kommunalsozialismus – in den Susquehannock Mountains am Ufer des Kettle Creek die Kolonie »New Norway«. Nach nur einem Jahr war den Siedlern das harte Landleben zu anstrengend – die Kolonie wurde aufgegeben. Immerhin: Ein herrlicher Statepark in seinem Namen und ein Denkmal erinnern an den exzentrischen Skandinavier. Nächstes Ziel ist der

◉ Grand Canyon of Pennsylvania. Zwar nicht ganz so »grand« wie sein Vorbild in Arizona, aber mit bis zu 500 Metern Tiefe ist die Schlucht des Pine Creek dennoch beeindruckend. Es gibt ver-

Oben: Straßenzug im Zentrum der Stadt Towanda
Mitte: Röhrender Waipiti-Hirsch in der Brunftzeit
Unten: Von den Resten der einstigen Kinzua Bridge reicht der Blick weit ins Land

schiedene Möglichkeiten, den Grund des Canyons zu erkunden: Die bequemste ist die Eisenbahn, die schon im 19. Jahrhundert Holz aus dem Tal abtransportierte. Die intensivste ist das Wandern auf dem großen Wegenetz. Die eleganteste hingegen ein Ritt durch die Schlucht. Über die Rte. 287 gelangt man nach

⊕ Wellsboro, einer perfekten amerikanischen Kleinstadt in den Woodlands und lange Zeit Handelsposten für die gesamte Region. An der gepflegten Main Street liegen Antiquitätengeschäfte und Läden mit erntefrischen Farmprodukten, nach Sonnenuntergang beleuchten Gaslaternen die heile Welt. Entlang des U.S. Highway 8 geht es weiter nach

❶ Towanda, ursprünglich in einer Region mit intensiver Holzwirtschaft und mehreren Sägewerken gelegen, heute Ausgangspunkt umfangreicher Gasbohrungen in der Umgebung. In unmittelbarer Nachbarschaft der Stadt befindet sich das »French Azilum« – 1793 errichteten französische Royalisten hier eine Flüchtlingssiedlung für Königin Marie Antoinette und ihre Kinder, wo sie nach geglückter Flucht aus dem revolutionären Frankreich leben sollten. Ihr Tod auf der Guillotine beendete im selben Jahr den Traum von einem »Versailles am Susquehanna River«. Das Ende der Tour markiert

❶ Tunkhannock mit seiner hübschen kleinen Hauptstraße, die vor ein paar Jahren ins »National Register of Historic Places« aufgenommen wurde. Einen Besuch wert sind die Creekside Gardens an der Village Lane mit ihrem Schmetterlingshaus, in dem sich unzählige einheimische Falter tummeln. Höhepunkt ist das jährliche »Butterfly Release Event« im September, wenn die flatternden Vertreter der Art »Monarch« zu ihrer Reise ins wärmere Mexiko starten.

Oben: Wolken werfen ihre Schatten auf den Grand Canyon of Pennsylvania
Unten: Fußgängerbereich an der gepflegten Hauptstraße von Wellsboro

Infos und Adressen

SEHENSWÜRDIGKEITEN

Elk Country Visitor Center. Aus wenigen Metern Entfernung kann man hier mächtige Wapiti-hirsche beim Kämpfen oder Äsen beobachten. Jan.–März Sa, So 9–17, April/Mai, Nov./Dez. Do–Mo 9–17, Juni–Okt. tgl. 8–20 Uhr, 950 Winslow Hill Rd., Benezette, PA 15821, Tel. 814 787 5167, www.elkcountryvisitorcenter.com

ESSEN UND TRINKEN

The Beefeaters Restaurant. Angesagtes Steakhouse im historischen Gebäude der ehemaligen Carnegie Library. 27 Congress St., Bradford, PA 16701, Tel. 814 362 9717, www.thebeefeatersrestaurant.com

The Lodge at Glendorn. Rustikal-plüschiges Restaurant mit französisch inspirierter Küche und überzeugendem Weinkeller. 1000 Glendorn Dr., Bradford, PA 16701, Tel. 814 362 6511, www.glendorn.com

Wellsboro House. Die Speisekarte ist solide, ausgefallen sind die Bier-Varianten der hauseigenen Brauerei wie das Dan Smith's Chocolate Stoudt. 34 Charleston St., Wellsboro, PA 1690, Tel. 570 723 4687, www.thewellsborohouse.com

ÜBERNACHTEN

La Belle Auberge Bed & Breakfast. Idyllisches Quartier im Herzen der charmanten Stadt. 129 Main St., Wellsboro, PA 16901, Tel. 570 439 7845, www.labelleaubergeinn.com

Wheeler-Farley House. Privat geführtes Haus inmitten der Natur und direkt am Allegheny River. Route 62, East Hickory, PA 16351, Tel. 614 847 1240, www.thewheeler-farleyhouse.com

AKTIVITÄTEN

Grand Canyon of Pennsylvania. Für Erkundungen der Schlucht vermietet Pine Creek Outfitters Kanus, Räder oder Pferde und organisiert Touren. 5142 US-6, Wellsboro, PA 16901, Tel. 570 724 3003, www.pinecrk.com

Hunter Station Golf Course & Lodge. 18-Loch-Golfplatz am Allegheny River mit Übernachtungsmöglichkeiten. Rte. 62 S., Tionesta, PA 16353, Tel. 814 755 4558, www.hunterstation.com

Start in den Morgen: ein gehaltvolles Frühstück im La Belle Auberge – Bed & Breakfast

39 Autotour Laurel Highlands
Blütenpracht und wilde Wasser

Zwischen Pittsburgh im Westen, Johnstown im Osten und Uniontown im Süden erstreckt sich die bewaldete Mittelgebirgslandschaft der Laurel Highlands – nicht spektakulär, aber mit Orten von fast meditativer Stille, lauschigen Seen, rauschenden Wasserfällen und zauberhaften State Parks. Die bedeutendste touristische Attraktion ist freilich Frank Lloyd Wrights architektonisches Meisterwerk »Fallingwater«.

Wer in den Laurel Highlands im Südwesten Pennsylvanias wandern will, macht sich auf dem 113 Kilometer langen Trail vom Laurel Ridge State Park Richtung Süden bis zum Ohiopyle State Park auf den Weg. Entlang der Strecke kann man auf wildromantischen Plätzen zelten oder in Hütten übernachten. Mindestens ebenso lohnenswert ist eine Autotour durch die Region. Sie beginnt in

🅐 Bedford. Das 1758 errichtete Fort Bedford gab der Stadt den Namen. Seine Blütezeit erlebte der Ort ab 1804, als ein Schluck aus einer der hiesigen Mineralquellen angeblich über Nacht sämtliche Beschwerden eines Rheumakranken geheilt haben soll. Fortan pilgerten malade Zeitgenossen zum Kuren hierher. Präsident James Buchanan (1791–1868) machte das Bedford Springs Hotel zeitweise zu seinem »Summer White House«.

🅑 Shawnee State Park. Im Frühjahr taucht die Rhododendronblüte die Hänge in ein Blütenmeer aus Weiß, Rosa, Violett und Lila, im Herbst präsen-

Mitte: Fallingwater – Architektur-Ikone über dem Bear Run Waterfall
Unten: In den Wäldern der Laurel Highlands fühlt sich das Eichhörnchen wohl

tieren sich Tal und Berge in spektakulärer Farbenpracht. Die Weiterfahrt über die nun kurvige Rte. 30 führt zum Platz des ehemaligen

© **SS Grand View Ship Hotel**, einst Traditionsherberge kurz vor dem Gipfel des Bald Knob Summit, gestaltet wie ein Dampfschiff und ein beliebter Anziehungspunkt für Touristen. Vor einigen Jahren brannte das skurrile Gebäude ab – geblieben ist ein Felsvorsprung mit einem großartigen Ausblick über die Gebirgszüge von Maryland und West Virginia.

© **Ligonier.** Das maßstabsgetreu nachgebaute Fort Ligonier ist ein imposantes Festungswerk, 1758 im Original von den Briten erbaut. Mehr als nur einen Blick lohnt das hübsche Ortszentrum von Ligonier.

© **Fallingwater**, wohl einer der spektakulärsten Bauten Frank Lloyd Wrights, Amerikas Architektengenie, hoffnungsloser Schürzenjäger und kreatives Wunderkind. Für seinen Klienten Edgar J.

Oben: Wildwasser-Rafting auf dem Youghigheny River
Unten: George Washington: 1754 erlitt er seine einzige Niederlage

207

Kaufmann, einen wohlhabenden Warenhausbesitzer aus Pittsburgh, baute Wright ab 1935 nicht nur ein Haus mit Blick auf den Wasserfall, wie von Kaufmann gewünscht. Fallingwater liegt darüber, die Wassermassen stürmen unter dem Bau hindurch – ein Maßstäbe setzendes Beispiel organischer Architektur und heute ein viel besuchtes Museum. Weiter geht es zum

F **Ohiopyle State Park**, einem Paradies für Wildwasserfahrer. Der Youghiogheny River, der das Tal durchrauscht, gilt vor allem im Frühjahr selbst bei geübten Raftern als eine Herausforderung, im Sommer ist der mittlere Abschnitt auch für Anfänger geeignet. Wer lieber an Land bleibt, kann auf dem Youghiogheny River Trail am Fluss entlang durch den State Park von Confluence nach South Connellsville wandern und sich an der herrlichen Flora und Fauna erfreuen.

G **Fort Necessity National Battlefield.** Hier fand 1754 die erste größere Schlacht des French and Indian War statt. Der damals 22-jährige Major George Washington musste eine Niederlage einstecken – die einzige in seiner gesamten Militärlaufbahn.

H **Laurel Hill State Park.** Je nach Jahreszeit verwöhnt der idyllische Park seine Besucher mit einer Blütenpracht von Magnolien, Lilien und Hibiskus. Es gibt Wanderwege, Naturlehrpfade und eine Fülle von Freizeitaktivitäten. Die Fahrt endet in

I **Somerset**, der Heimat des Somerset Historical Center. Das Freilichtmuseum informiert über das Landleben und die Menschen früherer Tage. Highlights sind ein Farmhaus aus dem Jahr 1770, die überdachte hölzerne Walter's Mills Bridge, eine kleine Manufaktur für Ahornzucker sowie eine Presse für Cider (Apfelwein).

Oben: Je nach Jahreszeit ist der Youghiogheny River für Anfänger und fortgeschrittene Rafter eine Herausforderung
Unten: Über den Laurel Hill Creek führt die historische Barronvale Covered Bridge

Infos und Adressen

SEHENSWÜRDIGKEITEN

Compass Inn Museum. Postkutschenstation von 1799 mit Gasthof, Kochhaus, Schmiede und Scheune. Mai–Okt., Di–Sa 11–16, So 13–17 Uhr, 1386 Lincoln Hwy., Laughlintown, PA 15655, www.compassinn.com

Fallingwater. Eines der berühmtesten Privat-häuser des Architekten Frank Lloyd Wright und heute Museum. März–Dez. Do–Di (Visitor Center 9.15–16 Uhr, Café Do–Di, 8.15–18 Uhr, Besichtigungstouren nach Voranmeldung), 1491 Mill Run Rd., Mill Run, PA 15464, Tel. 724 329 8501, www.fallingwater.org

Somerset Historical Center. Ganzjährig Di–Sa 9–17, April–Okt. So 12–17 Uhr, 10649 Somerset Pike, Somerset, PA 15501, www.somersethistoricalcenter.org

ESSEN UND TRINKEN

Historic Summit Inn Resort. Ob in Mae's Dining, der Wunder Bar oder The Veranda – man fühlt sich in dieser originalen Art-déco-Umgebung wie auf einer Zeitreise. Serviert werden traditionelle Favoriten. 101 Skyline Dr., Farmington, PA 15437, Tel. 724 438 8594, www.summitinnresort.com

The Road Toad. Familienfreundliches Restau-rant am Loyalhanna-Fluss mit solider, frischer Küche. 2726 Rte. 30, Ligonier, PA 15658, Tel. 724 539 7623, www.theroadtoad.com

ÜBERNACHTEN

The Chancellor's House. Familiäres B & B in ei-nem viktorianischen Haus im Herzen der Stadt. 341 S. Juliana St., Bedford, PA 15522, Tel. 814 310 9324, www.thechancellorshouse.com

The Inne at Watson's Choice. Stilvoll einge-richtete Zimmer – wahlweise in einem histo-rischen Farmhaus oder in zwei Cottages. 234 Balsinger Rd., Uniontown, PA 15401, Tel. 724 437 4999, www.watsonschoice.com

AKTIVITÄTEN

Rafting. Anbieter von Touren auf dem Youghio-gheny River: Laurel Highland River Tours (www.laurelhighlands.com), Wilderness Voya-geurs (www.wilderness-voyageurs.com) und White Water Adventurers (www.wwaraft.com)

40 Autotour Pennsylvania Dutch Country
Zwischen Pietät und »Hell's Hole«

Zeit zurückgedreht: Im Pennsylvania Dutch Country kann man die landwirtschaftlich verwurzelte traditionelle Lebensweise der Glaubensgemeinschaft der Amischen erleben. Hier fahren Besucher an Pferdewagen vorbei durch eine idyllische Landschaft und über die berühmten überdachten Holzbrücken. Und sie genießen die authentische Amish-Küche.

Die Amischen (engl. *Amish*) verließen Anfang des 18. Jahrhunderts ihre Heimat in Süddeutschland, im Elsass und der Schweiz und siedelten im Vorland der Appalachen. Im alten Europa als täuferisch-protestantische Glaubensgemeinschaft verfolgt, gelang es ihnen, in der neuen Welt eine Heimat zu finden, in guter Nachbarschaft zu den »Englischen«, den Nicht-Amischen. Dass sie von diesen auch »Pennsylvania Dutch« genannt wurden, liegt übrigens an der Lautverwandtschaft von »Deutsch« und »Dutch«. Heute leben in den USA Nachfahren der religiösen Eiferer in 427 Siedlungen in mehr als 30 Bundesstaaten, außerdem in mehreren kanadischen Provinzen.

Besonders das Lancaster County in Pennsylvania bildet ein Zentrum mit mehr als 30 000 Amish People. Die Landwirtschaft bestimmt ihr Leben – auf traditionelle Art und Weise. Alles Moderne, ob Anbaumethoden oder Technik, wird erst nach genauer Prüfung akzeptiert oder abgelehnt. Heilig ist den Amischen hingegen die Familie. Sie besitzt einen ebenso hohen Stellenwert wie Bibeltreue,

Junger Amisch-Mann im Städtchen mit dem frivolen Namen Intercourse

Pennsylvania Dutch Country

Gemeinschaft und Einklang mit der Natur. Verpönt sind Luxus und Eitelkeit.

Einspännige Pferdewagen, Feldarbeit, Strohhüte, Windmühlen und Handwerk sind häufige Assoziationen mit den Amischen. Klischees? Sicherlich, aber bei einem Aufenthalt im Pennsylvania Dutch Country werden diese bestätigt. Für Besucher gilt so oder so: Die Privatsphäre der gläubigen Eigenbrötler sollte unbedingt respektiert werden.

Ⓐ Intercourse. Hier, am Ausgangspunkt der Tour, gehören Pferdekutschen und Amish People in ihrer Tracht zum Straßenbild. In der Old Candle Barn kann man Handwerkern beim Kerzengießen zusehen. Weiter geht es über die Rte. 322 zum

Ⓑ Ephrata Cloister. Seit 1732 Sitz einer pietistischen Gemeinschaft. Hier entstanden Werkstätten sowie eine Mühle. Besondere Bedeutung hatte die seit 1742 bestehende Klosterdruckerei, wo 1748 die erste deutsche Ausgabe des *Märtyrerspiegels* gedruckt wurde. Das Kloster ist heute ein Museum. In Sturgis Pretzel Bakery im nahen Lititz wurden 1861 die ersten amerikanischen *Pretzel* gebacken. Auf der Rte. 222 erreicht man das

Ⓒ Landis Valley Museum. In zwei Dutzend restaurierten und rekonstruierten Gebäuden erwachen Geschichte und ländliches Leben der Pennsylvania-Deutschen im 18. und 19. Jahrhunderts wieder zum Leben.

Ⓓ Lancaster. Das Fulton Opera House von 1852 ist angeblich das älteste Theater in den USA mit durchgehendem Betrieb. Das Soldiers and Sailors Monument auf dem Penn Square erinnert an die gefallenen US-Soldaten, das historische W. W. Griest Building liegt unmittelbar nordwestlich davon. Auf der Rte. 30 geht es nach

Oben: Pferdekutsche an viel befahrener Straße
Mitte: Grabsteine auf dem alten Friedhof des historischen Ephrata Cloister
Unten: Von wegen freudlos – junge Amische beim Volleyball-Spiel in einem Park

E Marietta. Sehenswert sind hier die Ashley and Bailey Silk Mill, das Joseph Bucher House, der Chickies Historic District, das Linden House und das Marietta Historic District – allesamt gelistet im National Register of Historic Places. Highlight ist allerdings Wheatland, Landsitz von James Buchanan, 15. Präsident der Vereinigten Staaten, auf dem er 1868 starb. Im Osten der Rundreise liegt das

F Hans Herr House. Das 1719 von Schweizer Mennoniten aus St. Gallen erbaute Gebäude gehört zu den ältesten erhaltenen Steinhäusern in den USA und ist heute Teil eines Freilichtmuseums. Alljährlich findet hier das Snitz-Fest statt; Mitarbeiter in historischer Tracht führen dann traditionelle Handwerkskünste und Farmtechniken vor. Die Tour endet in Strasburg.

G Strasburg. Im 17. Jahrhundert handelten hier französische Jäger mit Delaware-Indianern. Bald folgten hugenottische Siedler, die dem Ort den Namen gaben. Mit dem wirtschaftlichen Aufschwung wurde das Klima rauer, zeitweise trug die Stadt den unrühmlichen Beinamen »Hell's Hole« (Hölle auf Erden). Heute ziehen das Railroad Museum of Pennsylvania und das National Toy Train Museum (ein Museum mit Spielzeugeisenbahnen) wieder große und kleine Besucher an.

Oben: Auf dieser Amisch-Farm bei Paradise helfen noch Pferde beim Bestellen der Felder
Mitte: Alte Mühlsteine zieren die Beete des Hans Herr House
Unten: Selfie mit schwarzem Lama im Kinderzoo des Kitchen Kettle Village

Infos und Adressen

SEHENSWÜRDIGKEITEN

Landis Valley Village and Farm Museum.
Jan.–Mitte März Mi–Sa 9–17, So 12–17,
Mitte März–Dez. Di–Sa 9–17, So 12–7 Uhr,
2451 Kissel Hill Rd., Lancaster, PA 17601,
www.landisvalleymuseum.org

ESSEN UND TRINKEN

Dienner's Country Restaurant. Seit 1993
überzeugt hier die Amish-Familie Dienner mit
schmackhafter Hausmannskost. 2855 Lincoln
Hwy. E, Ronks, PA 17572, Tel. 717 687 9571,
www.dienners.com

Stockyard Inn. 1750 errichtet und eines der
ältesten Steakhäuser der USA. Schon Präsident James Buchanan (1791–1868) gehörte
zu seinen Besitzern. 1147 Lititz Pike,
Lancaster, PA 17601, Tel. 717 394 7975,
www.stockyardinn.com

ÜBERNACHTEN

Equestrian Estates Horse Farm B & B. Restaurierte Farm aus dem 18. Jahrhundert mit viel

Komfort und Sonntagsgottesdiensten in der
Scheune. 221 Shultz Rd., Lancaster, PA 17603,
Tel. 717 464 2164, www.equestrianbnb.com

Rocky Acre Farm Bed & Breakfast. Viele Tiere
zum Füttern und Streicheln gibt es auf diesem
familienfreundlichen Bauernhof mit neun Gäs-
tezimmern.1020 Pinkerton Rd., Mount Joy, PA
17552, Tel. 717 653 4449, www.rockyacre.com

EINKAUFEN

Kitchen Kettle Village. Mehr als 40 kleine
Shops bieten hausgemachte Leckereien und
Kunsthandwerk, u.a. Quilts. 3529 Old Philadel-
phia Pke., Gordonville. PA 17529,
Tel. 717 768 8261, www.kitchenkettle.com

AKTIVITÄTEN

Strasburg Rail Road Dining Car. Eine historische Dampflok zieht einen Zug mit Speisewagen. Während drinnen gespeist wird, glei-
ten draußen Hügel und Amish-Farmland
vorüber. 301 Gap Rd., Ronks, PA 17572,
Tel. 866 725 9666, www.strasburgrailroad.com

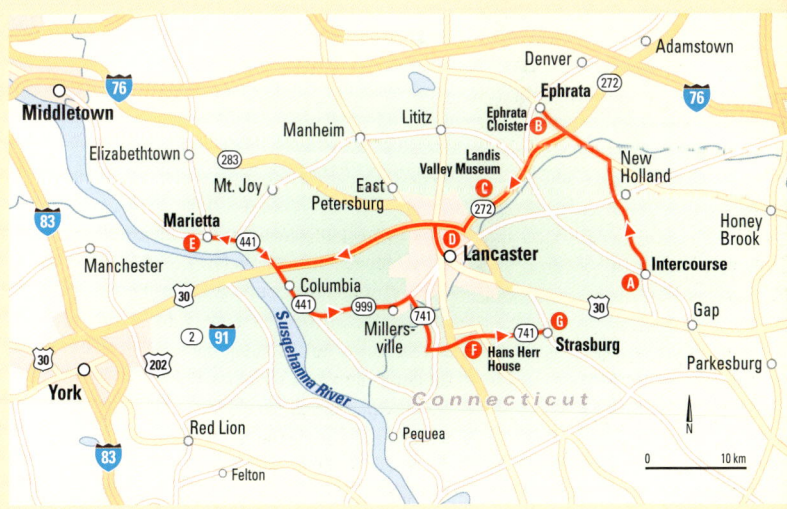

41 Pittsburgh
Urbane Renaissance

Pittsburgh könnte sich eigentlich auch Phoenix nennen. Denn die Metropole am Zusammenfluss von Monongahela River und Allegheny River, die früher die Welthauptstadt des Stahls war und dann fast zusammen mit ihrer Industrie zugrunde ging, ist in den letzten Jahren und Jahrzehnten aus der Asche zu neuem Glanz aufgestiegen.

»Abandon it!« – »Verlasst diese Stadt!« So lautete der Rat des legendären Architekten Frank Lloyd Wright (1867–1959), als die einst stolzen Stahlunternehmen Pittsburghs in die Krise gerieten. Nicht mehr Reichtum, sondern Rost sollte künftig das Image der »Iron City« prägen. Bald war jeder fünfte Bürger arbeitslos. Zwischen 1950 und 2010 wanderte die Hälfte der Stadtbevölkerung ab.

Forschung auf Weltniveau

Heute steht Pittsburgh für eine hochinnovative Start-up-Szene und Forschung auf Weltniveau. 19 Nobelpreisträger nennen die Carnegie Mellon University (CMU) ihre Alma Mater, vier weitere Universitäten glänzen mit Höchstleistungen auf medizinischem, künstlerischem und geisteswissenschaftlichem Gebiet. Das Pittsburgh Symphony Orchestra und die Oper zählen zu den Besten des Landes. Das Geheimnis dieses Erfolgs liegt in kluger strategischer Planung, die konsequent auf die Zukunftsbranchen IT, Robotik und Medizin setzt. Es gelang, multinationale Unternehmen wie Google oder Alcoa in die Stadt zu locken. Auch deutsche Großkonzerne wie Bayer oder Bosch haben hier bedeutende Niederlassungen gegründet.

Mitte: 250 Jahre Geschichte Pennsylvanias im Senator John Heinz History Center
Unten: American-Football-Training der Pittsburgh Steelers

Begegnung: Monongahela und Allegheny River

Blick von oben

Bei Nacht spiegelt sich die eindrucksvolle
Skyline Pittsburghs im Wasser. Im Talkessel
der Appalachen, in dem die Briten während des
Siebenjährigen Krieges im Jahr 1758 das Fort Pitt
errichteten, fließen der Monongahela River und
der Allegheny River zum mächtigen Ohio River
zusammen. Den schönsten Blick hat man vom
Mount Washington aus, die Standseilbahn Monongahela Incline bringt Besucher und Einwohner
seit 1870 auf charmant-altmodische Weise auf
den Gipfel. Einst gab es die »Inclines« überall in
der Stadt, heute sind nur noch zwei davon übrig
geblieben: die Monongahela- und dle Duques-
ne Bahn. Ansonsten hat sich Pittsburgh zu einer
Stadt der Brücken entwickelt. Weit über 400 Kon-
struktionen schlagen zahlenmäßig sogar Venedig.

Football, Baseball und Hockey

In Pittsburgh wird nicht nur gut studiert und gut
Geld verdient – man schätzt auch die angeneh-
men Seiten des Lebens. Wie den Sport: Hier ist
man Fan der Pittsburgh Steelers. Das American-
Football-Team hat in der Profiliga NFL schon einige Male den Super Bowl gewonnen. Fast immer

Nicht verpassen

FLIGHT 93 NATIO-
NAL MEMORIAL

Eine gute Stunde Fahrt-
zeit südöstlich von Pittsburgh entfernt befindet sich das
9/11-Memorial. Am 11. September 2001 stürzte United Airlines
Flug 93 hier im Somerset County
ab. Den Weg des Flugzeugs am
Boden zeichnet heute ein schwar-
zer Steinweg nach. Er führt zum
Ende eines Vorsprungs, einer
Aussichtsplattform und setzt sich
etwas tiefer als Linie fort – bis zu
dem Punkt auf dem Feld, wo das
Wrack der Maschine endgültig liegen blieb. Besucher stehen ergrif-
fen vor hohen Marmorwänden,
auf denen die Namen der 40 Opfer
verzeichnet sind. Im Visitor Center
gibt es eine Ausstellung über den
Tag, der aus einem einfachen
Acker ein *field of honor* machte.

9/11-Memorial.
6424 Lincoln Hwy. 30,
Stoystown, PA 15563,
Tel. 814 893 6322,
www.nps.gov/flni

sind die 65 000 Plätze im Stadium Heinz Field ausverkauft. Alternativ begeistern aber auch die Pittsburgh Pirates in der Major League Baseball und die Pittsburgh Penguins in der National Hockey League ihre Anhänger.

Kulturfans kommen in Pittsburgh ebenfalls auf ihre Kosten, etwa im Andy Warhol Museum. Die Pop-Art-Ikone wurde 1928 in Pittsburgh geboren, zog allerdings später nach New York. Bald nach seinem mysteriösen Tod 1987 ehrte man Warhol in seiner Heimatstadt mit der Errichtung eines Museums.

Trendig: der Strip District

Einen Besuch wert ist auch der hippe Strip District, eines von 90 Vierteln Pittsburghs, mit kleinen, inhabergeführten Shops. In einer Seitenstraße befindet sich Pamela's Diner. Barack Obama war als Präsident bei einem Besuch so begeistert von den leckeren Pancakes, dass er die Inhaberinnen Pamela und Gail ins Weiße Haus einlud. Auch die Destillerie Wigle Whiskey gehört zur Nachbarschaft.

Verlassene Lagerhallen wurden im Strip District zu Galerien umfunktioniert, Industrie-Charme – hier hatte auch Heinz Ketchup seinen Ursprung – trifft auf neue Geschäftsideen und auf moderne Kunst. So war Pittsburghs Opernhaus an der Liberty Avenue in seinem früheren, nicht ganz so künstlerischen Leben eine 1869 errichtete Fabrik für Eisenbahn-Druckluftbremsen.

Unzählige Berufstätige versorgen sich im Strip District entlang des Allegheny River in ihren Mittagspausen mit Pizza, Piroggen – oder im Primanti Bros an der 18th Street mit einem Pittsburgh-Klassiker: dem Haus-Burger mit Fleisch, Coleslaw und Pommes – allerdings nicht als Beilage, sondern *auf* dem Burger!

Oben: Fünf Exemplare der mehr als 400 Brücken Pittsburghs
Unten: Kunterbunter Modeladen im angesagten Strip District

Infos und Adressen

SEHENSWÜRDIGKEITEN

Andy Warhol Museum. Die wohl größte Sammlung mit Werken der Pop-Ikone zeigt seine Heimatstadt. Tgl. 10–17 Uhr, 117 Sandusky St, Pittsburgh, PA 15212, Tel. 412 237 8300, www.warhol.org

Carnegie Museum of Art. Dauerausstellung mit Werken des französischen Impressionismus, amerikanischen Künstlern seit dem 19. Jahrhundert und zeitgenössischer Kunst. 4400 Forbes Ave., Pittsburgh, PA 15213, Tel. 412 622 3131, www.cmoa.org

ESSEN UND TRINKEN

LeMont Restaurant. Dunkles Holz, Kerzenlicht, Livemusik und eine großartige Aussicht auf die Skyline der Stadt. 1114 Grandview Ave., Pittsburgh, PA 15211, Tel. 412 431 3100, www.lemontpittsburgh.com

Monterey Bay Fish Grotto. Ein Fischrestaurant auf einem Berg? *Crab Cakes*, Lobster & Co. liefern hier den Beweis, dass es ausgezeichnet passt. 1411 Grandview Ave., Pittsburgh, PA 15211, Tel. 412 481 4414, www.montereybayfishgrotto.com

ÜBERNACHTEN

Morning Glory Inn. Im Southside Historical District versteckt sich dieses B & B in einem zauberhaften viktorianischen Stadthaus. 2119 Sarah St., Pittsburgh, PA 15203, Tel. 412 431 1707, www.gloryinn.com

Renaissance Pittsburgh Hotel. Klassisches Downtown-Hotel in historischem Gebäude von 1906. Nach einem Zimmer mit Blick auf den Allegheny River fragen! 107 6th St., Downtown, Pittsburgh, PA 15222, Tel. 412 562 1200, www.renaissancepittsburgh.com

AKTIVITÄTEN

Burgh Bits & Bites. Geführte Touren erkunden die Viertel der Stadt, vermitteln Geschichte und erzählen Anekdoten, während in den Restaurants, Cafés und Bistros probiert werden darf. www.burghfoodtour.com

Einmal Prinzessin sein: Junge Beauties posieren während ihrer Prom Night für ein Foto

DIE CAPITAL REGION

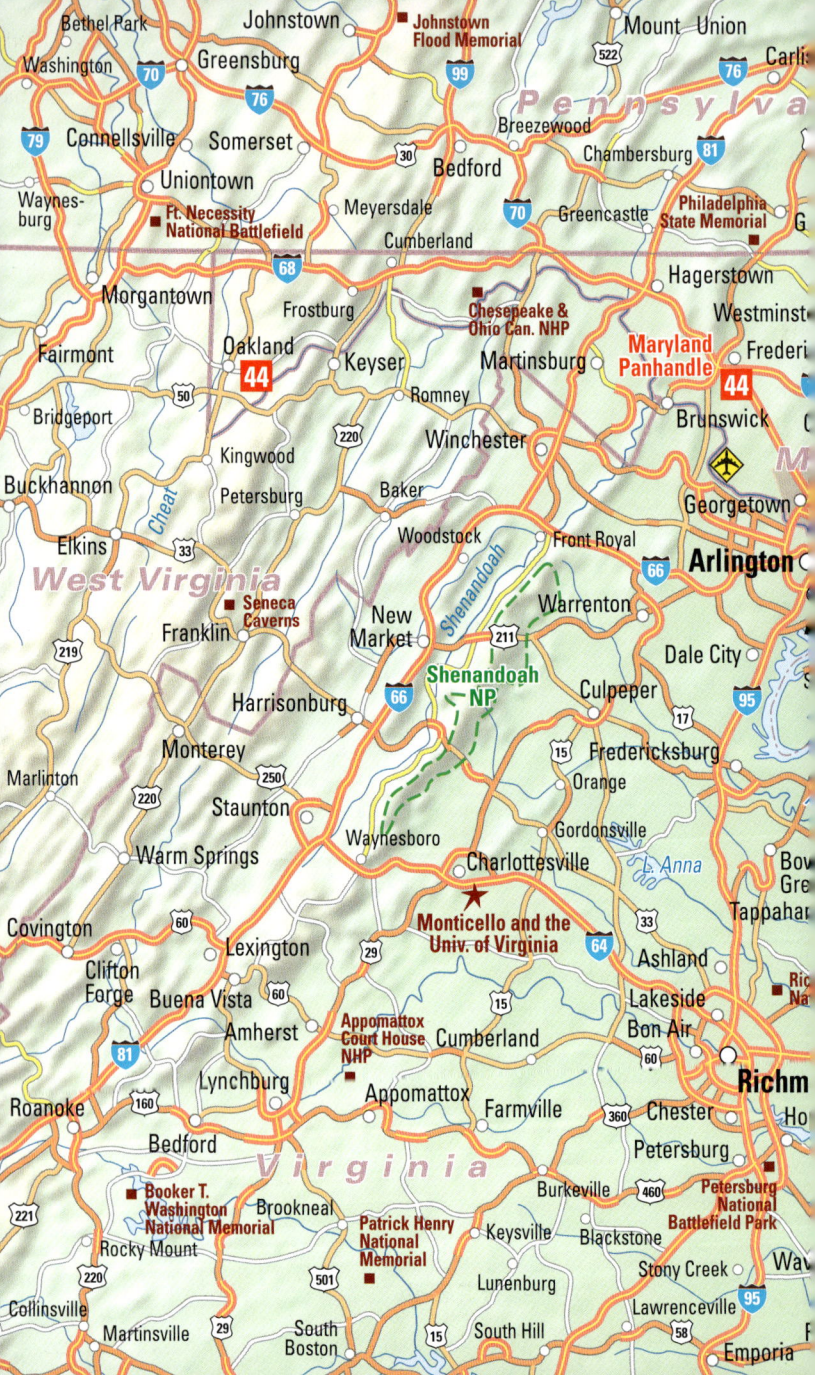

42 Baltimore
Robuster Charme am Hafen

Baltimore genießt unter Touristen keinen guten Ruf – zu Unrecht. Die Stadt lockt statt mit prunkvollen Bauten oder anderen augenfälligen Anziehungspunkten mit eher versteckten Attraktionen. So dürfen eine Hafenrundfahrt und natürlich der Besuch eines Restaurants nicht fehlen, wo man die leckeren Blue Crabs, die in der Chesapeake Bay gefangen werden, und andere maritime Genüsse probieren kann.

Baltimore ist seit jeher eine bedeutende Hafenstadt. Eine Schönheit war sie nie: Im Zentrum der Arbeiterstadt gab es nicht viel Platz für architektonische Pracht. Doch man hat hier aus dem urbanen Manko eine Tugend gemacht: Statt Werften und Werkshallen säumen heute 200 Restaurants und Läden den Inner Harbor, ein lebendiges Beispiel gelungener Stadtsanierung. Und während die einen Besucher bei einer Fahrt mit dem Water Taxi einen ersten Überblick suchen, probieren andere frische Meeresfrüchte aus der Bay oder klettern an Bord der *USS Constellation*, das einzige aus dem Bürgerkrieg erhaltene US-Kriegsschiff.

Spannend ist es für Literaturfreunde, durch die Straßen zu streifen und Spuren des Romantikers und Gruselexperten Edgar Allan Poe zu entdecken. In Baltimore schrieb der Dichter *(Der Rabe, Der Untergang des Hauses Usher)* seine ersten Kurzgeschichten. Und er starb hier 1849 unter bis heute ungeklärten Umständen, nachdem er bewusstlos in der Gosse gefunden worden war. Poes Grab befindet sich auf dem kleinen Kirchhof an der Ecke Fayette und Greene Street, markiert von einem mächtigen Marmorblock.

S. 218/219: Wild lebendes Pony auf dem Assateague Island
Mitte: Baltimores Inner Harbor gilt als Beispiel …
Unten: … für eine erfolgreiche Stadtsanierung

Fütterung im National Aquarium

Downtown Baltimore

Einfach gut!

Zentrale Achse von Downtown ist die Charles Street, die von zahlreichen Läden, Restaurants und Cafés gesäumt wird. Westlich davon liegt Lexington Market, die älteste Markthalle der Stadt mit mehr als 140 Händlern. Bei Faidley's Seafood werden Austern und Garnelen aus der Chesapeake Bay serviert.

Das kulturelle Herz Baltimores, der Mount Vernon Cultural Historic District, liegt nördlich auf einer sanften Anhöhe und ist auf einem leichten Fußweg die Charles Street aufwärts erreichbar. Auf dem Hügel erhebt sich eine dorische Säule von 54 Metern Höhe, die George Washington gewidmet ist. 228 Stufen führen zur Spitze mit einer schönen Aussicht auf Baltimore und den Hafen.

Little Italy ist ein Stadtteil mit überwiegend italienischstämmiger Bevölkerung. Hier dreht sich alles ums Essen: Pasta, Wein, Gebäck – eine gute Adresse für lauschige Sommerabende. Fell's Point schließt sich an Little Italy an und besitzt eher maritimes Flair. Die alten Werften und Lagerhäuser sind nicht mehr in Betrieb, aber es gibt eine rege Kneipenszene.

NATIONAL AQUARIUM

Eine faszinierende Unterwasserwelt eröffnet sich dem Besucher im Aquarium von Baltimore. Mehr als 10 000 Meeres- und Süßwassertiere, aber auch Schlangen, Frösche, Schildkröten und tropische Vögel tummeln sich dort in Becken und Schaukästen oder schwirren durch die Lüfte. Übersichtlich gestaltete Themenbereiche (Korallenriffe, Delfine und Haie, Lebende Küste, Tropischer Regenwald, Maryland Experience oder Qualleninvasion) stellen die »Bewohner« der jeweiligen Region vor. Man erhält Einblick in den Regenwald des Amazonas, wo neben Kaimanen und Piranhas auch prachtvolle Exemplare des scharlachroten Ibis zu bewundern sind. »Wild Extremes« zeigt u. a. Süßwasserkrokodile und Raubfische aus Australien.

National Aquarium. Tgl. 10–18, Sa, So 10–17 Uhr, 501 E Pratt St., Baltimore, MD 21202, https://aqua.org

Nah am Wasser gebaut

Baltimore leitet seinen Namen von Lord Baltimore ab, einem religiösen Freidenker, dem 1632 der englische König Charles I. das heutige Gebiet Maryland zur Verwaltung übergeben hatte. Die Stadt, im 17. Jahrhundert noch ein Handelsposten, entwickelte sich zur größten Ortschaft im Staate Maryland. Seit Beginn des 20. Jahrhunderts entstand eine blühende Industriemetropole mit einem der größten Meereshäfen der USA.

In dieser Stadt wurde die spätere Nationalhymne *Star-Spangled Banner* komponiert, wurde Baseball-Star Babe Ruth geboren und wuchs Jazzsängerin Billie Holliday *(On the Waterfront)* auf. Hier fuhr die erste Eisenbahn in den USA, gab es die erste telegrafische Verbindung, besitzt das Baltimore Museum of Art die größte Kollektion mit Werken von Henri Matisse. Als Beinamen wählt Baltimore gern Charm City oder Clipper City, man hört aber auch Crabtown nicht ungern. Und wer einmal bei einem Spiel der Baltimore Orioles (Baseball) oder Baltimore Ravens (Football) den Lokalpatriotismus der Einheimischen erlebt hat, merkt, dass eine Stadt nicht immer eine Schönheitskönigin sein muss, um geliebt zu werden.

Oben: Leuchtreklame über dem nächtlichen Häusermeer
Unten: Eine Kaffeepause mit moderner Architektur im Hintergrund

Infos und Adressen

SEHENSWÜRDIGKEITEN

American Visionary Art Museum (AVAM).
Fantasievolle Kunst in Dauer- und Wechsel-
ausstellungen. Di–So 10–18 Uhr, 800 Key
Hwy., Baltimore, MD 21230, Tel. 410 244 1900,
www.avam.org

Babe Ruth Museum im Geburtshaus des
legendären Baseballspielers George Herman
»Babe« Ruth. April–Sept. Mo–So 10–17,
Okt.–März Di–So 10–17 Uhr, 216 Emory St.,
Baltimore, MD 21230, Tel. 410 727 1539,
www.baberuthmuseum.org

Fort McHenry. Ehemaliges Militärfort und
Schauplatz einer der wichtigsten Schlachten
im Britisch-Amerikanischen Krieg. Tgl.
9–16.45 Uhr, 2400 E. Fort Ave., Baltimore,
MD 21230, Tel. 410 962 4290, www.nps.gov

Pride of Baltimore II. Nachbau des 1812
entstandenen Toppsegelschoners aus der Zeit
der Baltimore Clipper. Das Schiff ist heute als
»Goodwill«-Botschafter des Staates Maryland
im Einsatz. www.pride2.org

ESSEN UND TRINKEN

Bo Brooks. Genießer schätzen die *Maryland
crab soup*, die *jumbo lumb crab cakes* und die
fried oysters. Serviert mit einem Pitcher Bier
und Blick auf den Hafen. 2780 Boston St.,
Baltimore, Maryland 21224, Tel. 410 558 0202,
www.bobrooks.com

The Prime Rib. Die Deko ist dunkel, der Boden
trägt Leopardenmuster, die Pianomusik ist live
und jedes Steak einfach grandios. 1101 N.
Calvert St., Baltimore, Maryland 21201,
Tel. 410 539 1804, www.theprimerib.com

ÜBERNACHTEN

Gramercy Mansion. B & B mit elf eleganten
Zimmern im ehemaligen Haus Alexander J.
Cassatts, Besitzer der Pennsylvania Railroad.
1400 Greenspring Valley Rd., Baltimore,
Maryland 21153, Tel. 410 486 2405,
www.gramercymansion.com

The Admiral Fell Inn. Stilvolles, charmant
verwinkeltes Hotel im angesagten Stadtteil
Fell's Point. 888 S. Broadway, Baltimore,
Maryland 21231, Tel. 410 522 7377,
www.admiralfell.com

AKTIVITÄTEN

Black Heritage Tours. Geleitete Führung zu
den afroamerikanischen Wurzeln der Stadt.
Baltimore, MD 21229, Tel. 443 983 7974,
www.baltimore.org

Getränke für die Fans des Baltimore Grand Prix

43 Annapolis und Ocean City
Stolze Fischer und weiße Segel

Ohne Superlative kommen beide Städte nicht aus: »The White Marlin Capital of the World« nennt sich Ocean City stolz. Und Annapolis behauptet von sich, »Sailing Capital« der USA, wenn nicht gar der ganzen Welt zu sein. Mangelnde Bescheidenheit? Die haben die Orte am Atlantik und an der Chesapeake Bay gar nicht nötig.

Zwischen den Metropolen Washington D. C. und Baltimore hat es sich die 40 000-Einwohner-Stadt Annapolis gemütlich am Wasser eingerichtet. Lass die Nachbarn doch groß sein – Annapolis' Altstadt ist zauberhaft, mit liebevoll restaurierten Häusern aus mehreren Jahrhunderten und schmucken Straßen, in denen man in Ruhe flanieren kann. In zahlreichen Marinas liegen Hunderte von zumeist weißen Jachten – es scheint, als lernten die Einwohner hier eher Segeln als Laufen. Im Hafen an der Severn River Bay geht es lebhaft zu, besonders im Oktober, wenn die U.S. Sailboat Show stattfindet, die größte Segelschiff-Ausstellung der Welt.

Schmucke Uniformen

Leben bringen auch die mehr als 1000 jungen Offiziersanwärter der U.S. Naval Academy in die Stadt, die an der renommierten Eliteschule ausgebildet werden. Seit 1976 besuchen übrigens auch Frauen die Offiziersakademie. Auf dem Campus sind das Museum und die Naval Academy Chapel sehenswert; von Montag bis Samstag finden Paradeaufmärsche statt.

Mitte: Jachten in der Spa Creek Marina von Annapolis
Unten: *Assateague Horses* heißen diese wildlebenden Pferde auf der unbewohnten Düneninsel

Annapolis und Ocean City

Stoisch thront die mächtige Kuppel des Maryland State House am State Circle über dem munteren Treiben – sei es nun uniformiert oder in Zivil. Der älteste Regierungssitz der USA, der bis heute seine Funktion erfüllt, war von 1783 bis 1784 das Kapitol der damaligen US-Hauptstadt Annapolis. Heute beherbergt das Gebäude die Regierung des Bundesstaates Maryland. Vom State House sind es nur ein paar Schritte über die Cornhill Street zum Alex Haley Memorial am City Dock. Der Schriftsteller (1921–1992), selbst Nachfahre schwarzafrikanischer Sklaven, hatte mit seinem Roman *Roots*, für den er den Pulitzer-Preis erhielt, an die Herkunft und das Schicksal vieler afroamerikanischer Bürger erinnert. Millionen Leser litten mit Kunta Kinte und seinen Nachkommen, das Denkmal ist heute ein eindrucksvoller Appell gegen den Rassismus.

Wen es von der Chesapeake Bay ans offene Meer zieht, der fährt von Annapolis aus über den Highway 301 und dann weiter Richtung Osten bis zum Atlantik. Ruhesuchende werden die unbewohnte Düneninsel Assateague Island mit ihren wildlebenden Ponys schätzen. Hier kann man campen, Kajak fahren oder sich von Rangern die Naturphänomene des Biosphärenreservats erklären lassen.

Wer es belebter mag, den lockt Ocean City auf Fenwick Island, Marylands einziger Küstenort. Hier ist der feinsandige Strand die größte und beliebteste Attraktion. Hochseeangler stechen von hier aus mit dem Boot in See, Freizeitsportler vergnügen sich beim Surfen, Wasserski, Parasailing und Segeln. Sportlich weniger ambitionierte Feriengäste spazieren eisschleckend über die fünf Kilometer lange Strandpromenade. Im Sommer sorgen Konzerte, Strandfeuerwerk und Kinderbelustigung für Urlaubsspaß. Mit Achterbahnen, Wasserrutschen und einem Karussell von 1902 warten zudem mehrere Freizeitparks auf Besucher.

Infos und Adressen

ESSEN UND TRINKEN

Blackwall Hitch. Angesagtes Lokal mit durchdachter Gestaltung, ambitionierter Führung und überzeugender Küche. 400 6th St., Annapolis, MD 21403, Tel. 410 263 3454, www.theblackwallhitch.com

Blue Fish. Japanisches Restaurant und Sushi Bar mit umfangreicher Speisekarte und freundlichem Service. 9401 Coastal Hwy., Ocean City, MD 21842, Tel. 410 524 3983, www.bluefishocmd.com

Chart House. Mit Blick aufs Wasser darf man sich in wunderschönem Ambiente auf eine erlesene Meeresfrüchte-Küche freuen. 300 2nd St., Annapolis, MD 21403, Tel. 410 268 7166, www.chart-house.com/locations/annapolis

Sunset Grille. Mit Blick auf den Jachthafen genießt man hier Fisch, frische Meeresfrüchte, Steaks, Livemusik und ein kühles Bier. 12933 Sunset Ave., West Ocean City, MD 21842, Tel. 410 213 8110, www.ocsunsetgrille.com

ÜBERNACHTEN

Atlantic House Bed and Breakfast. Eines der letzten Häuser der Stadt aus den 1920er-Jahren. Charmant und strandnah. 501 North Baltimore Ave., Ocean City, MD 21842, Tel. 410 289 2333, www.atlantichouse.com

Gibsons Lodgings Historic Inn. Stilvolles Wohnen mitten in Annapolis historischem Viertel. 110 Prince George St., Annapolis, MD 21401, Tel. 877 330 0057, www.gibsonslodgings.com

44 Autotour Maryland Panhandle
Bloß keine Hektik

Im westlichen »Pfannenstiel« von Maryland lädt das Garrett County mit seinen sieben Seen zum Schwimmen, Wasserskifahren, Segeln oder Kajakfahren ein. Auf der Historic National Road, der ersten staatlich finanzierten Mautstraße Amerikas, die einst den Kontinent erschließen sollte, fährt man anschließend durch eine entspannte Provinz, die vor langer Zeit eingeschlafen zu sein scheint – zum Glück!

Wer heute im *Panhandle* von Maryland auf der Rte. 40A fährt, kommt im Prinzip 200 Jahre zu spät. Weil man nämlich jene Aufbruchsstimmung verpasst, die einst auf dieser Straße herrschte. Der Prototyp aller amerikanischen Interstate Highways sollte eine Bresche von der Ostküste bis zum Ohio Valley schlagen, über die Appalachen nach Cumberland und Wheeling und schließlich weiter bis zum Mississippi. Doch das ehrgeizige Vorhaben blieb auf dem Weg nach Westen stecken.

800 Meilen lang und 30 Fuß breit sollte die Straße sein, möglichst aus Schotter, wenn nötig aus Holzbohlen. Verkehren sollten darauf die geräumigen Conestoga *Wagons*, sechsspännige Pferdewagen mit mannshohen Rädern, die bis zu acht Tonnen Fracht befördern konnten. 1840 war die Trasse bis nach Vandalia in Illinois fertiggestellt – da hatte die Eisenbahn die wichtigen Verkehrsknotenpunkte längst woanders geschaffen.

Die Streckenführung von damals ist zumindest im Bundesstaat Maryland noch fast durchgehend erhalten – als zweispurige Landstraße zwischen

Mitte: Wartungsarbeiten an der Dampflok der *Scenic Western Maryland Railroad*
Unten: Blick auf die National Road östlich von Polish Mountain im Jahr 1913

Die Casselman Bridge (1813) bei Grantsville

Baltimore und Cumberland. Die Fahrt von West nach Ost beginnt in

Ⓐ Oakland. Am Rande des Swallow Falls State Park in den Allegheny Mountains bauten wohlhabende Industrielle aus Baltimore und Washington D. C. einst prächtige Sommerhäuser im viktorianischen Stil, von denen viele noch erhalten sind. Nächster Halt ist der

Ⓑ Deep Creek Lake State Park. Der größte Binnensee Marylands erfreut sich bei Wassersportlern und Anglern großer Beliebtheit. In den umliegenden Wäldern wird gewandert und gecampt. An der Kreuzung von Rte. 219 und der Rte. 40A liegt

Ⓒ The Cove Overlook/Keysers Ridge, von dem aus man eine herrliche Aussicht über das umliegende Hügelland mit kleinen Bauernhöfen und großen Silos, mit Weizenfeldern, Viehweiden und weiß umzäunten Pferdekoppeln hat. Richtung Osten über den Keysers Ridge erreicht man

Ⓓ Grantsville. Die hübsche Kleinstadt wurde seit dem frühen 19. Jahrhundert vor allem von Amischen und Mennoniten besiedelt. Im Penn Alps Restaurant & Craft Shop an der Casselman Road

Geheimtipp

ZUFALLS-BEKANNTSCHAFT

Während einer Reise durch die USA im Jahr 1975 fiel dem Schifferstädter Ehepaar Wagner in Maryland ein Hinweisschild auf: »Haus Shieferstadt« wies auf den 1756 erbauten Bauernhof der Familie Brunner hin, die im 18. Jahrhundert aus der Pfalz in die USA auswanderte und dort ihr neues Zuhause nach der alten Heimat benannte. Das Anwesen gilt als Musterbeispiel für deutsche Kolonialarchitektur und beherbergt heute ein Heimatmuseum. Aus der zufälligen Entdeckung entwickelte sich ein enger Kontakt zwischen der amerikanischen Stadt Frederick, zu der das ehemalige Farmhaus gehört, und dem deutschen Schifferstadt – was schließlich zu einer offiziellen »Verschwisterung« führte.

Schifferstadt Museum. April–Dez. Sa, So 13–16 Uhr, 1110 Rosemont Ave., Frederick, MD 21701, Tel. 301 663 3885, www.frederick-countylandmarksfoundation.org

verkaufen sie ihre handgewebten Körbe, selbst gemachte Apfelbutter und natürlich Quilts.

E New Germany State Park. Hier laden im Winter gepflegte Langlaufpisten zu stimmungsvollen Schneewanderungen ein. Die Spuren deutscher Siedler entlang der National Road sind übrigens eine Folge jener Reise, die William Penn 1680 in die Rheinpfalz unternahm, um Siedler für seine Kolonie anzuwerben. Zwar erreichten die meisten Immigranten tatsächlich Pennsylvania, doch ein gewisser Lord Baltimore konnte viele von ihnen später in die britische Kolonie Maryland locken.

F Cumberland. Mit der Weltwirtschaftskrise begann der Abstieg der bis dahin prosperierenden Industriestadt mit ihren Kohlebergwerken. Heute zeugen noch prachtvolle Villen der Eisenbahn- und Kohlebarone vom früheren Boom. Doch trotzig beharrt Cumberland auf seiner Rolle bei der Erschließung Nordamerikas: »The West began in the East« lautet das Motto der Stadt. Das La Vale Toll House, erbaut 1833, ist die einzige erhaltene Mautstation der National Road in Maryland.

G Green Ridge State Forest. Die größte Attraktion am südlichen Ende des Parks ist der Paw Paw Tun-

Oben: Rucksackwanderer am C & O Kanal im Green Ridge State Forest
Unten: Herbststimmung auf einer Landstraße bei Hancock

Oben: Hübsche Fassaden am Public Square in Hagerstown
Unten: Musketen werden in Frederick beim Nachspielen des Revolutionskrieges abgefeuert

nel. Von 1828 bis 1850 gebaut, durchfloss ihn ein Kanal als Transportweg vor allem für Lastschiffe, die damit zehn Kilometer auf dem Potomac River abkürzten. Heute ist der Tunnel Teil eines Wander- und Radweges von Georgetown bis Cumberland.

Ⓗ Hancock. Hier verengt sich der Staat Maryland zu einem drei Kilometer breiten Streifen Land zwischen West Virginia und Pennsylvania. Wer will, kann von einer Grenze zur anderen laufen und dadurch in weniger als einer Stunde drei Bundesstaaten betreten. Zur Belohnung gibt's ein T-Shirt mit der Aufschrift »I walked across Maryland«.

Ⓘ Fort Frederick State Park. Der Park am Potomac River beherbergt das letzte noch erhaltene Fort, das englische Siedler einst zum Schutz gegen französische Kolonialisten und ihre indianischen Alliierten errichteten.

Ⓙ Hagerstown. Nicht mehr befahrbar, aber sehr fotogen ist die Conococheague River Bridge westlich des Ortes, eine Natursteinbrücke von 1819.

Ⓚ Antietam National Battlefield. Mehr als zwölf Stunden dauerte die größte Schlacht des Amerikanischen Bürgerkriegs am 17. September 1862. Am Ende waren über 23 000 Opfer zu beklagen. Heute eine nationale Gedenkstätte.

Ⓛ Washington Monument State Park. Hier steht das älteste Ehrenmal, das Amerikas erstem Präsidenten George Washington gewidmet ist. Ornithologen nutzen die Aussicht auf das Cumberland Valley zur Zählung der durchziehenden Zugvögel.

Ⓜ Frederick, früher Zwischenstation für Wagenzüge Richtung »Wilder Westen«, heute eine europäisch anmutende Stadt mit einem umsichtig restaurierten Historic District.

Infos und Adressen

SEHENSWÜRDIGKEITEN

Jumbo's Pumpkin Patch. Vor allem im Herbst lohnt der Weg, besitzt die Farm doch eines der riesigsten Kürbisfelder der USA. Besucher können ihren eigenen *Pumpkin* ernten, sich im Maislabyrinth verirren oder Kunstgewerbliches erstehen. 6521 Holter Rd., Middletown, MD 21769, Tel. 301 371 6874, www.jumbos.org

La Vale Toll House. Restaurierte Mautstation von 1833, die noch die Liste der damaligen Straßengebühren zeigt. 14302 National Hwy., La Vale, MD 21502, Tel. 301 777 5132, www.marylandnationalroad.org

Scenic Western Maryland Railroad. Die originale 1916 Baldwin Lokomotive zieht mit Dampf ihre Waggons zu Rundfahrten oder Themen-Ausflügen. 13 Canal St., Cumberland, MD 21502, Tel. 240 920 6273, www.wmsr.com

ESSEN UND TRINKEN

Ellicott Mills Brewing Company. Was mundet hier zum hausgebrauten Bier? *Jagers Schnitzel*, *Bratwurst* – und *Cajun Alligator*. 8308 Main St., Ellicott City, MD 21043, Tel. 410 313 8141, www.ellicottmillsbrewing.com

VOLT. Moderne Haute Cuisine, die auf saisonale und lokale Zutaten baut. Zelebriert von Meisterkoch Bryan Voltaggio. Für den kleineren Geldbeutel gibt es das Dreigang-Probier-Menü. 228 N. Market St., Frederick, MD 21701, Tel. 301 696 8658, www.voltrestaurant.com

ÜBERNACHTEN

Carmel Cove Inn. Behagliche Gästezimmer, einige mit Privatbalkon und Kamin, in einem ehemaligen Karmeliterkloster am Deep Creek Lake. 105 Monastery Way, Oakland, MD 21561, Tel. 301 387 0067, www.carmelcoveinn.com

Savage River Lodge. Komfortable Unterkunft in Marylands größtem State Forest. Zur Wahl stehen Lodge, Hütte oder Luxus-Jurte. 1600 Mount Aetna Rd., Frostburg, MD 21532, Tel. 301 689 3200, www.savageriverlodge.com

Konzentrierte Arbeit in der Küche des VOLT in Frederick

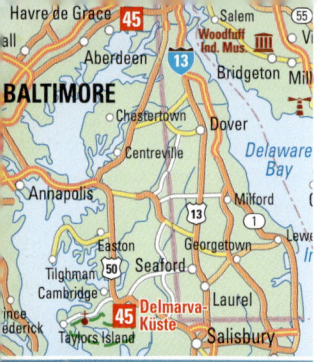

Blick von der City Bridge auf die malerische Chesapeake City

45 Autotour Delmarva-Küste
Entlang der Krabbenbucht

Es gibt viele Meeresbuchten in den USA, aber keine ist berühmter als die Chesapeake Bay. Dabei ist sie eigentlich eine gigantische Flussmündung. An der Ostseite kann man die Schönheiten dieses weitläufigen Gewässers und seiner vielen Inseln entdecken – am besten mit dem Segel- oder Motorboot entlang der Bay, aber auch während einer Fahrt entlang des Chesapeake Country Scenic Byway.

»Chesepiooc – großer Fluss« nannten hier ansässige Indianerstämme ihre wasserreiche Heimat. Bis heute gibt es am zerklüfteten Ostufer der Bay nur kleinere Orte oder Städte, in deren Marinas Jachten neben den Booten der Fischer dümpeln. Die Delmarva-Peninsula (den Namen bilden die drei Bundesstaaten, die sich die Halbinsel teilen: Delaware, Maryland und Virginia) wird geprägt von Marschlandschaften, Sümpfen. Wäldern und Weidegebieten. Hier leben Blaureiher, Seeadler, Störche, Wildgänse, Tundraschwäne und bevölkern Barsche, Krebse und Austern die Gewässer. Die Fahrt durch das Naturparadies beginnt in

🅐 **Havre de Grace**, am Nordende der Chesapeake Bay, das mit maritimem Charme punktet – und mit der hausgemachten Fiscreme von Bomboy's Home Made Candy an der Market Street in diversen Geschmacksrichtungen. Vorbei am kleinen Städtchen Elkton geht es nach

🅑 **Chesapeake City**, hübscher Ort mit viktorianischen Villen, Galerien und Shops der gehobenen Kategorie. Von hier aus lohnen Ausflüge zu den

Pferdefarmen der Umgebung – Maryland hat eine lange Tradition in Rennsport und Pferdezucht.

🟢 **Chestertown** gehörte bis Mitte des 18. Jahrhunderts zu Marylands führenden Häfen und wurde durch den Schiffsbau reich. Bis in den Spätherbst hinein starten Bootstrips zu Zielen entlang der Delmarva-Küste. Auch eine Fahrt mit einem der wenigen noch erhaltenen »Skipjacks« ist möglich, einem Boot für die Austernernte.

🔴 **Wye Mills.** Wer die Chesapeake Bay Bridge überqueren will, um auf die andere Seite der Bucht zu gelangen, sollte nicht unter Höhenangst leiden: Das gigantische Bauwerk buckelt an seiner höchsten Stelle in schwindelerregenden 56,7 Metern über dem Meer. Nervenschonender ist es, über Rte. 662 nach

🔴 **Easton** zu fahren. Die vielen reizenden Holzhäuschen mit ihren Veranden und die alten Villen geben der Stadt fast ein Südstaaten-Flair. Das

Oben: Restaurierungsarbeiten im Chesapeake Bay Maritime Museum in St. Michael's **Unten:** … eine Nordamerikanische Pfeifente schaut interessiert zu

235

Third Haven Meeting House an der Washington Street wurde 1682 von Quäkern erbaut.

F St. Michaels. Neben frischem Fisch, Shrimps und Austern kommt in der idyllischen Kleinstadt vor allem die heimische *Blue Crab* in vielen Variationen auf den Tisch. Im Chesapeake Bay Maritime Museum kann man nicht nur alles über die Krabben- und Austernfischerei lernen, auch Boote werden hier noch selbst gebaut und restauriert.

G Cambridge ist Zentrum der Fischerei und Austernzucht. Hier thront mit dem Choptank River Lighthouse einer der letzten Screw-Pile-Leuchttürme über der Chesapeake Bay – einst prägten mehr als 40 dieser Bauwerke, die auf langen Stelzen aus dem Wasser ragen, die Bucht. Endstation der Fahrt ist das

H Blackwater National Wildlife Refuge, ein Zufluchtsort für zahlreiche Zugvögel und mit seinen Feldern, Nadel- und Laubwäldern ein perfekter Platz für Naturfreunde zum Durchatmen.

Oben: Blick aus der Vogelperspektive auf die elegante Chesapeake Bay Bridge
Unten: Für Halloween gerüstet ist dieser Laden in St. Michael's

Infos und Adressen

SEHENSWÜRDIGKEITEN

Chesapeake Bay Maritime Museum.
Bietet auch Schiffstouren und Segelunterricht
an. Mai–Okt. 9–17, Nov.–April 10–16 Uhr,
213 North Talbot St., St. Michaels, MD 21663,
Tel. 410 745 2916, www.cbmm.org

ESSEN UND TRINKEN

Hemingway's. Die Meeresfrüchte-Gerichte
sind 1a, der Ausblick auf die Chesapeake
Bay Bridge ist sensationell. 357 Pier 1 Rd.,
Stevensville, MD 21666, Tel. 410 643 2722,
www.hemingwaysbaybridge.com

Phillips Crab House. Seit 1956 Haupthaus des
Phillips-Seafood-Imperiums, ein Familienunter-
nehmen, an dem kein Schalentier-Fan in Maryland vorbeikommt. Im Winter geschl. 21st St.
at Philadelphia Ave., Ocean City, MD 21842,
Tel. 410 289 6821, www.phillipsseafood.com

Scossa. Norditalien an der Chesapeake Bay:
Rippchen in Rotwein, Lamm mit Artischocken,
und auch die Krabben sind hier *alla provinciale*.
8 N. Washington St., Easton, MD, 21601, Tel.
410 822 2202, www.scossarestaurant.com

ÜBERNACHTEN

Bartlett Pear Inn. Viktorianisches Haus im historischen Downtown, dem Gastgeberin Alice
Lloyd einen erfrischend modernen Touch verlie-
hen hat. 28 S. Harrison St., Easton, MD 21601,
Tel. 410 770 3300, www.bartlettpearinn.com

The Inn at Osprey Point. Malerisches
Hotel im Kolonialstil direkt an der Marina.
20786 Rock Hall Ave., Rock Hall, MD 21661,
Tel. 410 639 2194, www.ospreypoint.com

AKTIVITÄTEN

Chester River. Mit der beinahe 100 Jahre alten
Jacht *River Packet* geht es zu nostalgischen
Touren auf dem Fluss. 101 High St.,
Chestertown, MD 21620, Tel. 410 635 0321,
www.chesterriverpacketco.com

Fangfrisch aus dem Meer: *Maryland Blue Crabs*

Amerikas Küche ist so vielfältig und abwechslungsreich wie seine Bewohner. Vor allem im Nordosten des Landes haben über Jahrhunderte hinweg Siedler aus Europa, ebenso wie in jüngerer Zeit asiatische und südamerikanische Einwanderer, ihre kulinarischen Spuren hinterlassen. Und manches, was in den Küchen am Atlantik zum ersten Mal brutzelte und köchelte, trat von dort einen weltweiten Siegeszug an.

Neuengland, wo einst die Pilgerväter landeten, ist gewissermaßen die Wiege der amerikanischen Küche. Ohne Hilfe der Indianer wären die ersten Siedler zunächst fast verhungert. Von den Ureinwohnern lernten sie, Mais und Wurzelgemüse zu nutzen und Ahornsirup zu gewinnen. Fisch gab es reichlich in den Küstengewässern, in den Wäldern Wild und Truthähne. Und Landwirte bauten bald Bohnen und Kürbis an sowie Gemüsesorten, die sie aus der Heimat mitgebracht hatten und die auch in dem raueren Klima gediehen. Das Ergebnis war eine deftige, gehaltvolle Küche mit Gerichten, die die Grundlage für harte körperliche Arbeit bildeten. Charakteristisch für die Regionalküche Neuenglands wurde die Verwendung von Milchprodukten, Kartoffeln, Ahornsirup und Cranberrys.

Auch wenn die Fischbestände seit den Siedlertagen zurückgegangen sind, ist der Nordosten der USA immer noch berühmt für Spezialitäten mit Fisch und

New York Cheesecake, hier mal ohne Glasur

Meeresfrüchten, Austern und Muscheln. Hier wurden die beliebten *Chowders* erfunden, allen voran die Muschelsuppe *Clam Chowder*. Eine erstaunliche »Karriere« hat der Hummer hinter sich: Galt er um 1900 noch als Arme-Leute-Essen und wurde von den Bauern als Dünger verwendet, ist er heute eine Delikatesse, die in Gourmet-Restaurants als Lobster Cocktail oder *Baked Stuffed Maine Lobster* auf der Speisekarte steht.

Große Karrieren

New York City – eine Stadt, in der nahezu alle Küchen der Welt repräsentiert sind – hat eine ganze Reihe lokaler Spezialitäten hervorgebracht. Am berühmtesten sind die New York-style *Bagels*, New York-style *Pastrami* (gepökeltes und geräuchertes Rindfleisch) und der New York-style *Cheesecake* (Käsekuchen aus Frischkäse und Eiern). Manche Gerichte, die in New York City erfunden wurden, haben weit über die Stadt hinaus Karriere gemacht, zum Beispiel *Eggs Benedict* (pochierte Eier mit Sauce Hollandaise), Waldorf-Salat, Vichyssoise (kalte

Kartoffel-Lauchsuppe), Reuben Sandwich (mit Corned Beef, Schweizer Käse und Sauerkraut), Pasta Primavera (Nudeln mit Spargel, Erbsen und Zuckerschoten) und *General Tso's chicken* (frittiertes Hähnchenfleisch in süß-scharfer Sauce).

Auch die jüdische Küche hat im »Big Apple« seit jeher großen Einfluss. Viele koschere Restaurants bieten eine Auswahl von Gerichten, die sich vom Angebot anderer amerikanischer Spitzenrestaurants auf den ersten Blick kaum unterscheiden. Der Koch arbeitet hier jedoch streng nach der Kaschrut, den koscheren Gesetzen. Andere sind auf die traditionelle jüdische Küche Osteuropas spezialisiert. Dazu gehören Klassiker wie *Gefilte Fish* (Fischklöße), *Knish* (gefüllte Klöße) und *Tzimmes* (ein süßer Karotteneintopf). Auch in jüdischen Delikates-

sen-Geschäften wie Katz's Deli in New York erhält man – neben den berühmtesten Pastrami-Sandwiches der Welt – traditionelle jüdische Spezialitäten wie *Kishka* (Wurst mit Rinder-Innereien), *Lox* (Pökellachs) und *Matzo Ball Soup* (Brühe mit Weizenknödeln). Wieder andere Restaurants bieten israelische Küche mit Gerichten wie Falafel (frittierte Klößchen aus Kichererbsenteig) und *Shawarma* (eine Art Gyros), die in allen Küchen des Nahen und Mittleren Ostens geschätzt werden.

Pushcarts, jene »Fresswägelchen«, die an jeder Straßenecke stehen und von Hotdogs und Pretzels, Bagels und Muffins, Donuts und Kaffee über Säfte, Salate und Obst bis hin zu *Knishes*, Pizza, Tortillas oder *Kabob* (Kebab) Spezialitäten aus aller Welt anbieten, gehören seit jeher zum New Yorker Straßenbild. Der neueste Trend sind *Gourmet Food Trucks*, quasi die kulinarische Steigerung der schlichten *Pushcarts*.

In den Kleinlastern mit Imbissfenster, die täglich – manchmal sogar stündlich – ihre Standorte wechseln und das über Twitter oder Facebook ihren treuen Kunden mitteilen, gibt es von Tacos und Crêpes über *organic sandwiches* und koreanische *Kimchi* bis hin zu südamerikanischen Spezialitäten, *Lobster Rolls*, Waffeln oder Falafel einfach alles.

Typisches New Yorker *Pushcart* mit Snacks

Alte Traditionen

Weiter südlich entlang der Atlantikküste setzten die strenggläubigen Pennsylvania

Dutch kulinarische Akzente. Die Küche dieser religiösen und kulturellen Minderheit, deren Angehörige meist von der Landwirtschaft leben und keine Lebensmittelkühlung kennen, beruht auf Techniken und Traditionen, die im ländlichen Europa des 18. Jahrhunderts weit verbreitet waren. Manche Produkte der Pennsylvania Dutch haben auch im nicht-mennonitischen Amerika weite Verbreitung gefunden, vor allem ihr Brot. Vereinzelt betreiben die Amish und Mennoniten auch Restaurants, in denen man ihre außergewöhnliche Küche kennenlernen kann. In Städten wie Pittsburgh oder Philadelphia stolpert man übrigens auch über Schnitzel, Sauerkraut & Co., da die ersten Siedler aus der Pfalz kamen.

Die cremige Muschelsuppe wärmt Leib & Seele

CLAM CHOWDER (MUSCHELSUPPE FÜR VIER PERSONEN)

Nahrhafte dicke Suppen mit Kartoffeln, Sellerie und allen möglichen Arten Fisch – das sind in der amerikanischen Küche die *Chowder*. Diese hier ist von der weißen Neuengland-Art, im Gegensatz zur roten, Tomaten-basierten »Manhattan-style« genannten Sorte.

Zutaten

1 EL Butter
75 g Frühstücksspeck, fein gewürfelt
1 Zwiebel, fein gehackt
1 Knoblauchzehe, zerdrückt
1 leicht geh. EL Mehl (30 g)
600 ml Fisch- oder Hühnerfond (Glas)
250 g mehligkochende Kartoffeln, in Würfeln geschnitten
100 g Staudensellerie, in Scheibchen
1500-g-Packung frische Miesmuscheln
125 ml Milch
125 ml Sahne

1 Spritzer Zitronensaft
Salz, Pfeffer nach Geschmack
frische gehackte Kräuter wie Petersilie, Schnittlauch oder Dill

Zubereitung

Die Butter in einem Topf zerlassen, Speck, Zwiebeln und Knoblauch darin glasig braten. Mehl dazugeben und unter Rühren kurz braten.

Den Fischfond angießen. Kartoffelwürfel und Selleriescheibchen dazugeben und Suppe etwa zehn Minuten köcheln lassen, das Gemüse sollte noch nicht weich sein.

Die Muscheln schrubben, alle bereits geöffneten wegwerfen. Miesmuscheln in die kochende Suppe geben und weitere zehn Minuten köcheln lassen. Dann Sahne und Milch einrühren und mit den Gewürzen abschmecken. Kräuter dazugeben und heiß mit Crackern servieren.

46 Wilmington und Dover
Stadt der Briefkasten-Firmen

Ohne dem Ort Unrecht tun zu wollen: Als Stadt ist Wilmington eher von einer ausgeprägten Durchschnittlichkeit. Eine Ausnahme bildet das gepflegte Geschäfts- und Finanzviertel. Mit vielen Hochhäusern, die kein Firmenschild tragen. Wilmington ist die Stadt der Briefkastenfirmen, einige Hunderttausend sind hier registriert. Weiter südlich zeigt Dover auf einer Plantage das Leben der Kolonialzeit.

Mögen die Stadtväter auch mit Nachdruck abstreiten, dass Wilmington eine Steueroase ist: Fakt bleibt, dass der Bundesstaat Delaware knapp eine Million Einwohner zählt – und etwas mehr als eine Million hier gemeldete Unternehmen. Tatsache ist aber auch, dass allzu viel von dem Geld nicht in Wilmington bleibt, sonst sähen seine Viertel sicher repräsentativer oder gar mondäner aus.

Schwedische Anfänge

Die ersten Ankömmlinge dürften kaum an solche Steuer sparenden Konstrukte gedacht haben, als sie im März 1638 hier vor Anker gingen. Seinerzeit erreichte eine schwedische Expedition mit den Schiffen *Kalmar Nyckel* und *Vogel Grip* unter Führung des Seefahrers Peter Minuit die Küste des heutigen Delaware. Die Siedler aus dem fernen Skandinavien errichteten das nach ihrer damaligen Monarchin benannte Fort Christina; die schwedischen Wurzeln lassen sich noch heute in der blau-gelben Flagge Wilmingtons finden. 1655 übernahmen Niederländer die schwedische Kolonie, 1664 dann die Briten.

Mitte: Boardwalk am Christina River in Wilmington
Unten: Ehemals Anwesen der DuPonts, beherbergt »Winterthur« in Wilmington heute das Museum für dekorative Kunst
Rechte Seite: Restaurantschild in Dover

Wilmington und Dover

Im Jahr 1802 gründete das Unternehmen DuPont die erste Schießpulverfabrik. Vor allem während des Sezessionskrieges wuchs die Stadt. In Folge prägten sowohl der Stahlschiffbau als auch die Produktion von Schwarzpulver und Leder den Ort. Beide Weltkriege förderten die industrielle Entwicklung Wilmingtons, weitere Werften, Stahlhütten und chemische Werke entstanden. Nicht gerade der ideale Mix für pittoreske Urbanität.

Am heimeligsten ist es noch im History Center Campus im Herzen der Stadt. Es besteht aus dem Delaware History Museum, dem Grandma's Attic Kids Museum, der Old Town Hall, dem Wilmington Square und dem Historic Park. Die Christina Riverfront lädt zum Spaziergang entlang des Riverwalks ein. Das Delaware Art Museum ist eine gute Adresse für Kunstfreunde, besitzt es doch eine der bedeutendsten Sammlungen von Werken der englischen Präraffaeliten.

Weiter südlich ist das kleinere Dover auf der Delmarva-Halbinsel heute die Hauptstadt Delawares. 1683 von William Penn gegründet, verzeichnete Dover das größte Wachstum in den Jahren nach den Weltkriegen, als sich viele Industriekonzerne hier niederließen und die U.S. Air Force einen Luftwaffenstützpunkt errichtete. Die Stadt lohnt einen Besuch – mit ihren zahlreichen Häusern aus dem späten 18. Jahrhundert und ihren Museen, so dem Sewell C. Briggs Museum of American Art mit 14 Galerien oder dem Delaware Agricultural Museum, einem Freilichtmuseum. Ein paar Kilometer außerhalb der Stadt präsentiert die John Dickinson Plantation, erbaut im Jahr 1739, den Alltag auf einer typischen Plantage der Kolonialzeit. Einst war das Anwesen der Wohnsitz von John Dickinson (1732–1808), eines Landbesitzers, Anwalts, Sklavenhalters und Gründervaters der Vereinigten Staaten.

Infos und Adressen

SEHENSWÜRDIGKEITEN
Delaware Art Museum. Mi–So 10–16 Uhr, 2301 Kentmere Pkwy., Wilmington, Delaware 19806, www.delart.org

ESSEN UND TRINKEN
Where Pigs Fly.
Auf dem Teller locken köstliche *baby back ribs* oder *pulled pork* aus dem Hickory-Rauch. 617 E. Loockerman St., Dover, DE 19901, Tel. 302 678 0586, www.wherepigsflyrestaurant.com

ÜBERNACHTEN
Hotel du Pont. Hier übernachteten schon Charles Lindbergh und John F. Kennedy. Sehenswert ist die Lobby mit vergoldeter Decke, empfehlenswert der Sonntagsbrunch im Green Room. 42 W. 11th St., Wilmington, DE 19801, Tel. 302 594 3100, www.hoteldupont.com

AKTIVITÄTEN
Delaware Park Race Track.
Pferderennbahn auf einem gepflegten Gelände im Westen der Stadt. 777 Delaware Park Blvd., Wilmington, DE 19804, Tel. 302 994 2521, www.delawarepark.com

47 Autotour Brandywine Valley
Im Tal der DuPonts

Im amerikanischen Unabhängigkeitskrieg spielte das Brandywine Valley eine wichtige Rolle. Heute strotzt der Landstrich nur so vor Gartenanlagen, was ihm den Beinamen »America's Garden Capital« einbrachte. In den Longwood Gardens etwa wurde das Beste der italienischen, französischen und englischen Gartenkunst kombiniert – nicht zuletzt dank einer der reichsten Familien Amerikas.

Ab aufs Land! Wer nach Stadtbesichtigungen von Wilmington oder Philadelphia etwas Grün zum Durchatmen braucht, sollte sich aufmachen ins Brandywine Valley. Hier ticken die Uhren langsamer, schlängeln sich Flüsse gemächlich durch eine sanfte Hügellandschaft. Brauereien, Destillerien und Winzergenossenschaften präsentieren ihre heimischen Kreationen, Restaurants locken mit farmfrischer Küche. Die Hügellandschaft des Brandywine Valley ist mit ihren kalkigen Böden und dem sonnigen Klima ideal für den Weinanbau geeignet. Auf dem Wine Trail kann man mehr über den Anbau der Rebsorten und die Kelterei erfahren. Sieben Weingüter in Familienbesitz gibt es hier – mit preisgekrönten Weinen und erstklassigem Champagner.

Die Fahrt durchs Brandywine Valley beginnt im Städtchen

Mitte: Eleutherian Mills war das erste Wohnhaus der Einwandererfamilie DuPont
Unten: Die unabhängige Brauerei ist stolz auf ihre zahlreichen Auszeichnungen

Ⓐ **Wilmington.** Sehenswert ist die historische Innenstadt mit dem Delaware History Museum, der Old Town Hall und dem Wilmington Square. Über die Rte. 202 erreicht man die

Ⓑ Nemours Mansion and Gardens. Ein Schloss
wie aus dem Architekturbaukasten von Louis XVI.,
gebaut im Jahr 1909 von Alfred I. DuPont (1864–
1935). Eine Tour führt durch das Anwesen mit
77 Zimmern, Antiquitäten und einem prächtigen
Garten im französischen Stil. Weiter geht es auf
der Rte. 141 zum

Ⓒ Hagley Museum. Ehemaliger Stammsitz der
DuPonts. Im Jahr 1801 gründete der französische
Immigrant Eleuthère Irénée du Pont de Nemours
(1771–1834) hier eine Schwarzpulverfabrik. Was
für ein weltumspannendes Firmenimperium daraus wurde, erfährt der Besucher im Museum
in einer alten Baumwollmühle. Über die Rte. 52
gelangt man zum

Ⓓ Winterthur Museum, Garden and Library.
Ehemaliger Wohnsitz von Henry Francis DuPont
(1880–1969), mit einer bedeutenden Sammlung
von »Americana« und dekorativer Kunst. An der
Kreuzung von Rte. 52 und Rte. 1 liegt

Ⓔ Longwood Gardens. Ein Meisterwerk des
Gartenbaus, das Pierre S. DuPont (1870–1954)
während seiner Zeit als Chairman der Unternehmen DuPont und General Motors entwarf. Nach-

Oben: Frankreich lässt grüßen –
Nemours Mansion and Gardens
Unten: Alle in Deckung! Eine
Museumsführerin demonstriert
im Hagley Museum die Spreng-
kraft des Schwarzpulvers

245

dem er 1906 zunächst acht Hektar Grund und Boden erworben hatte, vergrößerte er den Besitz auf spektakuläre 400 Hektar. Über die Rte. 1 gelangt man dann zum

❻ Brandywine River Museum of Art. In einer Mühle am grünen Ufer des Brandywine River zeigt das Museum Werke der Künstlerfamilie Wyeth. So sind u. a. Newell C. Wyeths Originalzeichnungen zu Stevensons berühmtem Abenteuerroman *Die Schatzinsel* (1911) ausgestellt. Darüber hinaus gibt es Sonderausstellungen. Von hier ist es nur ein Katzensprung über die Creek Road und die Wylie Ter Road zum

❼ Brandywine Battlefield. Traurige Berühmtheit erlangte das Tal durch The Battle of Brandywine im Sommer 1777, als britische und hessische Truppen gegen amerikanische und regionale Truppen kämpften – die größte und längste im Land geführte Schlacht während der Unabhängigkeitskriege. Im Brandywine Battlefield State Park ist heute ein Teil des Schlachtfeldes zu besichtigen, inklusive des Hauptquartiers von George Washington.

Oben: Das Gideon Gilpin House, Farmhaus einer Quäkerfamilie, überstand die Schlacht von Brandywine
Unten: Idyllisches Fleckchen im Brandywine River Valley

Infos und Adressen

SEHENSWÜRDIGKEITEN

Botanik. Gartenfreunde erfreut ein Besuch des **Jenkins Arboretum & Gardens** in Devon (www.jenkinsarboretum.org), des **Chanticleer Garden** in Wayne (www.chanticleergarden.org), des **Longwood Gardens** in Kennett Square (www.longwoodgardens.org), des **Nemour Mansion and Gardens** in Wilmington (www.nemoursmansion.org) und des **Tyler Arboretum** in Media (www.tylerarboretum.org), das mit seinen Magnolien und Kirschbäumen vor allem im Frühjahr begeistert.

Brandywine River Museum of Art. Tgl. 9.30–17 Uhr, 1 Hoffmans Mill Rd., Chadds Ford, PA 19317, www.brandywine.org

Hagley Museum. Mitte März–Mitte Nov. tgl. 10–17, Mitte Nov.–Mitte März tgl. 10–16 Uhr, 200 Hagley Creek Rd., Wilmington, DE 19807, www.hagley.org

ESSEN UND TRINKEN

Buckley's Tavern. Uriges Lokal mit Burgern und Bier. Wer zum Sonntagsbrunch zwischen 10 und 14 Uhr im Pyjama erscheint, zahlt nur die Hälfte. 5812 Kennett Pke., Centreville, DE 19807, Tel. 302 656 9776, www.buckleystavern.com

Iron Hill Brewery. Die hauseigene Brauerei sorgt für Hopfengetränke, auf der Speisekarte steht Deftiges. 3 W. Gay St., West Chester, PA 19380, Tel. 610 738 9600, www.ironhillbrewery.com/westchester

Krazy Kat's. Ölgemälde mit Katzen zieren die Wände. Doch keine Sorge: Serviert werden vor allem Wildgerichte – keine Katzenleckerchen. 528 Montchanin Rd., Montchanin, DE 19710, Tel. 302 888 4200, www.montchanin.com

ÜBERNACHTEN

Inn at Montchanin Village and Spa. Früher lebten hier DuPonts Arbeiter der nahen Schwarz-pulverfabrik. Heute logieren die Gäste des luxuriösen Inns in elf restaurierten Cottages aus dem 19. Jahrhundert. 528 Montchanin Rd., Montchanin, DE 19710, Tel. 302 888 2133, www.montchanin.com

The Inn at Grace Winery. Das Frühstück genießt man mit Blick auf Pferde und Gänse. Gewohnt wird im Quaker Farmhaus aus dem Jahr 1734 und in acht kleinen Puppenstuben-Cottages. 50 Sweetwater Rd., Glen Mills, PA 19342, Tel. 610 459 4711, www.gracewinery.com

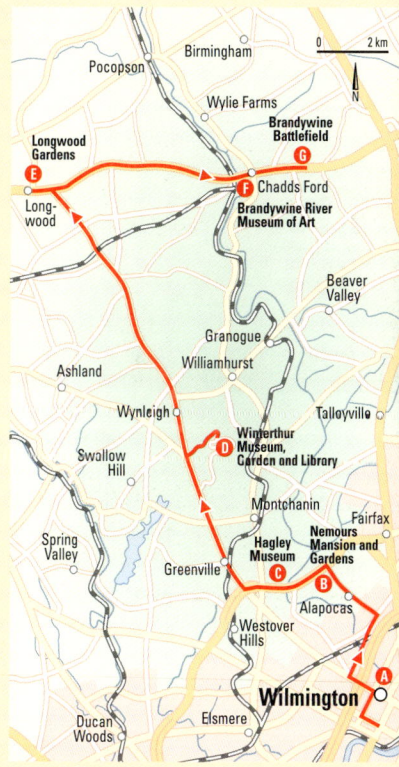

WASHING- TON D.C.

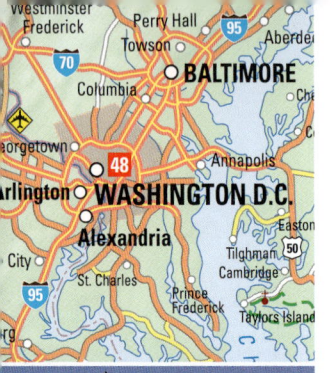

48 National Mall und Capitol Hill
Zentrum der Macht

Die National Mall wird oft als das »kulturelle und politische Herz« der Vereinigten Staaten bezeichnet. Im Zentrum von Washington D. C. gelegen, ist die riesige Grünfläche von imposanten Denkmälern, ikonischen Regierungsgebäuden und beeindruckenden Museen gesäumt – wahrhaft der Ort, an dem Amerika genussvoll seine ganze Macht ausstrahlt.

Eine Kapitale aus der Retorte: 1791 beauftragte Präsident George Washington den französisch-amerikanischen Architekten Pierre Charles L'Enfant mit dem Entwurf der Hauptstadt der Vereinigten Staaten. L'Enfant ließ – sehr französisch – einen *Grand Boulevard* zwischen dem Capitol und dem heutigen Standort des Washington Monuments anlegen. Doch erst 1901 nahm »The Mall« ihre

S. 248/249: Kirschblüte am Tidal Bassin, im Hintergrund das Washington Monument
Mitte: Das U.S. Capitol in der Abenddämmerung
Unten: Präsident Lincoln hat von seinem Stuhl aus einen prächtigen Blick über die National Mall

GUT ZU WISSEN

PATRIOTISMUS

Dass Amerikaner wenig Berührungsängste mit dem Patriotismus und ihrer Flagge haben, weiß man. Wenn entlang der Mall in Washington aber schier endlose Reihen des Star Spangled Banner martialisch im Wind flattern, fragt man sich als europäischer Besucher zuweilen, ob hier etwas weniger nicht mehr wäre. »Man sollte den amerikanischen Patriotismus nicht mit Nationalismus verwechseln«, belehren Einheimische dann gern. Was angesichts der jüngsten politischen Entwicklungen im Trump'schen Amerika nicht so wirklich überzeugt …

Springbrunnen am World War II Memorial

heutige erweiterte Form an: fast drei Kilometer lang – vom Lincoln Memorial bis zum Capitol.

Von Lincoln bis Martin Luther King

Der beste Ausgangspunkt für einen Spaziergang über die Prachtmeile(n) ist an der Treppe des Lincoln Memorial. Das Denkmal zur Erinnerung an den 16. Präsidenten der USA, 1922 nach langer Bau- und Planungszeit eröffnet, zeigt Lincoln in sitzender Pose in einem Gebäude, dessen Gestaltung dem griechischen Tempel des Zeus in Olympia nachempfunden ist. Die beeindruckende Statue wiegt 159 Tonnen. Auf der Innenwand des Gebäudes sind die Worte zweier historischer Reden Lincolns in den Stein gemeißelt. Zweifellos ein Ort großer Inspiration: Auf der Treppe des Memorials hielt Martin Luther King 1968 seine berühmte Ansprache *I have a Dream*.

Von hier aus hat man einen herrlichen Blick auf das Washington Monument, das sich malerisch im Reflecting Pool – dem Wasserbecken – spiegelt. Der Marmorturm in Form eines Obelisken, entworfen von Robert Mills (1781–1855), mar-

Nicht verpassen

OPULENTE PRACHT

»Minimalism was not her preferred style«, erklärt der Film, der Besucher auf den Besuch des Hillwood Estate, Museum & Gardens, Anwesen von Marjorie Merriweather Post, einstimmt. Tatsächlich ist die Kunstsammlung der »Grande Dame von Washington, D. C.«, die als eine der reichsten Frauen Amerikas galt, opulent. Ihr Schwerpunkt liegt auf Fine Art und dekorativer Kunst aus dem Frankreich und Russland des 18. Jahrhunderts. Das von Mrs. Post 1955 gekaufte Anwesen am Rande des Rock Creek Parks wurde so umgestaltet, dass es ihrem aufwendigen Lebensstil entsprach und auch ihre Kunstsammlung aufnehmen konnte. Nach ihrem Tod 1973 wurde das Haus in ein Museum umgewandelt.

Hillwood Estate, Museum & Gardens. 4155 Linnean Ave., NW, Washington, DC 20008, Tel. 202 686 5807, www.hillwoodmuseum.org

Spaziergang National Mall

Die 4,8 Kilometer lange National Mall präsentiert mit ihren Museen, Denkmälern und Regierungsgebäuden den ganzen Stolz, aber auch die tragische Zerrissenheit einer Weltmacht.

Ⓐ Vietnam Veterans Memorial. In die 2 x 75 Meter lange schwarze Granitwand sind alle Namen der im Vietnamkrieg gefallenen oder vermissten US-Soldaten eingraviert.

Ⓑ Korean War Veterans Memorial. Die Skulpturengruppe zu Ehren der Veteranen des Koreakrieges zeigt 19 Bronzefiguren auf ihrer Patrouille durch ein Minenfeld.

Ⓒ Martin Luther King, Jr. National Memorial. Es erinnert an den im April 1968 in Memphis ermordeten Baptistenpastor und Friedensnobelpreisträger Martin Luther King und die Bürgerrechtsbewegung.

Ⓓ Art Museum of the Americas, gewidmet der Kunst lateinamerikanischer und karibischer Maler und Bildhauer.

Ⓔ National World War II Memorial. 56 in zwei Reihen angelegte Säulen, die den Rainbow Pool umrahmen.

Ⓕ Jefferson Memorial. Das Denkmal im West Potomac Park ehrt den dritten Präsidenten der USA.

Ⓖ United States Holocaust Memorial Museum. Nationale Gedenkstätte für die Opfer des Holocaust mit 26 000 Artefakten, Archiv und zahlreichen Ausstellungen.

Ⓗ Museum of African American History and Culture. Seit 2016 zeigt das Museum Kultur und Geschichte der Afroamerikaner. Auch die Architektur ist außergewöhnlich.

Ⓘ National Museum of American History. Gegenstände aus der sozialen, politischen, kulturellen, wissenschaftlichen und militärischen Geschichte Amerikas.

Ⓙ National Museum of Natural History. Dinosaurierskelette, ausgestopfte Elefanten, lebende Giftspinnen – das ganze Panoptikum des Lebens und seiner Erscheinungsformen.

Ⓚ Freer Gallery of Art. In dieser Galerie sind Kunst aus Asien, Ägypten, Griechenland, dem antiken Vorderasien sowie amerikanische Werke zu bestaunen.

Ⓛ Arthur M. Sackler Gallery, asiatische Kunst – von islamischem Schriftgut (11.–19. Jh.) bis zu zeitgenössischen chinesischen Keramiken und Fotografien.

Ⓜ National Museum of African Art. Es widmet sich der afrikanischen Kunst und Kultur, wurde 1964 als privates Museum gegründet und ist heute Teil der Smithsonian Institution.

Ⓝ The Arts and Industries Building. Das zweitälteste Museum des Smithsonian an der National Mall, 1881 eröffnet, zeigt derzeit wechselnde Ausstellungen.

Ⓞ Hirshhorn Museum and Sculpture Garden. Kunst aus der Zeit nach dem Zweiten Weltkrieg, vor allem der letzten 30 Jahre des 20. Jahrhunderts.

Ⓟ National Air and Space Museum. Exponate von den Luftfahrzeugen der Pionier-Brüder Wright über Charles Lindberghs *Spirit of St. Louis* bis zu den Mond- und Mars-Raumfahrtprogrammen.

Ⓠ National Gallery of Art. Rembrandt, Picasso, Dürer, da Vinci, Monet und Manet, van Gogh, Gauguin und Vermeer – eine der imposantesten Gemäldesammlungen der Welt. Zum Publikumsliebling im unlängst renovierten East Building mit moderner Kunst mausert sich derzeit der *Blue Rooster*, ein mehr als vier Meter hoher, knallblauer Hahn aus Fiberglas der deutschen Künstlerin Katharina Fritsch, der zuvor auf dem Londoner Trafalgar Square stand.

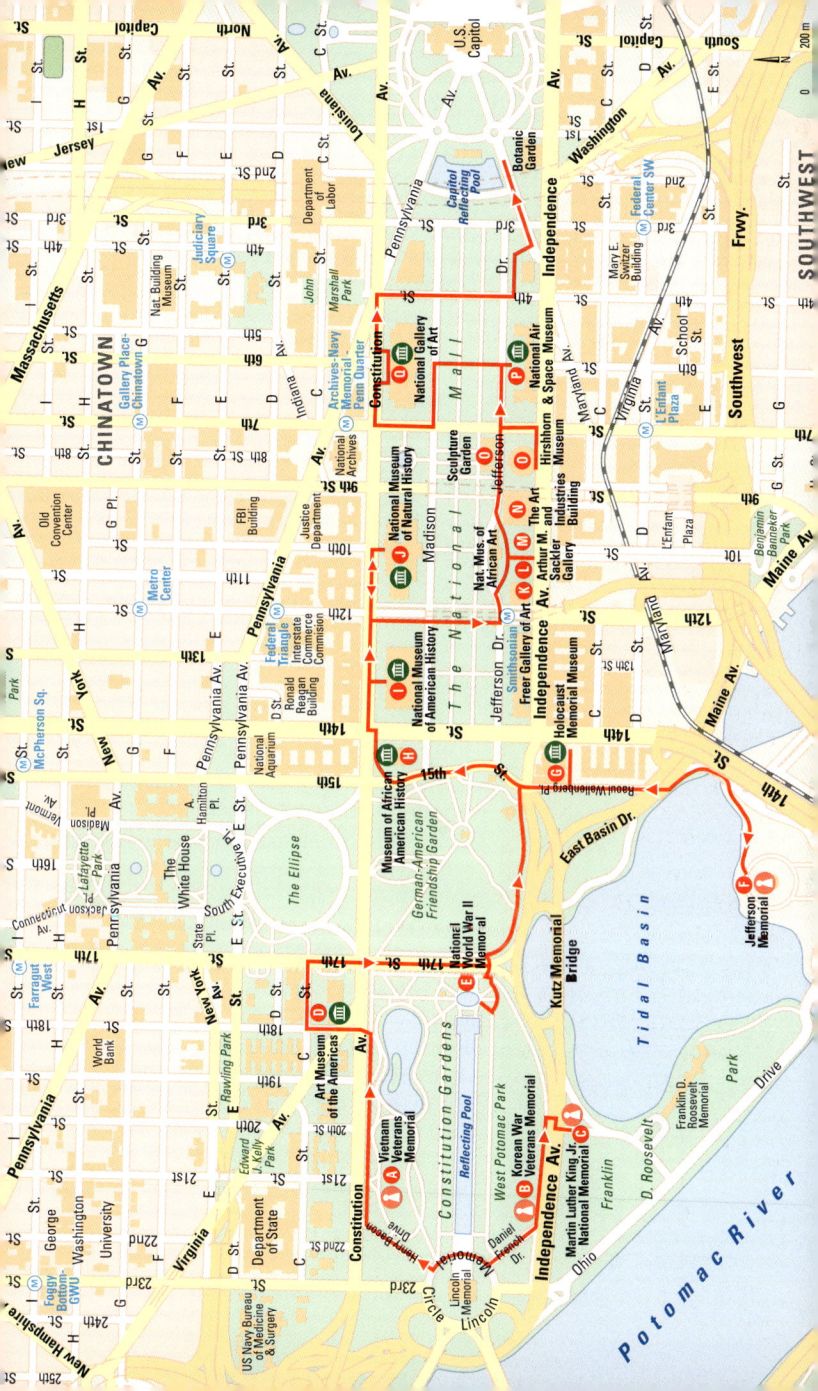

SCHWARZER BROADWAY

Geheimtipp

Lange lag ein dunkler Schatten auf dem U Street Corridor in Northwest Washington, den die Ausschreitungen nach der Ermordung Martin Luther Kings 1968 hinterließen. Doch seit den 1990ern erstrahlt die Einkaufsstraße wieder in vollem Glanz. Wo heute Boutiquen, schicke Restaurants und hippe Jazzclubs locken, sangen früher Duke Ellington und Ella Fitzgerald auf dem sog. Black Broadway. In den Clubs spürt man heute noch ihren Geist, wenn rhythmische Klänge die Straßen erfüllen. Zwischen den historischen Reihenhäusern wird zudem D. C.s bestes karibisches Essen und Soul Food serviert. Los geht's: im legendären Restaurant Ben's Chili Bowl stärken und sich anschließend ins bunte Nachtleben stürzen, wo in Jazzclubs wie JoJo Restaurant and Bar oder Twins Jazz feinste Livemusik gespielt wird – alle an der legendären U Street NW.

kiert das Zentrum der National Mall. Erste Pläne für den Bau eines Denkmals gab es schon zu Washingtons Lebzeiten, doch auch nach seinem Tod 1799 konnte man sich weder auf die Finanzierung noch auf einen Entwurf einigen. Schließlich gründeten engagierte Bürger 1832, zum 100. Geburtstag des Gründervaters der USA, die Washington National Monument Society und sammelten Spendengelder für den Bau. Das Monument war für eine kurze Zeit – nach seiner Vollendung 1884 bis zur Fertigstellung des Eiffelturms 1889 – das höchste Bauwerk der Erde. Eine Besucherebene, zu der man über die 897 Stufen einer Treppe oder per Aufzug gelangt, bietet einen beeindruckenden Ausblick.

Kultur satt

Ein Spaziergang entlang der National Mall könnte Tage in Anspruch nehmen – und das nicht so sehr wegen der Länge dieses »grünen Korridors«, sondern wegen der vielen Museen, die diese riesige Fläche säumen. Zu sehen sind hier von einer Ausgabe der Magna Charta, mit der König John von England 1215 die Rechte der Kirche und des Adels garantierte, über El Grecos *Laokoon* und einige der ältesten hawaiianischen Surfbretter, über den Hope-Diamanten, stahlblau und mit 45,52 Karat einer der wertvollsten Edelsteine der Welt, bis hin zu afrikanischen Mosaiken aus dem Senegal, religiöser Kunst aus Japan und der amerikanischen Pershing-II unzählige Artefakte aus aller Herren Länder. Die Smithsonian Institution, eine rund 170 Jahre alte Bildungseinrichtung der USA, betreibt die meisten der hiesigen Museen – und die Regierung zahlt. Nicht allerdings die Besucher: Der Eintritt ist frei.

Wer nicht mehrere Tage zur Verfügung hat, sollte sich indes auf zwei oder drei Museen beschränken.

National Mall und Capitol Hill

Ein »Must« ist sicher das National Museum of American History. Es vermittelt einen Überblick über mehrere Jahrhunderte der amerikanischen Geschichte: von Präsident Lincolns Hut bis hin zum ersten Apple Computer. Eines der kostbarsten Objekte ist die allererste Ausführung des *Star-Spangled Banner* von 1813. Diese Flagge hatte den Gelegenheitsdichter Francis Scott Key (1779–1843) dazu inspiriert, das Lied zu verfassen, das schließlich zur Nationalhymne werden sollte.

Amateur-Wettbewerb

Am Ende der National Mall thront das imposante Capitol mit der weithin sichtbaren Kuppel auf dem Capitol Hill. Es ist Sitz des Kongresses, und der Hügel, auf dem das Gebäude steht, ist immer wieder Schauplatz großer Veranstaltungen – unter anderem der jährlichen Feier am *Fourth of July*, dem amerikanischen Nationalfeiertag, sowie der Vereidigung des amerikanischen Präsidenten. Zum erweiterten Capitolkomplex gehören unter anderem auch die Library of Congress und die Gebäude des Supreme Court.

Für die Gestaltung des Capitols hatte die amerikanische Regierung im Jahr 1792 einen Wettbewerb ausgeschrieben, an dem vor allem Amateure teilnahmen. Ausgewählt wurde schließlich der Entwurf von William Thornton, der eigentlich Arzt war und der sich vom Louvre und dem Panthéon in Paris hatte inspirieren lassen. Die erste Sitzung des Kongresses fand am 17. November 1800 statt. Im Lauf der Jahre wurde das Capitol immer wieder umgebaut und ergänzt, zuletzt eröffnete 2008 ein modernes Besucherzentrum, das sich unterhalb des Ostflügels befindet. Mit ihm gelang es, den stetig anschwellenden Besucherstrom – jährlich sind es mehrere Millionen Touristen – besser zu koordinieren.

Infos und Adressen

SEHENSWÜRDIGKEITEN

National Museum of American History. Tgl. 10–17.30 Uhr, 1300 Constitution Ave. NW, Washington, DC 20560, www.americanhistory.si.edu

ESSEN UND TRINKEN

Art and Soul. »Simples, ehrliches Essen«, farmfrisch. 415 New Jersey Ave. NW, Washington, DC 20001, Tel. 202 393 7777, www.artandsouldc.com

Rose's Luxury. Hier trifft die Küche der Südstaaten auf die jüdische, die japanische, die französische, die Thai- und schließlich auf Großmutters Küche. Keine Reservierung, dafür geduldiges Schlangestehen. 717 8th St. SE, Washington, DC 20003, Tel. 202 580 8889, www.rosesluxury.com

The Source by Wolfgang Puck. Auf drei Etagen überzeugt eine innovative asiatische Küche. 575 Pennsylvania Ave. NW, Washington, DC 20565, Tel. 202 637 6100, www.wolfgangpuck.com

ÜBERNACHTEN

Phoenix Park Hotel. Charmant betagtes, historisches Hotel mit Restaurant und Pub. Abends irisches Live-Entertainment. 520 N. Capitol St. NW, Washington, DC 20001, Tel. 202 638 6900, www.phoenixparkhotel.com

Washington Court Hotel. Modernes, günstig gelegenes Hotel mit klarem Design. 525 New Jersey Ave. NW, Washington, DC 2000, Tel. 202 628 2100, www.washingtoncourthotel.com

EIN WOCHENENDE IN WASHINGTON

SAMSTAG

8.30 ÜPPIG FRÜHSTÜCKEN

Frühstücken im A Baked Joint, einem hippen und angesagten Coffeeshop (440 K St. NW). Hier muss man unbedingt das frische, selbst gebackene Brot probieren!

10.00 MORGENS IM MUSEUM

Die einen zieht es ins National Museum of the American Indian, dem weltweit größten Museum für indianische Kulturen in einem architektonisch eindrucksvollen Bau. Hier sind Objekte zu Leben, Sprache, Literatur, Geschichte und Kunst der Indianer ganz Amerikas zu sehen. Am Eingang grüßt an einer Wand ein »Willkommen« in 150 indianischen Sprachen (tgl. 10–17.30 Uhr, 4th St. SW & Indendence Ave. SW).
Die anderen besuchen lieber das National Air and Space Museum gleich nebenan und bestaunen unter anderem das erste Motorflugzeug der Gebrüder Wright sowie Charles Lindberghs Langstreckenflugzeug *Spirit of St. Louis*, mit dem er 1927 den Atlantik überquerte (tgl. 10–17.30 Uhr, 600 Independence Ave.).

11.30 BEAUTYS DER NATUR

Naturfreunde schauen im nahe gelegenen Botanic Garden vorbei, hier grünen und blühen in einem schönen Glaskuppelbau Pflanzen aus allen Teilen der Vereinigten Staaten, und sogar ein Regenwald hat im schützenden Klima des Gewächshauses seine Wurzeln geschlagen (tgl. 10–17 Uhr, 100 Maryland Ave. SW).

13.00 VON HARD ROCK BIS LINCOLN

Im Hard Rock Café legen Musikfans eine Mittagspause ein – und erweitern ihre T-Shirt-Kollektion um ein Washington DC-Exemplar der weltweiten Restaurantkette (999 E St. NW). Geschichtsinteressierte hingegen zieht es um die Ecke zu einer geführten Tour im Ford's Theatre, wo am Abend des 14. April 1865 Präsident Lincoln in seiner Loge von dem Attentäter John Wilkes Booth tödlich verletzt wurde (tgl. 9–17 Uhr, 511 10th St.

NW). Lincoln starb einen Tag später im gegenüberliegenden Petersen House, einem Privathaus, in das man ihn gebracht hatte und das nun ebenfalls besichtigt werden kann (tgl. 9.30–17.30 Uhr, 516 10th St. NW)

15.00 KUNST VON FRAUEN ODER IM AGENTENFIEBER?

Und wieder die Qual der Wahl: Entweder geht es jetzt ins National Museum of Women in the Arts (Mo–Sa 10–17, So 12–17 Uhr, 1250 New York Ave.), das ausschließlich Kunstwerke von Frauen sammelt – auch Frida Kahlo und Käthe Kollwitz sind vertreten – oder ins International Spy Museum, das in die aufregende Welt der Spionage und Agenten entführt und in zahlreichen Beispielen veranschaulicht, wie der Lauf der Geschichte von Geheimdiensten beeinflusst wurde (tgl. 10–18 Uhr, 800 F St. NW.).

17.30 ESSENSZEIT!

Zeit für ein frühes Abendessen. Reserviert ist im 701 Restaurant, das mit seiner modernen amerikanischen Küche überzeugt (701 Pennsylvania Ave. NW).

20.00 MOMENTS BY NIGHT

Wer mag jetzt noch zu Fuß gehen? Mit Urban Adventures geht es bequem im knallroten Elektrowägelchen auf eine Rundfahrt zu Washingtons herrlich illuminierten »Monuments by Night« (www.urbanadventures.com). Treffpunkt ist an der 12th Independence Ave. SW, vor dem Gebäude des Department of Agriculture.

22.00 EIN KLEINER ABSACKER

Rückkehr – gleich ins Hotel oder noch auf einen Nightcap ins Madams Organ (2461 18th NW) im Viertel Adams Morgan? Die Bar gilt als gute Adresse für Blues, R&B und Bluegrass Musik – meistens live. Das Ambiente: entspannt und leger. Oder vielleicht noch ein paar Takte Jazz im renommierten Blues Alley Club (1073 Wisconsin Ave. NW)? It's up to you!

SONNTAG

8.00 FRÜHSTÜCK IM PRACHTBAHNHOF

Das neoklassizistische Gebäude des renovierten Hauptbahnhofs Union Station (50 Massachusetts Ave. NE) beeindruckt mit seiner prachtvollen Architektur – und einem gut sortierten Food Circle im Untergeschoss. Frühstück!

9.00 FIT DANK WELLNESS

Der Spa des Mandarin Oriental Washington (1330 Maryland Ave. SW) ist einer der besten der Stadt. Warum also den Tag nicht mit einer entspannenden Healing-Stone-Massage beginnen? Und einem Glas Champagner?

10.00 EIN FORUM DER FREIHEIT

Der Geschichte der Medien ist das Multimedia-Newseum (555 Pennsylvania Ave. NW) gewidmet – im »Freedom Forum« geht es um Presse-, Rede- und Meinungsfreiheit weltweit. Großartig ist der Blick von der Terrasse im obersten Stockwerk des Museums auf die langsam wach werdende Stadt am Sonntagmorgen.

12.00 AUSFLUG NACH GEORGETOWN ODER ZUM ARLINGTON FRIEDHOF

Per Uber geht es nach Georgetown, Washingtons historischem und malerischem Stadtteil: Flanieren durch die ruhigen Wohnstraßen mit pastellfarbenen Stadthäusern und noblen Villen, in denen viele Promis wohnen. Rund um die Kreuzung M Street und Wisconsin Avenue gibt es zahlreiche Läden, Cafés und Restaurants. Zeit für einen Lunch – vielleicht im Peacock Café (3251 Prospect St. NW)? Oder lieber asiatisch im I-Thai-Restaurant (3003 M St. NW) ganz in der Nähe des historischen Old Stone House? Das Gebäude wurde 1765 errichtet und ist das älteste original erhaltene Bauwerk der Stadt (tgl. 11–18 Uhr, 3051 St. NW). Wem mehr nach jüngerer Geschichte ist, der fährt mit der Metro Blue Line zum Arlington National Cemetary (tgl. 8– ca. 17 Uhr), wo auf dem Gedenkfriedhof viele Militärs und nationale Berühmtheiten beigesetzt wurden. Joe Louis, der legendäre

Boxer wurde hier ebenso bestattet wie der Schauspieler Lee Marvin. Die meisten Besucher pilgern jedoch zum Grab von John F. Kennedy, dem charismatischen US-Präsidenten, der 1963 bei einem Attentat in Dallas getötet wurde. Auch Robert F. Kennedy, der 1968 als Senator und möglicher Präsidentschaftskandidat ebenfalls ermordet wurde, fand hier in der Nähe des großen Bruders seine letzte Ruhestätte.

Nach den langen Wegen tut eine Stärkung gut. Dafür wird im Quarterdeck gesorgt, einem Familienrestaurant mit Tradition, in dem Meeresfrüchte und vor allem die *Maryland Blue Crabs* auf der Speisekarte stehen (1200 Fort Myer Dr.).

14.30   SPAZIERGANG MIT TRAUMBLICK

Nach dem Mittagessen dann ein Spaziergang vom Lincoln Memorial den Reflecting Pool entlang: mit herrlichem Blick auf die gesamte National Mall.

15.30   GESCHICHTE HAUTNAH ERLEBEN

Besuch im National Museum of American History (tgl. 10–17.30 Uhr, Constitution Avenue NW), in dem mehr als drei Millionen Exponate das darzustellen versuchen, was die USA sind und ausmacht. Und so trifft man hier auf den originalen Imbiss aus Greensboro, in dem eine Protestbewegung gegen die Rassendiskriminierung begann, wie auf Roben ehemaliger First Ladys oder den quietschgrünen Frosch Kermit.

17.30   JÜDISCHES THEATER

Glück gehabt und noch Karten bekommen für eine Aufführung im großartigen Theater J, eine mehrfach ausgezeichnete professionelle Theatertruppe, die weit über Washington D.C. hinaus bekannt ist. Ihre Hausbühne ist im Jewish Community Center (1529 16th St. NW).

21.00   AUSKLANG IM EBBITT GRILL

Im gemütlichen Old Ebbitt Grill (675 15th St. NW) noch eine Kleinigkeit essen – und das herrliche Wochenende Revue passieren lassen.

49 Weißes Haus
Machtzentrum mit Kegelbahn

Sie wirkt ziemlich klein, die Machtzentrale der Welt. An ihrer höchsten Stelle misst sie vier Stockwerke – wenn man den Dachboden dazuzählt. Doch hinter der klassizistischen Fassade an der Pennsylvania Avenue ist so viel Macht zu Hause wie wohl an keiner anderen Adresse in der Welt. Im Weißen Haus trifft der US-Präsident Entscheidungen über Krieg und Frieden – und geht dann zwei Etagen nach oben ins Bett.

Das Weiße Haus im Zentrum von Washington D. C. vereint das Große und das Banale der Weltpolitik. John F. Kennedy führte vom Westflügel aus die Welt durch die Kubakrise, Richard Nixon ließ im Oval Office die Vertuschung des Watergate-Skandals anordnen, George W. Bush erstickte vor dem Fernseher fast an einer verschluckten Brezel. Und Donald Trump soll seinen Golffreunden gar erzählt haben, das Weiße Haus sei »ein echtes Drecksloch«.

Secret Service und Butlerservice

Wirklich? Das Anwesen verfügt über 132 Räume, 35 Badezimmer, 412 Türen, 147 Fenster, acht Treppenhäuser, drei Aufzüge, einen Swimmingpool, einen Tennisplatz, einen Kinosaal sowie eine unter Präsident Richard Nixon eingebaute Bowlingbahn. Nach den Wünschen Barack Obamas wurde zudem ein Basketballfeld errichtet. Harry Truman kam sich trotz allem vor wie in einem »großen, weißen Gefängnis«, Ronald Reagan hingegen fühlte sich umsorgt wie in einem »Acht-Sterne-Luxushotel«: Das Rundum-sorglos-Paket mit Secret Service, Köchen und privatem Butler ist so bequem wie

Mitte: Zentrum der Macht – das Weiße Haus
Unten: Im Garten des Weißen Hauses wurden auch schon »präsidiale« Hunde ausgeführt.

Besucher im White House Visitor Center

einschnürend. Logis kostet nichts, das Essen schon, und für jeden, der einzieht, wird Privatsphäre unbezahlbar.

Zum Anwesen des Weißen Hauses gehören die sogenannte Executive Mansion (Hauptgebäude) sowie West Wing (Westflügel) und East Wing (Ostflügel), die an die weiße Villa angebaut wurden. Die Executive Mansion beherbergt im ersten Stock die repräsentativen Staatsräume. Weithin bekannt ist der East Room, wo beispielsweise Empfänge, Pressekonferenzen, Konzerte und Bälle stattfinden. Staatsbanketts werden zumeist im State Dining Room veranstaltet. Die Privatwohnung der Präsidentenfamilie liegt im zweiten Stock. In den Nebengebäuden befinden sich die Büros des Präsidenten, der First Lady und ihrer Mitarbeiter.

Unter dem Ostflügel befinden sich Luftschutzbunker, die inzwischen zum Presidential Emergency Operations Center (PEOC) umgestaltet wurden. Bei den Anschlägen am 11. September 2001 wurde das Weiße Haus erstmals in seiner Geschichte evakuiert. Der anwesende Vizepräsident Dick Cheney zog sich mit weiteren Personen, darunter die damalige Nationale Sicherheitsberaterin Condoleezza Rice, in den Luftschutzbunker zurück.

Nicht verpassen

WIR MÜSSEN DRAUSSEN BLEIBEN!

Es dauerte ein paar Monate, ehe US-Präsident Donald Trump nach seiner Amtseinführung das Weiße Haus wieder für geführte Touren öffnete. Allerdings nur für US-Bürger, die zuvor ihren Besuch bei ihrem Kongressabgeordneten beantragen müssen. Nicht-Amerikaner (geladene Staatsgäste natürlich ausgenommen) können das Weiße Haus aus Sicherheitsgründen bis auf Weiteres nicht besuchen. Immerhin: Dem gemeinen Besuchervolk steht das White House Visitor Center an der südöstlichen Ecke der 15th St. sowie E. Street offen. Gezeigt werden Ausstellungen zu Architektur, Inneneinrichtung und den Präsidentenfamilien. Hier erfährt man auch, dass die Farbe des Weißen Hauses – ein Cremeweiß namens »Whisper White« – aus der Produktion der bei Augsburg ansässigen Farbenfirma Keim stammt. www.nps.gov/whho

George Washington war es, der den »Bauplatz« für den präsidialen Amtssitz einst höchstpersönlich aussuchte. Architekt war der irische Baumeister James Hoban, der sich das Leinster House in Dublin zum Vorbild nahm.

Säulen aus Brač

1814 wurde das Weiße Haus von britischen Truppen niedergebrannt, der Wiederaufbau begann 1819, Rauchschäden wurden weiß übertüncht. Ab 1824 wurden an der Vorderseite große, eigens von der kroatischen Insel Brač importierte Kalksteinsäulen errichtet. 1901 erfolgte unter Theodore Roosevelt der Anbau des Westflügels mit Bürotrakt; Roosevelt war es auch, der dem Gebäude offiziell den Namen »White House« gab. Das präsidiale Arbeitszimmer Oval Office entstand im Jahr 1909 auf Initiative des Präsidenten William H. Taft.

Nach dem Zweiten Weltkrieg war der Amts- und offizielle Regierungssitz mit der Hausnummer 1600 in einem schlechten Zustand. Unter Präsident Harry S. Truman wurde das Weiße Haus von 1949 bis 1952 vollständig entkernt; danach wurde die Innenstruktur neu errichtet. Während der Bauarbeiten befand sich der Arbeitssitz der Regierung im benachbarten Blair House.

Oben: Das ehrwürdige Oval Office, hier noch unter Barack Obama
Unten: Umgebaut, angebaut, niedergebrannt, wieder aufgebaut – Haus mit bewegter Geschichte

Infos und Adressen

ESSEN UND TRINKEN

Equinox Restaurant. Raffinierte, saisonale Gerichte; es wird Wert auf regionale Produkte und hervorragende Präsentation gelegt. 818 Connecticut Ave. NW, Washington, DC 20006, Tel. 202 331 8118, www.equinoxrestaurant.com

Occidental Grill & Seafood. Eine Institution! Heute bestimmt eine frische, zeitgemäße Küche mit klassischen Wurzeln die Karte. 1475 Pennsylvania Ave. NW, Washington, DC 20004, Tel. 202 783 1475, www.occidentaldc.com

Old Ebbitt Grill. Burger und Meeresfrüchte auf der Karte, ein Mix aus Touristen, Lobbyisten und Medienleuten im getäfelten Gastraum. 675 15th St. NW, Washington, DC 20005, Tel. 202 347 4800, www.ebbitt.com

The Oval Room. Mediterran beeinflusste, modern-amerikanische Küche. Wichtig aber ist vor allem, welcher bekannte Politiker oder Journalist am Nachbartisch sitzt. 800 Connecticut Ave. NW, Washington, DC 20006, Tel. 202 463 8700, www.ovalroom.com

ÜBERNACHTEN

Capital Hilton. In der Nähe von Washingtons Sehenswürdigkeiten, bietet das Haus alle Annehmlichkeiten einer gehobenen Bleibe. 1001 16th St. NW, Washington, DC 20036, Tel. 202 393 1000, www3.hilton.com

The Hay-Adams. Luxuriöses Boutiquehotel von 1928 mit Gourmetrestaurant und elegant ausgestatteten Zimmern in historischem Ambiente. Makelloser Service. 800 16th St. NW, Washington, DC 20006, Tel. 202 638 6600, www.hayadams.com

The St. Regis Washington, D.C. Stilvolle Unterkunft, in der schon Würdenträger und erlauchte Häupter wohnten. Butlerservice! 923 16th St. NW, Washington, DC 20006, Tel. 202 638 2626, www.stregiswashingtondc.com

W Washington D.C. Hippes Hotel in historischem Beaux-Arts-Gebäude. Mit eleganten Zimmern, Spa und angesagter Dachbar. 515 15th St. NW, Washington, DC 20004, Tel. 202 661 2400, www.wwashingtondc.com

Elegant-hippe Lobby des Hotels W Washington D.C.

50 Georgetown
Prominenz in Pastell

Georgetown ist der schönste und teuerste Stadtteil von Washington D.C. Man glaubt hier zuweilen, die Zeit sei stehen geblieben, und zwar die »gute, alte Zeit«. Wunderschöne Prachtbauten, pastellfarbene Villen und großzügige Parkanlagen prägen das Straßenbild. Besonders sehenswert ist der Hafen, Anlegeplatz imposanter Jachten und ein Anziehungspunkt für Leute, die sehen und gesehen werden wollen.

Georgetown wurde 1751 gegründet und ist somit fast ein halbes Jahrhundert älter als Washington. Durch seine Lage am Potomac-Fluss blühten hier früh Schifffahrt und Handel auf, bis mit dem Bau der Eisenbahn der Abstieg begann. Im späten 19. Jahrhundert war Georgetown ein armes, überwiegend von afro-amerikanischen Einwohnern besiedeltes Wohnviertel. In den 1930er-Jahren verlagerte die US-Regierung dann mehrere Bundesbehörden und Ministerien in den benachbarten Stadtteil Foggy Bottom, hohe Regierungsbeamte zogen nach, zahlreiche neue Villen entstanden, alte Herrenhäuser wurden aufwendig restauriert. Georgetown war plötzlich wieder chic – heute wohnt hier von Senatoren, Ministern bis hin zum ehemaligen US-Präsidenten Barack Obama jede Menge Polit-Prominenz.

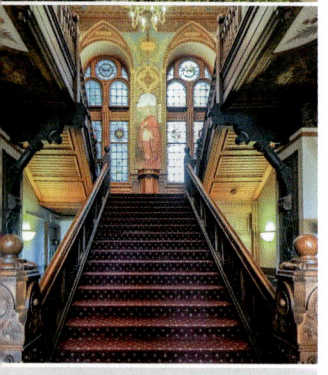

Mitte: Charmantes Haus eines Rosenfreundes in Georgetown
Unten: Prachtvolle Treppenhäuser waren typisch für die Villen der neureichen Hauptstädter

Berühmt ist der Stadtteil auch wegen seiner Universität – die Georgetown University, 1789 gegründet und somit älteste katholische Hochschule der USA. Gerühmt wird die Eliteschmiede vor allem für ihre Fakultäten der Politikwissenschaft sowie Wirtschafts- und Rechtswissenschaft. Zu den bekannten Absolventen zählen Ex-Präsident

Blick auf Key Bridge und Georgetown University

Bill Clinton, die frühere US-Außenministerin Madeleine Albright (die heute noch in Georgetown lebt und als Professorin lehrt), José Manuel Barroso, Ex-Präsident der Europäischen Kommission, Jordaniens König Abdullah II. sowie Felipe VI., König von Spanien.

Auf Schritt und Tritt Geschichte(n)

Washington Harbour ist Flaniermeile und Anlegeplatz für den hiesigen Ruderclub und teure Motorjachten. Für Besucher lohnt sich aber vor allem ein Streifzug durch die ruhigen Wohnstraßen mit ihren gepflegten, pastellfarben gestrichenen Stadthäusern und herrschaftlichen Villen. Etwa zum Dumbarton House in der 2715 Q St. NW, 1800 erbaut und mit kostbaren Antiquitäten eingerichtet. Oder entlang der 28th Street, vorbei an der Nummer 1607, wo in den 1960er-Jahren Senator Edward Kennedy wohnte. Auf Nummer 1623, dem Evermay (www.evermay.com), residierte Ende des 17. Jahrhunderts der schottische Seehändler Samuel Davidson hinter fantasievollen Verbotsschildern: »Zu ihrem eigenen Besten ist allen Personen, unabhängig von Alter, Hautfarbe und gesellschaftlichem Status, der Zutritt Tag und

Geheimtipp

ES GRÜNT SO GRÜN
Jährlich an einem Samstag im Mai öffnen die Einwohner von Georgetown unter der Ägide des Georgetown Garden Club ihre weltberühmten Gartenanlagen für die Öffentlichkeit. Die Gärten, die hier mit feinem Understatement *backyards* genannt werden, sind oft botanische Meisterwerke, liebevoll angelegt und nicht selten von mehreren angestellten Gärtnern gepflegt. Ob englische, französische oder einfach nur naturbelassene Gärten – man findet alle Arten der Gestaltung. Hier wachsen auch zahlreiche Blumen und Bäume aus exotischen Ländern – die ansässigen Diplomaten kommen halt herum in der Welt. Also eintauchen in die schöne Welt der Gärten der High Society Washingtons – und einmal im Jahr einen Blick hinter die hohen Hecken in grünende Schatzkästlein werfen.

Georgetown Garden Club.
www.georgetowngardentour.com

Oben: Farbige Häuserfronten an der M Street NE in Georgetown
Unten: Weiße Frühlingsblüten zieren den roten Backsteinbau, eine begehrte Immobilie

Nacht verboten, vor allem stehlenden Gaunern und nichtsnutzigen Landstreichern ...«.

Kunst, Villen und Parks

Der Spekulant ruht nun selig auf dem Oak Hill Cemetery, dessen Eingang an der R Street liegt. Beim Verlassen des Friedhofs blickt man auf das Haus der ehemaligen Herausgeberin der *Washington Post*, Katherine Graham (2920 R Street). Als nächstes Ziel bietet sich Dumbarton Oaks an, ein Museum für byzantinische und präkolumbianische Kunst. Von hier sollte man der R Street folgen und links in die 31st Street zum Tudor Place abbiegen. Die stuckverzierte, neoklassizistische Villa, eingerahmt von einem großzügig gestalteten Park, ließ um 1800 Georgetowns Bürgermeister, Thomas Peter, erbauen. Lohnenswert ist auch ein Gang über die N Street, wo die Nummern 3327 bis 3339 die dekorative Cox's Row bilden, benannt nach Georgetowns erstem gewählten Bürgermeister John Cox. Und auch die Kennedys wussten die pittoreske Stadtgasse zu schätzen: John F. und Jacqueline erstanden 3307 N. Street im Jahr 1957, kurz nach der Geburt ihrer Tochter Caroline.

Infos und Adressen

SEHENSWÜRDIGKEITEN

Dumbarton Oaks Museum. Drinnen wartet byzantinische und präkolumbianische Kunst, draußen ein herrlicher Park mit Orangerie, Rosengarten und Brunnen. Di–So 11.30–17.30 Uhr, 1703 32nd St. NW, Washington, D.C. 20007, Tel. 202 339 6400, www.doaks.org/visit/museum

ESSEN UND TRINKEN

1789 Restaurant. Zählt zu Amerikas »Top Tables«. Spezialitäten sind das Lammkarree und der Apfelkuchen mit Cranberry-Sauce. 1226 36th St. NW, Washington, D.C. 20007, Tel. 202 965 1789, www.1789restaurant.com

Bayou. Washington, D.C. und New Orleans vereint – sowohl in der Küche als auch bei der jazzigen Livemusik am Wochenende. Ein Hochgenuss! 2519 Pennsylvania Ave. NW, Washington, D.C. 20037, Tel. 202 223 6941, www.bayouonpenn.com

Kafe Leopold. »Mitteleuropean«-Delikatessen modern interpretiert, Österreichisches ohne Plüsch und Pomp. 3315 Cady's Alley NW, Washington, D.C. 20007, Tel. 202 965 6005, www.kafeleopolds.com

ÜBERNACHTEN

Four Seasons Hotel. Die Lobby dieses First-Class-Hauses erinnert an eine Kunstgalerie. Auf den Etagen darüber wird gediegen residiert. 2800 Pennsylvania Ave. NW, Washington, D.C. 20007, Tel. 202 342 0444, www.fourseasons.com/washington

Rosewood. Luxushotel am idyllischen C & O Canal mit Rooftop-Bar und großartigem Blick auf die Stadt. 1050 31st St. NW, Washington, D. C. 20007, Tel. 202 617 2400, www.capellahotels.com

The Ritz-Carlton Georgetown. In einem umgebauten Industrie-Gebäude der 1920er-Jahre verfügt dieses ungewöhnliche Hotel über einen (jetzt pensionierten) Schornstein und apart designte Zimmer. 3100 South St. NW, Washington, D.C. 20037, Tel. 202 912 4200, www.ritzcarlton.com/hotels/georgetown

Lässiger Imbiss am offenen Fenster eines Lokals an der M Street

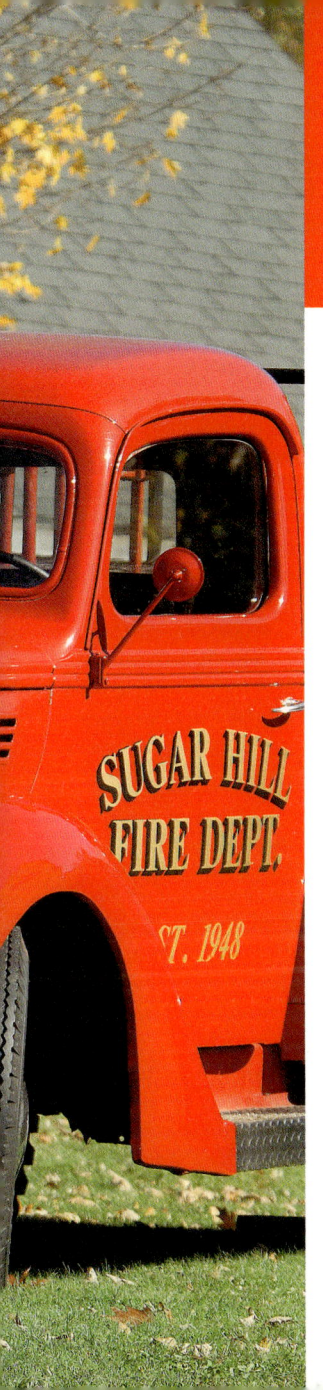

REISEINFOS

Feuerwehrveteran in Sugar Hill (New Hampshire)

Anreise

Von Maine bis Washington gibt es an der Ostküste zahlreiche Flughäfen, allen voran die internationalen Einreiseflughäfen John F. Kennedy Internat. Airport in New York/NY, Logan Internat. Airport in Boston/MA, Newark Liberty Internat. Airport/NJ, Philadelphia Internat. Airport/PA und Dulles Internat. Airport in Washington/WA. Während diese von Europa aus direkt per Charter oder Linie angeflogen werden, können kleinere Flughäfen der Ostküste per Umsteigeverbindungen erreicht werden. Nonstop dauert ein Flug von Europa zur US-Ostküste acht bis neun Stunden, der Rückflug ist in der Regel eine Stunde kürzer. Innerhalb der Ferienzeit (Oster-, Sommer- und Weihnachtsferien) sind die Flüge erheblich teurer als in der Nebensaison. Auch Flüge am Wochenende kosten in der Regel meist mehr als an Werktagen.

Diner in South Deerfield (Massachusetts)

Einreise

Für einen Aufenthalt in den Vereinigten Staaten brauchen Reisende aus Deutschland, Österreich und der Schweiz kein Visum mehr. Sie sind jedoch verpflichtet, bis spätestens 72 Stunden vor Reiseantritt per Flugzeug oder Schiff eine ESTA-Genehmigung einzuholen (https://esta.cbp.dhs.gov). Für den Antrag sind eine Kreditkarte und ein Internetzugang notwendig. Benötigt wird zudem ein Reisepass, der für die Dauer des Aufenthaltes gültig ist. Diese Einreisebedingung gilt auch für Jugendliche und Kinder. Bereits am Check-In-Schalter am Flughafen muss die Kontaktadresse in den USA hinterlegt werden. Dies kann ein Hotel, eine Ferienwohnung oder die Mietwagenstation sein. Diese Daten werden bereits vor dem Abflug an die US-Behörden weitergeleitet – wenn der Reisende amerikanischen Boden betritt, ist er kein Unbekannter mehr.

Essen und Trinken

Die Nähe zum Atlantik hat die Küche der Ostküste mit Rezepten rund um Fisch und Meeresfrüchte geprägt. Neuenglands Hummer *(lobster)* und Jakobsmuscheln *(scallops)* sind berühmt, rund um die Chesapeake Bay werden Krebse *(blue crabs)* serviert. Auch die europäischen Einwanderer, vor allem irischer und italienischer Herkunft, haben ihre Spuren auf Tellern und Speisekarten hinterlassen.

In fast allen Restaurants stehen am Eingang Schilder mit der Aufschrift

»Wait to be seated«. Der Gast wartet hier und wird vom Personal an einen freien Tisch geführt. In gehobenen Restaurants erwarten die Angestellten dafür ein Trinkgeld.

Geld

Europäische Währungen sind in den USA nur relativ schwer und ungünstig umzutauschen. Kreditkarten (MasterCard, VISA) sind ein bequemes Zahlungsmittel, das nahezu überall und auch bei kleinen Beträgen akzeptiert wird. Zudem ist das telefonische Reservieren von Hotelzimmern, Veranstaltungstickets und Mietwagen vor Ort ohne Kreditkarte kaum möglich.

An Bankautomaten kann Bargeld mit Kreditkarte und Geheimzahl abgehoben werden, dabei fallen Gebühren von bis zu vier Prozent an.

Es ist in Geschäften und Restaurants weder üblich, die passende Summe in Scheinen und Münzen auf den Tresen zu legen, noch mit großen Scheinen zu bezahlen

Insekten

Stechfliegen schwirren überall in den USA, ebenso die lästigen Stechmücken. Giftig ist die Nördliche Schwarze Witwe *(Latrodectus variolus)*, eine Webspinne, die in Wäldern und an Steinmauern der Ostküste lebt. Ihr Biss führt zu krampfartigen Bauch- und Muskelschmerzen, die Kindern und alten Menschen gefähr-

Blickfang: Brooklyn Bridge in New York City

lich werden können. Daher sollte umgehend ein Arzt oder Krankenhaus aufgesucht werden. Ein besonderes Naturereignis im gesamten Nordosten bieten die Insektenarten *Magicicada septendecim*, *M. cassini* und *M. septendecula*, auch als 17-Jahres-Zikaden bekannt. Sie treten in diesem Zyklus in Schwärmen von Milliarden-Größe auf. Dabei stechen und beißen sie nicht, sondern sorgen für ohrenbetäubenden Lärm, und ihre harten Panzer bedecken nach dem Absterben der Tiere Straßen und Gärten. Mit dem nächsten großen Auftritt der Zikaden wird 2021 gerechnet.

Informationen/Internet

Wissenswertes zu Bundesstaaten, Städten, Kultur und Politik gibt es bei: www.usacitylink.com. Vor Ort stehen Visitor Information Centers, Convention & Visitor Bureaus und Chambers of Commerce für Infos und Adressen bereit. Ebenfalls auskunftsfreudig: Massachusetts Office of Travel & Tourism (www.massvacation.

KALENDER

JANUAR

1. Januar – Neujahr

3. Montag im Januar – Martin Luther King Day. Der erst 1986 geschaffene Bundesfeiertag ehrt den im April 1968 in Memphis ermordeten Bürgerrechtler.

FEBRUAR

3. Montag im Februar – President's Day gilt als Ehrentag aller früheren Präsidenten der Vereinigten Staaten.

MÄRZ

17. März – St. Patricks Day. Zwar kein gesetzlicher, doch vor allem in Boston gefeierter Gedenktag zu Ehren des irischen Bischofs (385–461 n.Chr.).

MÄRZ/APRIL

Ostern – Zwar ist der Ostermontag in den USA kein offizieller Feiertag, aber vielerorts werden an diesem Tag die traditionellen *egg rolling races* ausgetragen.

Ende April bis Mitte Mai – Cherry Blossom Festival. Das Kirschblütenfest in Washington geht zurück auf das Jahr 1912. Damals schenkte Tokios Bürgermeister der Stadt Washington 3000 Kirschbäume.
www.nationalcherryblossomfestival.org

APRIL

3. Montag im April – Patriots Day. Offizieller Feiertag in Massachusetts und Maine. Seit 1897 findet an diesem Tag der **Boston Marathon** statt.

MAI

Letzter Montag im Mai. Memorial Day – Der Feiertag ehrt nicht nur die im Krieg gefallenen Soldaten, sondern gilt auch als Beginn der Sommersaison.

JULI

4. Juli – Independence Day – Fourth of July. Der Nationalfeiertag der USA erinnert an die Staatsgründung im Jahr 1776.

AUGUST

Maine Lobster Festival – Fünf Tage lang dreht sich in Rockland, Maine, alles um den Hummer. Mit Parade und Kochwettbewerben.

SEPTEMBER

1. Montag im September – Labor Day, »Tag der Arbeit«, ist ein nationaler Feiertag.

Harvest & Fall & Pumpkin Celebrations – Überall in Neuengland finden Märkte und Festivals statt, die die Früchte und Farben des Herbstes feiern.

OKTOBER

2. Montag im Oktober – Columbus Day. Nationalfeiertag zur Entdeckung Amerikas im Oktober 1492.

Fall Foliage Festivals – In allen Neuengland-Staaten steht das bunte Laub des *Indian Summer* im Mittelpunkt zahlreicher Veranstaltungen.

31. Oktober: Halloween – Der Tag vor Allerheiligen wird mit gruseligen Verkleidungen, Kürbislaternen, Partys und Umzügen gefeiert. Kinder gehen von Haus zu Haus und fordern mit dem Spruch »trick or treat« (Streich oder Leckerbissen) Süßigkeiten ein.

NOVEMBER

1. Dienstag im November – Election Day, gesetzlicher Feiertag in New Jersey/New York.

11. November – Veterans Day erinnert an die amerikanischen Kriegsveteranen.

4. Donnerstag im November – Thanksgiving ist ein staatlicher Feiertag und gilt als das wichtigste Familienfest. Alle Generationen versammeln sich zum gemeinsamen Essen, in dessen Mittelpunkt häufig ein gebratener Truthahn *(Roasted Turkey)* steht.

DEZEMBER

25. Dezember – Weihnachten beschränkt sich in den USA auf den Heiligen Abend und den darauffolgenden Feiertag.

31. Dezember – Silvester

de), New York State Division of Tourism (www.iloveny.com), Fremdenverkehrsamt Pennsylvania (www.visitpa.de) und Capital Region USA (www.capitalregion usa.de).

Klima/Reisezeit

Der Nordosten der USA erstreckt sich über mehrere Staaten mit unterschiedlichen geografischen und klimatischen Bedingungen. Daher ist es nicht möglich, eine für alle Regionen ideale Reisezeit zu bestimmen. Grundsätzlich herrschen an der Ostküste klimatische Verhältnisse wie in Mitteleuropa: gemäßigte Wetterbedingungen mit entsprechenden Niederschlägen und nur gelegentlichen Extremen wie Trockenheit oder Überschwemmungen. Unterschiede gibt es bereits auf kurzen Distanzen. So kann es in New York, das auf dem gleichen Breitengrad liegt wie Neapel, in den Sommermonaten wärmer als 30 Grad Celsius werden, während es dann landeinwärts, in den höher gelegenen Appalachen, wesentlich kühler ist. Eiskalt und schneereich wird es häufig im Dezember und Januar in Maine, New Hampshire, Massachusetts, New York und beim Wintersport in Vermont, während im Sommer

Am Brant Point Beach auf Nantucket Island

die endlosen Strände von Connecticut, Rhode Island, Massachusetts und Maine zahlreiche Badeurlauber anlocken. Die besten Monate, um den *Indian Summer* zu erleben, sind die Monate Oktober und November, wenn sich die Laub- und Mischwälder der nördlichen Ostküstenstaaten bunt färben.

Mietwagen/Verkehr

Wer ein Auto mieten will, muss mindestens 25 Jahre alt sein und einen gültigen Führerschein besitzen. Autovermietungen (Hertz, Budget, AVIS, Alamo etc.) sind an allen Flughäfen zu finden. Bei Abholung des Mietwagens wird eine Kreditkarte benötigt. Man sollte klären, ob eine Haftpflichtversicherung im Mietpreis enthalten ist. Eine Kaskoversicherung ist meistens nicht im Preis inbegriffen, wird aber bei Interesse angeboten. Wichtig: Die meisten Kreditkarten bieten

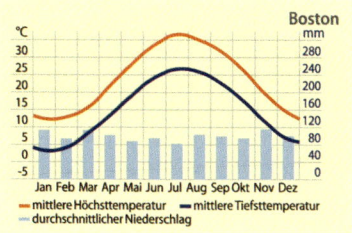

Boston
°C / mm

30 / 280
25 / 240
20 / 200
15 / 160
10 / 120
5 / 80
0 / 40
-5 / 0

Jan Feb Mär Apr Mai Jun Jul Aug Sep Okt Nov Dez
— mittlere Höchsttemperatur — mittlere Tiefsttemperatur
— durchschnittlicher Niederschlag

Briefträger in Marblehead (Massachusetts)

bei Unfällen mit dem Mietwagen Versicherungsschutz, wenn das Auto für maximal 15 Tage gemietet wurde und die gesamte Mietgebühr mit der Karte bezahlt wurde.

Die American Automobile Association (AAA) ist der wichtigste Automobilclub und unterhält Partnerschaften mit mehreren ausländischen Autoclubs. Daher sollte man seine europäische Club-Mitgliedskarte bei sich führen.

Notruf

Die Telefonnummer für den Notruf: 911. Krankenwagen, Feuerwehr und Polizei werden unter dieser Nummer alarmiert.

Bei akuten Verletzungen – oder falls kein Arzt in der Nähe ist – kann das nächstgelegene Krankenhaus aufgesucht werden. Europäische Reisende müssen in den USA als Privatpatienten entweder sofort bezahlen oder eine Kreditkarte vorweisen. Empfehlenswert ist der Abschluss einer Auslands-Reisekrankenversicherung, die für Urlaubs- oder Geschäftsreisen bis zu sechs Wochen zwischen 10 und 20 Euro kostet.

Post

Die Postämter des United States Postal Service (USPS) haben in der Regel montags bis freitags von 8 bis 17 Uhr und samstags bis 14 Uhr geöffnet, wobei dies von Filiale zu Filiale und von Stadt zu Stadt abweichen kann. Briefmarken erhält man im Postamt, an Automaten und in Souvenirgeschäften.

Rauchen/Alkohol

In den meisten öffentlichen Gebäuden sowie in Zügen, Bussen und Taxis ist das Rauchen nicht erlaubt. Auch in Gaststätten und Cafés, in denen Essen serviert wird, ist es verboten. Viele Restaurants bieten ihren Gästen die Möglichkeit, im Freien zu rauchen. Hotelzimmer sind in die Kategorien »Raucher« und »Nichtraucher« eingeteilt.

Der Alkoholkonsum ist in den USA erst ab 21 Jahren erlaubt *(minimun legal drinking age)*. In Supermärkten und Bars wird nicht selten vor der Ausgabe hochprozentiger Getränke ein Ausweis verlangt; öffentlich dürfen Alkoholika nicht konsumiert werden. Angebrochene Flaschen sollten nicht sichtbar im Auto mitgeführt, sondern von einer Papiertüte umhüllt im Kofferraum transportiert werden. In einigen Bundesländern wird Alkohol nur in lizensierten *Liquor Stores* oder Lokalen verkauft.

Shopping

In den USA gibt es keine geregelten Ladenschlusszeiten. Supermärkte haben meist täglich bis 22 Uhr geöffnet, einige auch rund um die Uhr. Shoppingmalls sind während der Woche von 10 bis 21 Uhr geöffnet, sonntags von 10 bis 18 Uhr. Saisonale Schlussverkaufsaktionen gibt es nicht, rund ums Jahr locken *Sale*-Verkäufe mit Preisreduktionen die Kunden.

Sport

Ob aktiv oder passiv: Sportfreunde kommen an der Ostküste auf ihre Kosten. Segelfreunde finden hier ausgezeichnete Reviere (www.sailnewengland.com). Auf den Wanderwegen der Appalachen, allen voran dem legendären Appalachian Trail, kann die Natur erkundet werden (www.outdoors.org). Im Winter locken, vor allem in Vermont, beliebte Skigebiete (www.newenglandskiresorts. com). Attraktive Golfplätze erwarten die Freunde des Ballsports an Seeufern oder mit Blick auf die Berge oder direkt an der Küste (www.1golf.eu).

Kosmetikabteilung bei Macy's in New York's Midtown

Basketball-Spieler der *Boston Celtics*

In den Metropolen der Ostküste sind Profiteams der großen Sportarten American Football, Basketball, Baseball und Eishockey zu Hause. Hier lohnt der Besuch hochklassiger Begegnungen der jeweiligen Sportclubs. Spannung und Vergnügen bieten auch Veranstaltungen des College Sports.

Strafzettel

Strafzettel wegen Falschparkens, überhöhter Geschwindigkeit oder Ähnlichem sollten unbedingt sofort bezahlt werden. Andernfalls könnte es bei der nächsten Reise in die USA zu Problemen kommen, und es könnten sich erhebliche Bußgeldsummen anhäufen.

Strom

In den USA beträgt die Stromspannung 120 Volt, in der EU sind es 220/230 Volt. Für mitgebrachte Elektrogeräte wird ein Reisestecker (Adapter) benötigt, den man am besten schon daheim im Fachgeschäft kauft.

Telefon

Die Vorwahl von Deutschland, Österreich und der Schweiz in die USA ist 001.

Die Vorwahl aus den USA nach
Deutschland: 0 11 49
Österreich: 0 11 43
Schweiz: 0 11 41

Wichtige Telefonnummern
Bei Kreditkartenverlust
Unter den Rufnummern +49 116 116 und +49 30 4050 4050 wird der Sperrnotruf erreicht, hier können die meisten Debitkarten und Kreditkarten gesperrt werden. Außerdem:
American Express: 1-800-992-3404
Diners Club: 1-800-234-6377
Discover: 1-800-347-2683
Eurocard/MasterCard: 1-800-627-8372
VISA: 1-800-847-2911

Botschaften
Deutsche Botschaft Washington: 202 298 4000
Generalkonsulat Boston: 617 369 4900
Generalkonsulat New York: 212 610 9700
Österreichische Botschaft Washington: 202 895 6700
Generalkonsulat New York: 212 737 6400

Schweizerische Botschaft Washington:
202 745 7900
Generalkonsulat New York: 212 599 5700

Tiere

Bei der Mitnahme von Hunden in die
USA muss ein tierärztliches Gesundheits-
und Tollwut-Impfzeugnis vorliegen.
Dieses Zeugnis muss mindestens einen
Monat vorher ausgestellt werden und
gilt höchstens ein Jahr.

Trinkgeld

Tip oder *gratuity* heißt in den USA das
Trinkgeld, das man einkalkulieren sollte.
Für die Höhe der Summe gibt es Faust-
regeln: Bedienungspersonal lebt im
Wesentlichen von Trinkgeldern. Hier soll-
te man, je nach Zufriedenheit, 15 bis
20 Prozent der Rechnungssumme zahlen.
Bei Kofferträgern zahlt man 1 Dollar pro
Gepäckstück; Taxifahrer erhalten 10 bis
15 Prozent zuzüglich zu den geforderten
Fahrtkosten und 20 Prozent, wenn der
Fahrer beim Ein- und Ausladen der Kof-
fer behilflich war. Zimmermädchen er-
warten 1 bis 2 Dollar pro Übernachtung.

Zeitzone

An der Ostküste gilt die Eastern Standard
Time, die sechs Stunden hinter der MEZ
(Mitteleuropäische Zeitzone) zurückliegt.

Zoll

In die USA dürfen 200 Zigaretten, 1 Liter
alkoholische Getränke sowie Geschenke
im Wert von bis zu 100 USD einge-
führt werden. Für Bargeldbeträge ab
10 000 USD muss ein zusätzliches Zoll-
formular ausgefüllt werden.
Strengstens verboten ist die Einfuhr
von Fleischprodukten, Obst, Gemüse,
Pflanzen, Erde oder Samen, Feuerwerks-
artikeln, pornografischem Material, Drogen, Klappmessern, Giften und Arzneien.
Medikamente für den Eigenbedarf sollten vom Hausarzt durch ein Attest auf-
gelistet werden.
Erlaubt ist hingegen die Mitnahme von
Backwaren und haltbar gemachtem Käse.

Bei der Rückreise gilt in Deutschland
und Österreich für Erwachsene die Wert-
freigrenze von 430 Euro; in der Schweiz
beträgt diese 300 CHF.

Kleine Einkehr auf Cape Cod

DER NORDOSTEN
für Kinder und Familien

Nimm doch ein wenig mehr! Das *Squirrel* scheint vom Angebot überzeugt zu sein

Fun- und Wasserparks allerorten, fantasievolle Playgrounds, auf denen getobt werden kann, und die landesweite Erfolgsgeschichte der ambitionierten Children's Museen nahm 1899 in Brooklyn ihren Anfang. Ohne Frage: Die USA sind auf junge Menschen eingestellt. Kein Park, Zoo oder Museum ohne Kids' Activities, die pädagogisch wertvoll sind. Das macht nicht nur schlauer, sondern auch jede Menge Spaß.

Maine

Camden Harbor Cruises. Mit der *Lively Lady* zu Seelöwen, Robben und dem Curtis Island Lighthouse schippern. Camden, www.camdenharborcruises.com

Coastal Children's Museum. Erkunden, entdecken, lernen, spielen. Rockland, www.coastalchildrensmuseum.org

Lucky Catch Cruises. Captain Tom auf seinem Boot zum Hummerfang begleiten. Portland, www.luckycatch.com

Palace Playland. Vergnügungspark direkt am Strand. Old Orchard Beach, www.palaceplayland.com

Vermont

Eislaufen auf dem Village Commons Pond – oder lieber Skilaufen und Schneeschuhwandern in den Green Mountains? Stratton

Green Mountain Railroad. Im Zug durch Gegenden, die kein Auto erreicht. Burlington, www.rails-vt.com

Hundeschlitten. Mit schnellen Huskies durch den Schnee. www.dogsledrides.com

Paddeln auf dem Lamoille River. Stowe, www.umiak.com

New Hampshire

Great Glen Trails. Im Winter dreht sich hier alles ums Skilaufen, im Sommer um Biken, Paddeln und Wandern. Gorham, www.greatglentrails.com

Mount Washington Cog Railway. Weltweit erste Zahnradbahn, die auf einen Berggipfel führt. Mount Washington, www.thecog.com

Santa's Village. Spaßpark (auch für kleinere Kinder) im Weihnachtsmann-Look. Jefferson, www.santasvillage.com

Massachusetts

Old Sturbridge Village. Das Leben des frühen 19. Jahrhunderts im Freilichtmuseum. Sturbridge, www.osv.org

Plimoth Plantation. Das bewohnte Freilichtmuseum führt zu den Pilgervätern und Indianern des 17. Jahrhunderts. Plymouth, www.plimoth.org

Salem Witch Museum. Geschichte der Hexenverfolgung Mitte des 17. Jahrhunderts (für Kleinkinder weniger geeignet). Salem, www.salemwitchmuseum.com

Walbeobachtung. Die besten Touren starten in Provincetown, Boothbay Harbor und Bar Harbor. Vor Ort informieren große Schilder über Anbieter.

Whydah Pirate Museum. Interaktives Museum mit »echten« Piraten und Goldschätzen. Provincetown, www.discoverpirates.com

Rhode Island

Green Animals Topiary Garden zeigt Hecken und Büsche in fantasievollen Tier- und Teddyformen. Portsmouth, www.newportmansions.org

Rail Explorer. Per Muskelkraft und Pedalantrieb geht es in kleinen Wagen auf alten Eisenbahnschienen die Narragansett Bay entlang. Portsmouth, www.railexplorers.net

Connecticut

Beardsley Zoo. Mehr als 120 Tierarten in verschiedenen Habitaten. Bridgeport, www.beardsleyzoo.com

Spaß am Bethesda Fountain in New York City

Mystic Aquarium mit Beluga-Walen, Haien, Seehunden und einer Titanic-Ausstellung. Mystic, www.insiderperks.com

Nature's Art Village. 40 gigantische Dinosaurier und viele Aktivitäten. Montville, www.naturesartvillage.com

Parade Spectacular, eine der größten Heliumballon-Paraden des Landes – jedes Jahr im November. Stamford, www.stamford-downtown.com

New York

Brooklyn Children's Museum. Ältestes Kindermuseum der USA. New York City, www.brooklynkids.org

Bronx Zoo. Mehr als 300 Hektar mit Gehegen, Streichelzoo und Spielplatz. New York City, www.bronxzoo.com

Gulliver's Gate. Die große, weite Welt im Kleinformat. New York City, www.gulliversgate.com

Kajak fahren im Brooklyn Bridge Park; Boote kostenlos im Bootshaus zwischen Pier 1 und Pier 2 (Juni–August). New York City, www.bbpboathouse.org

National Geographic Encounter. Den Ozean kennenlernen ohne abzutauchen – im Herzen des Times Square. New York City, www.natgeoencounter.com

Pier 62 Skatepark. Ein Muss für Skater und Rollerblader. New York City, www.hudsonriverpark.org

New Jersey

Adventure Aquarium mit Flusspferden, Blaupinguinen und einem Hammerhai. Camden, www.adventureaquarium.com

Insectropolis Bugseum. Hier sind Tausende von Insekten die Stars. Toms River, www.insectropolis.com

Pennsylvania

Elk Country Visitor Center. Die größte Wapiti-Herde im Nordosten und alles, was man über Wapitis wissen muss. Benezette, www.elkcountryvisitorcenter.com

Philadelphia Zoo. 1400 Tiere leben im ältesten Zoo der USA. Philadelphia, www.philadelphiazoo.org

Please Touch Museum. Viel Platz zum Lernen und Staunen für Kinder bis zu sieben Jahren in den Räumen der historischen Memorial Hall. Philadelphia, www.pleasetouchmuseum.org

Maryland

Calvert Marine Museum. Historisches und naturkundliches Museum mit vielen kindgerechten Aktivitäten. Solomons, www.calvertmarinemuseum.com

National Aquarium. Prämiertes Haus mit mehr als 17 000 tierischen Bewohnern. Baltimore, www.aqua.org

Port Discovery Children's Museum. Drei Etagen zum Lernen, Spielen und Toben. Baltimore, www.portdiscovery.org

In Philadelphias Please Touch Museum

Delaware

Altitude Trampoline Park. Große Sprünge für Groß und Klein. Wilmington, www.altitudewilmington.com

DiscoverSea Shipwreck Museum. Unzählige Fundstücke von realen Schiffbrüchen. Fenwick Island, www.discoversea.com

Washington D.C.

International Spy Museum. Die mysteriöse Welt der Spione. Washington D.C., www.spymuseum.org

Tidal Basin. Paddel- und Tretboote (auch in Schwan-Form) können im Boat Dock am Ostufer ausgeliehen werden. Washington D.C., www.boatingindc.com

Kleiner Sprachführer

ALLGEMEIN

Guten Morgen. Good morning.
Guten Abend. Good evening.
Guten Tag. Good afternoon.
Hallo. Hi/Hello.
Auf Wiedersehen. Goodbye.
Tschüss. Bye, see you later.
Wie geht es Ihnen/dir?
How are you?
Ich heiße ... My name is .../I am ...
Wie heißen Sie? What's your name?
Danke/Vielen Dank! Thank you!
Gern geschehen! You are welcome!
Nett, Sie/dich kennengelernt zu haben! It was nice meeting you (als Abschied)/Nice to meet you (als Begrüßung).
Entschuldigung! I'm sorry! (als Entschuldigung)
Entschuldigung! Excuse me! (vor einer Frage)
Wie bitte? Pardon?/Come again?
Ja/Nein/vielleicht yes/no/maybe
Ich verstehe Sie/dich nicht. I don't understand what you are saying/what you mean.
Könnten Sie ein wenig langsamer sprechen? Could you speak a little bit slower, please?
Ich spreche nur wenig Englisch. I only speak a little English.
Können Sie mir bitte helfen? Can you help me, please?
Ich möchte gerne ... I would like to ...

UNTERWEGS

Entschuldigung, wo ist ...? Excuse me, where is ...?
Wie komme ich nach ...? How do I get to ...?

Wie komme ich am schnellsten zum Bahnhof/Flughafen? What's the fastest way to get to the train station/airport?
Wie lange dauert es, um nach ... zu kommen? How long does it take to get to ...?
Ich möchte ein Auto mieten. I'd like to rent a car.
Wie weit ist es bis ...? How far away is ...?
Ist die Straße noch passierbar? Is the road still driveable?
Gibt es eine Umleitung? Is there a detour?
Führt die Straße direkt nach ...? Does the road lead directly to ...
Ich möchte eine Fahrkarte nach ... kaufen. I'd like to buy a ticket to ...
Hin- und Rückfahrtticket roundtrip-ticket
Ich habe eine Autopanne. My car is broken down.
Wo ist die nächste Tankstelle? Where's the nearest petrol/gas station?
Superbenzin unleaded
Diesel diesel
Wo ist die nächste Reparatur-werkstatt? Where is the closest auto repair shop?
Können Sie mir beim Abschleppen helfen? Can you please help to tow my car?
Können Sie mir Starthilfe geben? Can you jump start my car?
Rufen Sie mir bitte ein Taxi. Please call me a cab.
Ich glaube, es ist etwas mit dem/der... I think it has to do with the ...

... **Keilriemen** v-belt
... **Vergaser** carburetor
... **Lichtmaschine** alternator
... **Lenkung** steering

ÜBERNACHTEN

Doppelzimmer (mit einem Bett) double room with one king or queen bed

Doppelzimmer (mit zwei Betten) twin room with two king or queen beds

Einzelzimmer guest room with one king or queen bed

Stellen Sie bitte ein zusätzliches Kinderbett ins Zimmer Please provide a rollaway bed/crib in the room.

Ich hätte gern ein Zimmer für ... Nächte vom ... bis ... I'm looking for a room for ... nights from ... to ...

Wie viel kostet das Zimmer? How much is the room?

Können Sie bitte für mich reservieren? Could you please make a reservation for me?

Ich hätte gern ein anderes Zimmer. I would like a different room.

Haben Sie auch ein Zimmer mit Balkon/Terrasse? Do you have a room with a balcony/terrace available?

EINKAUFEN

Was kostet/kosten ...? How much is .../ ... are?

Wo sind die Umkleidekabinen? Where are the fitting rooms?

Haben Sie das in anderen Größen? Do you have this in other sizes?

Kann ich mit dieser Kreditkarte bezahlen? Can I pay with this credit card?

Ich möchte mich nur mal umschauen. I just want to have a look around.

Ich überlege es mir noch. Let me think about it.

ESSEN UND TRINKEN

Wo gibt es hier ein gutes Restaurant? Is there a good restaurant around here?

Gibt es hier eine nette Bar? Is there a nice bar around here?

Ich möchte einen Tisch für zwei reservieren. I'd like to make a reservation for two.

Wir sind eine Gruppe von vier Personen. We are a party of four.

Kann ich bitte die Karte haben? May I have the menu, please?

Ich möchte gern bestellen. I would like to order.

Ein Bier, bitte. Can I have a beer, please?

Zum Wohle/Prost! Cheers!

Zahlen, bitte! Can I have the check, please?

Frühstück breakfast

Mittagessen lunch

Abendessen dinner

Amerikanisches/europäisches Frühstück American/Continental breakfast

Spiegelei an egg sunny-side up

Trinkgeld tip

Ich bin Allergiker. Ist das Essen glutenfrei? I am allergic to gluten. Is the food gluten-free?

Ich bin Vegetarier. Was können Sie mir von der Karte empfehlen? I am vegetarian. Is there anything on the menu that you can recommend?

Bar mit allen Schankrechten fully licensed bar

Restaurants mit rohem Fisch und Meeresfrüchten raw bar

Register

Register

Impressum

Verantwortlich: Claudia Hohdorf
Lektorat: Rosemarie Elsner
Satz: Nadine Thiel, kreativsatz
Korrektorat: Anke Höhne
Umschlaggestaltung: Nina Andritzky, Stefanie König
Repro: Repro Ludwig
Kartografie: Kartographie Huber, Heike Block
Herstellung: Stefanie König
Printed in Slovenia by Florjancic

★★★★★

Sind Sie mit diesem Titel zufrieden? Dann würden wir uns über Ihre Weiterempfehlung freuen.
Erzählen Sie es im Freundeskreis, berichten Sie Ihrem Buchhändler, oder bewerten Sie bei Onlinekauf. Und wenn Sie Kritik, Korrekturen oder Aktualisierungen haben, freuen wir uns über Ihre Nachricht an Bruckmann Verlag, Postfach 40 02 09, D-80702 München oder per E-Mail an lektorat@verlagshaus.de.

Unser komplettes Programm finden Sie unter

 www.bruckmann.de

Alle Angaben dieses Werkes wurden von den Autoren sorgfältig recherchiert und auf den neuesten Stand gebracht sowie vom Verlag geprüft. Für die Richtigkeit der Angaben kann jedoch keine Haftung übernommen werden.

Alle Bilder des Covers und des Innenteils stammen von Christian Heeb, außer:
Baltimore Visitor Center 24 o.; Dirk Rheker 96; International Tennis Hall of Fame 61; La Belle Auberge 205; Litchfield County Visitor Bureau 80 u.; Mandarin Oriental Hotel 258 2.v.o.; State University of New York (SUNY) 107 u.; West Street Grill 83; **Mauritius images:** age fotostock/Walter Bibikow 58 M.; Albert Knapp/Alamy, 63, 93; Andre Jenny/Alamy 246 o.; B Christopher/Alamy,© B Christopher/Alamy Stock Photo 261, 263; blickwinkel/Bill Bachmann 216 u.; Boaz Rottem/Alamy 281; Clarence Holmes Photography/Alamy 72 M.; Craig Lovell/Eagle Visions Photography/Alamy 39; Cultura/BRETT STEVENS 238; D. Trozzo/Alamy 235 o.; Danita Delimont RF/William Perry 265; Danita Delimont/Jerry and Marcy Monkman 81; David Grossman/Alamy 90 u., 146 u.; David R. Frazier Photolibrary, Inc./Alamy 92 o.; dbimages/Alamy 49; Edwin Remsberg/Alamy 231 o., 233; Elly Godfrey/Alamy 143; Envision Stock Photography, Inc./Alamy 244 u.; foodcollection 241; foodcollection/Lisa Rees 24; Franck Fotos/Alamy 243; Ian Dagnall/Alamy 40 u., 256 u.; imageBROKER/Kevin Galvin 84 u.; jaxpix/Alamy 240; Jerry and Marcy Monkman/EcoPhotography.com/Alamy 92 u.; joel zatz/Alamy 245 u.; Jon Lovette/Alamy 242 o.; JS Photo/Alamy 170; Ken Hackett/Alamy 56; Kevin Galvin/Alamy 103 u.; Kumar Sriskandan/Alamy 58 o.; Marshall Ikonography/Alamy 174 u.; Masterfile RM/R. Ian Lloyd 121; Mauro Toccaceli/Alamy 167 u.; Mim Friday/Alamy,© Mim Friday/Alamy Stock Photo 76 u., 242 u., 245 o.; Niday Picture Library/Alamy 23; Paul Souders 257 M.;

Paul Street 58 u.; Peter Horree/Alamy 54 u.; Philip Scalia/Alamy 203 o., 204 o., 208 o., 244 o.; Q-Images/Alamy 76 o.; Randy Duchaine/Alamy 73, 91, 189; robertharding/Ellen Rooney 151; Scott Indermaur/Alamy 66 u.; Simon Crumpton/Alamy 225; Stan Tess/Alamy 72 o.; SuperStock/Fine Art Images 149; Vespasian/Alamy 207 o., 214 o., 232 o.; Visions of America, LLC/Alamy 262 u.; Walter Bibikow 84 o.; White House Photo/Alamy 262 o.; William S. Kuta/Alamy 231 u.; Wim Wiskerke/Alamy 232 u., 257 u.; **Picture alliance:** Bruce Coleman 210; AP Images 254; akg-images 228 u.; dpa 50; **Shutterstock:** 4kclips 257 o.; Action Sports Photography 258 u.; Albert Pego 54 o., 236 u.; Andrew F. Kazmierski 186 o.,188 o.; Anthony Ricci 60 u.; ARENA Creative 65 o.; Bob Wyble 203 M.; Brian S,Brian 95; cate_89 140 u.; cdrin 40 M.; Charles Curtis 48 M.; Christian Hinkle 159 o.; Colin D. Young 162 o.; Creative Family 25 M.; Dan Hanscom 82 u.; Danica Chang 40 o.; debra millet 168 u.; Diego Grandi 38 u.; DisobeyArt 11; Doglikehorse 184; Ei-leen_10 280; EQRoy 41, 182 u., 183; Eric Broder Van Dyke 34; Erika J Mitchell 104 o.; Evan El-Amin 69; Evdoha_spb 223; f11photo 70 o., 75; Felix Lipov 160 u.; Fernando Garcia Esteban 196; Frontpage 260 u.; Golden Shrimp 172 M.; Guillermo Olaizola 182 o.; Heather A Phillips 187; inarts 118 M.; Jack Nevitt 235 u.; James Casil 168 M.; James Kirkikis 78 (2), 159 u., 188 M., 192 u.; James R. Martin 98 o.; jejim 110 u.; Jerome LABOUYRIE 38 o.; Jgorzynik 108 M.; jiawangkun 64 u., 98 u., 168 o.; John Arehart 108 u., 108 u.; Jon Bilous 60 o.,226 o., 234; Joseph Sohm 64 o., 104 M.; Joy Fera 214 u.; Julie Grant 62 o., 62 M.; Julie rubacha 65 u.; Kenn Miller 66 o.; Kenneth Keifer 208 u.; Laura Knapp 94 u.; LEE SNIDER PHOTO IMAGES 94 o., 211 M., 211 u., 212 M., 212 u., 246 u.; Liz Van Steenburgh 104 u.; Lorie.Brownell 43; Lorna Wu 2, 71, 172 o.; majic-photos 164 u.; mandritoiu 167 o.; Manfred Schmidt 203 u.; MH Anderson Photography 204 u.; Micha Weber 161; Milva DeLuca 79; Mircea Costina 206 u.; NaturePhotoStock 48 M.; Neil Shapiro 169; PDurham 229; PEPPERSMINT 200 u.; peresanz 122; Richard Cavalleri 68 o., 82 o.; Romiana Lee 117; Roni Ben Ishay 160 M.; Sadonina Vogue 198; Sean Pavone 206 o.; SNEHIT 87 o.; Songquan Deng 98 M.; Stephen Bonk 226 u.; Steve Broer 85; steve estvanik 190 u.; Steve Heap 228 o.; stocknadia 37; Sweet as Pie Photography 164 u.; Sydney Demes 53; TanyaBird 172 u.; TravnikovStudio 278; Ya-Jurka 237; Zack Frank 200 o., 207 u.; **Wikimedia Commons:** Austin Murphy 186 u.; Daniel Case 160 o.; Dough4872 201; Edelteil 77; Jeff Kubina 259 M.; Keith Allison 276; Martin Hearn 258 3.v.o.; Susansimon 259 u.; Versageek 70 u.

Umschlag:
Vorderseite: Oben: Indian Summer Herbstlaub (Shutterstock/Andrei Seleznev); Mitte links: Spielfeld des Harvard Football Stadions (mauritius images/imageBROKER/Guenter Fischer); Mitte rechts: Freundlicher Barmann (mauritius images/Blend Images/Peathegee Inc); Unten: Portland Head Leuchtturm am Cape Elizabeth (huber-images/Kremer Susanne)
Rückseite: Oben: Kirche in Hanover, New Hampshire; Mitte: Die Niagarafälle; Unten: Teilnehmer der Veteran's Day Parade am 11. November (Shutterstock/Glynnis Jones); Klappe vorne: Echo Lake, Vermont

© 2018 Bruckmann Verlag GmbH, München
ISBN 978-3-7654-8507-7